首部·方案·实例
——探索社区矫正信息化发展之路

社区矫正信息化

孙培梁 著

清华大学出版社
北京

华中科技大学出版社
http://www.hustp.com
中国·武汉

内容简介

本书立足于物联网、云计算、大数据、虚拟化等新概念、新技术，详细分析了当前社区矫正信息化建设的现状、需求，着重探讨了社区矫正信息系统的设计与部署、社区矫正对象电子定位解决方案等具体应用，并给出了详细的应用实例和操作指南。

本书适合社区矫正机构等行业的从业人员作为专业业务用书，也适合政法、警察类高校社区矫正、司法信息技术类专业作为教学、培训、参考用书。

图书在版编目（CIP）数据

社区矫正信息化 / 孙培梁著. -- 武汉：华中科技大学出版社，2013.10（2023.1重印）
ISBN 978-7-5609-9375-1

Ⅰ.①社… Ⅱ.①孙… Ⅲ.①社区-监督改造-研究-中国 Ⅳ.①D926.7

中国版本图书馆CIP数据核字（2022）第213828号

社区矫正信息化　　　　　　　　　　　　　　　　　　　　　　　孙培梁　著
Shequ Jiaozheng Xinxi Hua

策划编辑：郭善珊
责任编辑：张　丛
责任校对：李　静
责任监印：朱　玢
出版发行：清华大学出版社（中国北京）　邮编：100084　电话：010-62770175（总机）
　　　　　华中科技大学出版社（中国·武汉）　电话：（027）81321913
　　　　　武汉市东湖新技术开发区华工科技园　邮编：430223
录　　排：张　靖
印　　刷：武汉邮科印务有限公司
开　　本：710mm×1000mm　1/16
印　　张：22.5
字　　数：399千字
版　　次：2013年10月第1版　2023年1月第1版第2次印刷
定　　价：48.00元

本书若有印装质量问题，请向出版社营销中心调换
全国免费服务热线：400-6679-118，竭诚为您服务
版权所有　侵权必究

前言

2011年在匆匆完成《监狱物联网》一书后,我一直有一个心愿,就是把其中的社区矫正人员定位部分独立出来,重新完成一部介绍社区矫正信息化方面的专著。恰巧同年8月,我挂职到浙江省司法厅办公室参与社区矫正信息化建设工作,实际的工作经历使我对社区矫正信息化建设有了全新的认知,期间也完成了部分文稿。2012年,司法部监狱管理局进一步加强了监狱系统物联网技术的应用推广,并开始制定物联网应用示范实施方案,我受邀作为专家之一,参与了司法部监狱管理局以及多个省监狱管理局物联网试点项目的评估与评审,同年开始赴各省监狱作监狱物联网技术报告和选型指导,开展针对监管场所的RFID技术应用价值评估。2013年初,我又作为技术组成员,开始着手浙江省司法厅智能化现代文明监狱评价指标体系的研究,工作一再忙碌,《社区矫正信息化》一书的写作计划也就此耽搁下来。

社区矫正确立的非监禁刑罚执行方式,完善了我国刑罚执行制度和刑事法律制度,形成了监禁刑和非监禁刑罚都由司法行政机关执行的刑罚执行格局,进一步强化了司法行政职能,特别是基层司法局、司法所的职能,为司法行政工作发展提供了良好的机遇。2010年12月9日,司法部社区矫正管理局成立;2011年5月1日《中华人民共和国刑法修正案(八)》正式施行;2012年3月1日,最高人民法院、最高人民检察院、公安部、司法部联合制定的《社区矫正实施办法》正式施行……陆续出台的一批法律法规和制度有力保障了社区矫正试点试行工作的顺利进行。2013年开始,在为各地市司法局司法行政培训班做信息化专题讲座时,我已能很明显地感受到司法行政信息化加速的趋势,尤其是在社区矫正信息化建设领域。

经历了八次写阅改的迭代,终于《社区矫正信息化》一书要和广大读者见面了。作为第一本系统、全面探索我国社区矫正信息化的著作,我深感压力和责任重大。信息技术的不断进步,物联网、云计算、大数据、虚拟化等新概念新技术对司法行政信息化的影响愈来愈显著,也必然影响司法行政系统已有的建设规划和部署,如能借此契机推动顶层设计，则意义大焉。希望本书的出版，能够为司法行政系统从事社区矫正信息化工作的同志提供一个可参考的建设思路，也期望本书的研究探索，能最终推动数字司法到智慧司法的变革以及相关标准的制定。

本书撰写中得到了浙江省司法厅监狱劳教与社区矫正工作指导处、浙江省司法厅办公室（信息化）、杭州市司法局信息处等部门的帮助和支持，感谢 G4S 杰富仕保安集团中国区电子安防事业处、北京华宇软件股份有限公司、杭州亚泽信息科技有限公司，以及武亚铭、郭颖、梁坚、昌志泷、洪徐梁、蔡敏等同志为本书出版所做的工作。

由于本书源于《监狱物联网》一书，部分内容继承自《监狱物联网》，特此向《监狱物联网》全体参与者表示最诚挚的感谢。本书部分引用了互联网上的最新信息与报道，在此已尽可能注明并向原作者和刊发机构致谢，对于不能一一指出引用来源深表歉意。由于作者水平有限，书中不妥之处在所难免，恳请读者批评指正。对本书有任何问题欢迎来信，电子邮箱是 2283515 @ qq.com 或 18072996098 @ 189. cn。

感谢浙江省科技厅省级科技计划项目（2012R30051）、浙江省教育厅省级专业带头人培养项目（浙教办高科〔2013〕59 号）的资助。

孙培梁

2013 年 8 月于杭州

目 录

第一篇 社区矫正信息化的体系架构

第1章 社区矫正信息化概述 3
    1.1 司法行政信息化背景 3
    1.2 社区矫正信息化背景 5

第2章 基于大数据的司法行政云平台 13
    2.1 云计算 13
    2.2 大数据 20
    2.3 云计算与大数据 30
    2.4 基于大数据的司法行政云平台构建 31
    2.5 政法互联 41
    2.6 以大数据为核心的数字司法总体架构 44

第3章 社区矫正信息化需求与架构设计 48
    3.1 社区矫正工作流程概述 48
    3.2 社区矫正工作流程分析 48
    3.3 建设目标与总体需求 53
    3.4 网络系统设计 55
    3.5 应用系统设计 56

第二篇 社区矫正信息系统的应用

第4章 MIS系统概述 73
    4.1 MIS系统概述 73
    4.2 WEB服务器 73
    4.3 数据库软件 76

第 5 章 社区矫正信息系统的部署与流程　　81

- 5.1 运行环境要求及相关设置　　81
- 5.2 社区矫正信息系统的安装　　81
- 5.3 社区矫正信息系统的运行　　102
- 5.4 系统使用前的工作及有关设置　　102

第 6 章 社区矫正信息系统应用实例　　108

- 6.1 社区矫正信息管理系统功能概述　　108
- 6.2 地市版登录、退出及主页　　109
- 6.3 矫正管理　　112
- 6.4 统计分析　　173
- 6.5 报表管理　　179
- 6.6 工作管理　　182
- 6.7 系统管理　　189
- 6.8 省厅版登录、退出及主页　　198
- 6.9 统计分析　　200
- 6.10 报表管理　　202
- 6.11 工作管理　　203
- 6.12 系统管理　　206
- 6.13 公检司法接口　　209
- 6.14 涉矫舆情分析　　210
- 6.15 数据挖掘　　211

第三篇　社区矫正人员定位的应用

第 7 章 物联网定位技术概述　　215

- 7.1 物联网　　215
- 7.2 物联网定位技术　　221
- 7.3 地理信息系统　　234
- 7.4 卫星导航定位系统　　240

第8章 社区矫正人员定位技术　　247

8.1　技术背景　　247
8.2　基于 GPS 与 RFID 的人员定位方案　　248
8.3　基于 GPS 与 Wi-Fi 的人员定位方案　　251
8.4　基于 A-GPS 的人员定位方案　　254
8.5　基于 GPSONE 的人员定位方案　　256
8.6　基于手机定位与声纹识别的人员定位方案　　259
8.7　无线定位与电磁辐射　　261
8.8　技术展望　　264

第9章 社区矫正人员定位应用实例　　265

9.1　电子监控的实施流程　　266
9.2　电子监控定位设备介绍　　268
9.3　实施电子监控相关文书　　276

附　录　　281

附录一　《社区矫正实施办法》
附录二　《社区矫正执法文书格式》
附录三　《社区矫正人员定位系统技术规范》
附录四　《中华人民共和国社区矫正法实施办法》
附录五　《中华人民共和国社区矫正法》

参考文献　　348

第一篇

社区矫正信息化的体系架构

第1章 社区矫正信息化概述

1.1 司法行政信息化背景

信息化是当今世界发展的大趋势,司法行政机关是我国国家政权的重要组成部分,在我国司法体系和法治建设中处于重要地位,必须大力推进司法行政信息化建设,加快适应国家信息化发展步伐,稳步提升信息化建设水平。

2010年全国司法行政信息化建设工作会议明确提出:当前和今后一个时期,我国将深入推进司法行政信息化建设,大力加强司法行政信息化基础平台、标准体系和应用系统建设,全面提高信息技术在司法行政工作中的应用水平,促进司法行政工作改革发展。明确司法行政信息化建设的总体目标是建设覆盖全国司法行政系统的网络互联互通、信息资源共享、标准规范统一、应用功能完备的信息化体系,全面提高司法行政信息资源综合开发利用水平,形成全员应用、资源共享的信息化工作格局,大力提高司法行政各项业务工作的信息技术应用能力,努力提高司法行政工作信息化、现代化水平,为司法行政工作改革发展提供信息保障和技术支撑。明确司法行政信息化建设的主要任务是:大力推进司法行政信息化"六项建设",即建设司法行政信息网络平台、信息资源库、应用系统、标准规范和安全体系、应急指挥中心和信息中心以及全国监狱信息化一期工程。

近年来,按照国家和各省的有关部署,经过各级司法行政机关的共同努力,司法行政机关的信息化建设工作取得了一定的成绩,显现了特定的成效,但与公安、检察、法院系统相比,司法行政系统工作开展得还不均衡,信息化基础仍然比较薄弱,缺乏统一的业务系统,总体水平仍相对较低。因此必须在现有的基础上,按照司法行政机关信息化建设规划的总体规划,统一开展以"数据整合、资源共享、业务协同、全程管理"为目标的司法行政系统信息化建设。

1.1.1 基础网络现状

基础网络建设是信息化应用的基础工作,基础网络的建设程度直接影响到信息化应用的深度和广度。截至 2012 年 12 月,全国司法行政系统的基础网络信息化建设水平参差不齐,总体水平较低,多数省份省厅与下属各地市县司法局还没有形成一个安全统一、稳定可靠、快速专用的计算机网络系统,不同的信息系统相互孤立,各单位之间无法共享数据和即时通信、进行数据交互。还有不少省份县(区、市)司法局尚未建成局域网,或者没有接入省电子政务网(有的虽然在物理上已联接但在逻辑上还没有互联互通),其网络边界、外部接入点未采取有效的安全防护措施,容易受到蠕虫、木马等恶性网络安全事件影响;绝大部分乡镇(街道)司法所尚未接入省电子政务网,难以实现与公、检、法、监狱、看守所等部门之间的对接。如图 1-1 所示。

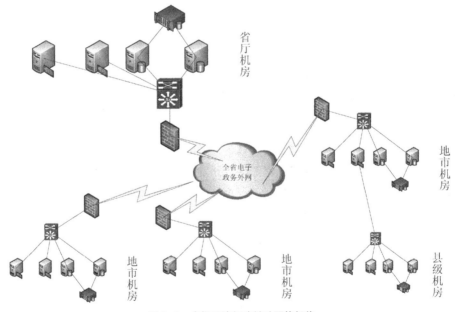

图 1-1　省级司法行政基础网络架构

1.1.2 业务软件现状

司法行政工作业务应用系统涉及监狱、戒毒、社区矫正、安置帮教、律师、公证、公共法律服务、法律援助、司法鉴定等多个领域,由于缺乏统一的信息化顶层设计,各业务软件间尚没有形成完整的标准化体系。部分地市县司法局已先期自主试点开发了一些分散的小应用，既有积极探索及积累经验的一面，但也容易导致各应用边界重叠，形成重复建设，增加了系统整合与升级的难度与代价，并且由于各应用开发商质量参差不齐，缺少统一的管理和协调，给业务系统的开发、实施、对接、培训、维护带来很大管理难度。

1.1.3 数据标准现状

全国司法行政业务系统是涉及数千个以上节点的超大系统，标准化是关键环节之一。数据标准化是电子信息资源高效管理和共享的基础。目前，司法行政各业务线应用系统所用的设计理念、开发技术、接口标准不一致，数据难以实现相互共享，信息孤岛化现象严重，应当积极借鉴国际数据标准研制的经验，尽快制定并选用司法部统一制订的规范与标准开发应用软件，提高软件质量和可维护性，便于推广应用。

1.1.4 从业人员现状

受政法编制数量限制，基层司法行政工作人员的数量和信息素养也严重制约了司法行政信息化建设应用水平的提升。建议基层司法所至少配备或培养 1 名信息化业务骨干，尽可能实现 AB 岗应付不时之需；区县以上司法局至少配备或培养 2~3 人，为信息化建设推进及系统运维打下基础。

1.2 社区矫正信息化背景

在我国，社区矫正是将管制、缓刑、暂予监外执行、假释等符合法定条件的罪犯置于社区内，由专门的国家机关在相关社会团体、民间组织和社会志愿者的协助下，在判决、裁定或决定确定的期限内，矫正其犯罪心理和行为恶习，促进其顺利回归社会的非监禁刑罚执行活动。我国于 2003 年首先在上海、江苏等东部 6 省市城市社区和有条件的农村乡镇开始进行社区矫正试点，2009 年在全国全面试行。近年来，最高人民法院、最高人民检察院、公安部、司法部先后印发了《关于开展社区矫正试点工作的通知》《关于扩大社区矫正试点范围的通知》《关于在全国试行社区矫正工作的意见》等指导文件，陆续出台了一批规章制度，有力保障了社区矫正试点试行工作的顺利进行。刑法修正案（八）、刑事诉讼法修正案（草案）对社区矫正给予了法律上的肯定。2012 年 3 月 1 日起施行的《社区矫正实施办法》对于进一步加强和规范社区矫正工作，严格对社区矫正对象监督管理，提高教育矫正质量，促使其顺利融入社会，预防和减少重新违法犯罪，维护社会和谐稳定具有重要意义。据了解，社区矫正立法工作也已列入日程，社区矫正法（草案稿）已经报请国务院审议。

根据司法部网站公开数据，截至2013年1月底，社区矫正工作已在全国各省（区、市）和新疆生产建设兵团98%的地（市）、97%的县（市、区）和96%的乡镇（街道）开展。目前，全国共有29个省（区、市）司法厅（局）经批准设立了社区矫正局（处、办），77%的地（市、州）和73%的县（市、区）司法局单独设立了社区矫正工作机构。全国共有社区矫正社会工作者10.2万人，社会志愿者57.3万人。各地累计接收社区矫正对象133.3万人，累计解除矫正76万人，现有社区矫正对象57.3万人。其中，2022年1月至2023年1月净增长17.2万人，每月平均增长1.32万人。社区矫正工作逐步实现全覆盖，社区矫正对象在矫正期间重新犯罪率一直保持在0.2%的较低水平，取得了良好的法律效果和社会效果，为减少重新违法犯罪、维护社会和谐稳定作出了重要贡献。

为进一步规范社区矫正信息化工作，近年来，司法部按照"统筹规划、统一标准、分步实施、分类管理、突出重点、整体推进"的原则，根据《社区矫正实施办法》、国家有关信息化建设规范和相关行业标准，在深入调研论证和广泛征求意见的基础上，制定了《社区矫正管理信息系统技术规范》和《社区矫正人员定位系统技术规范》（以下简称"两个规范"）。"两个规范"的主要内容包括社区矫正信息化建设和应用的基本框架、基本流程、数据采集、编码规范、数据交换规范以及系统安全规范等，进一步明确了全国社区矫正信息化建设和应用的总体要求和基本框架，规定了社区矫正管理信息系统的基本功能要求，为研发社区矫正工作相关业务应用系统提供了依据，有利于实现全国社区矫正信息的资源共享和交换。

1.2.1 社区矫正信息化目标

省级社区矫正信息化建设的总体目标是依托电子政务网络（或政法网），建立覆盖全省的社区矫正信息管理系统平台，实现整个工作流程的一体化管理；建立横向联动的工作机制，与法院、检察院、公安、监狱、看守所等部门工作信息联动（或预留数据接口）；制定全省社区矫正数据格式与接口标准；实现各级司法行政机关社区矫正部门办公自动化、公文交换无纸化、管理决策数据化、公共服务电子化；推进社区矫正工作迈上新的台阶。

1.2.2 社区矫正信息化意义

（1）有利于提高工作效率，缓解矫正管理人员不足的矛盾

目前，社区矫正工作基本依赖于人工管理、书面汇报，存在矫正工作者工作量大、效率低，对社区矫正对象无法进行标准化、量化考核与个案矫治等问题。随着"宽严相济"司法政策的贯彻落实，社区矫正对象将呈现不断增加的趋势，简单依靠增加管理人员来解决工作力量不足的问题，难度大，成本高，也不现实。采用社区矫正信息管理系统平台和电子定位监控，可以改变依赖传统人工统计、考核评估、监督控制、电话交流、书面汇报的方式，从而极大提高工作效率。

（2）有利于预防社区矫正对象脱管失控

社区矫正人员定位监控平台，把电子定位监控技术应用到对社区矫正对象的监控上，建立起电子围墙，实现即时定位查询、自动跟踪、随机位置查询、历史轨迹查询和回放，超越规定地点自动区域报警等。这些物联网技术手段的应用，实现了社区矫正监管工作以"人防"向"技防"的重大转变，创新了监管工作方法，有效防止了社区矫正对象脱管、漏管的情况，进一步促进了社区矫正管理工作水平的提高。

（3）有利于提高社区矫正工作效果和质量

由于社区矫正信息管理系统平台将社区矫正的法规政策演绎为工作流程，在工作流程中体现法规政策的要求，必将减少下级机关及基层在矫正实施过程中对政策的误解，减少违规和不按程序办事的现象，从而提高社区矫正工作的效果和质量。

（4）有利于跟上社区矫正管理手段信息化、智能化、现代化的趋势

社区矫正管理手段信息化、智能化、现代化是一个大的趋势，做好新时期的社区矫正工作，应深刻理解和把握《刑法修正案（八）》的法律精神，在加强和创新社会管理中全面深化社区矫正工作，更好地促进社区矫正工作向合理化、人性化、信息化、智能化、现代化方向发展，推动社区矫正工作向前迈进。

1.2.3 社区矫正信息化现状

以浙江省为例，浙江省司法行政系统共有 11 个地市司法局、90 个县（市、区）司法局、1459 个司法所（2010 年年底数据）。根据不完全统计，截至 2012 年年底，全省已有杭州、宁波、温州、台州、绍兴 5 个地市和 48 个县（市、区）司法局建立了市县级社区矫正信息管理系统；有 79 个县（市、区）司法局建立了社区矫正定位监管平台。

通过对各地社区矫正部门的硬件建设情况、网络建设情况、数据中心建设情况、业务处理平台建设情况、安全平台建设情况的相关调研，现状如下：

（1）由于全省各地市县司法行政系统的基础网络尚未健全，尚未形成一个统一的司法系统专网，而目前全省电子政务外网只能连通到市本级，这使得各基层司法所的网络接入形态各异，导致全省社区矫正信息系统统一部署实施有困难。

（2）由于全国司法行政系统详细数据格式标准尚未出台，先期试点部署社区矫正系统的各县市因具体开发公司不同，导致相互间系统和数据格式并不兼容，数据信息孤岛化情况较为严重。目前省厅与下属单位的数据传输均只能是单向上报（并且主要为相对简单的表格数据），上级业务部门尚难以实现对下属单位的数据进行调用和查询，全省尚缺乏一个统一的社区矫正信息平台，在数据应用上无法达到数据的双向交流、互动交流及共享决策。

1.2.4 社区矫正信息化探索

要解决上述问题，必须坚持"统一规划，分步实施"的基本原则，充分体现"先抓重点、逐步推广、发掘潜能"的建设方针，以实际需求为导向，以应用为重点，通过省司法厅总牵头，统一开发并部署全省社区矫正信息管理系统平台，统一数据格式和接口标准，从而实现整个社区矫正工作流程的一体化管理，消除信息孤岛化现象。

1、基础网络平台与司法虚拟专网

鉴于省级电子政务网的覆盖问题，目前部分地市县司法行政系统先期试点时存在直接通过公共互联网来搭建社区矫正信息化平台的情况，考虑到社区矫正对象个人信息涉及隐私，以及公检法司协同办案工作需要，建设一个覆盖全省的司法行政系统信息专网从安全角度看非常必要。按照《浙江省司法行政机关信息化建设规划（2010－2012年）》，基础网络平台的建设目标是："依托全省统一的电子政务网络（内网和外网）传输资源，完善司法行政机关的两大基础网络平台：一是全省司法行政机关电子政务内网，作为对内办公专网，主要用于交换电子公文以及不适合通过外网传输的信息；二是全省司法行政机关电子政务外网，作为对外业务专网，主要用于实现省、市、县司法行政机关及乡镇（街道）司法所业务管理的信息化和网络化，各级司法行政机关的'上网工程'，建设门户网站推动'一站式'电子政务应用，实现政务公开，提供为民服务和与公众沟通互动的渠道。"

然而全省电子政务外网的现状是多数地市只能连通到市本级，而各个基层司法所的网络接入则形态各异（包括电信单独接入以及接入当地乡镇机关等）。根据这一实际情形，以电信 MPLS—VPN 虚拟专网为基础来建立全省司法行政系统虚拟专网络是当下一种较佳的解决方案。在具体信息系统设计中，还应建议充分考虑系统的可伸缩和可扩展性，尽可能采用模块化的设计，子系统既能独立工作，又可以协同工作，可实现灵活替换，同时为以后系统升级留有扩展的空间。

2、网络拓扑架构

总体设计思路是以省市两级管理架构为主，考虑部分县级司法所已经先行试点部署社区矫正信息系统和数据中心，设计也将同时兼容省市县三级管理架构。

（1）省市两级管理架构

由省司法厅、各地市司法局两级建立数据中心。地市司法局和省司法厅之间通过电子政务外网互联。业务数据以地市级数据中心为主，省级数据中心主要是从市级数据中心抽取所需数据。县司法局和基层司法所均联入地市级数据中心。

两级管理主要是考虑当前基层司法行政信息化的实际状况（网络中心机房较少、缺乏管理与维护人员）。省市两级管理架构如图 1-2 所示。

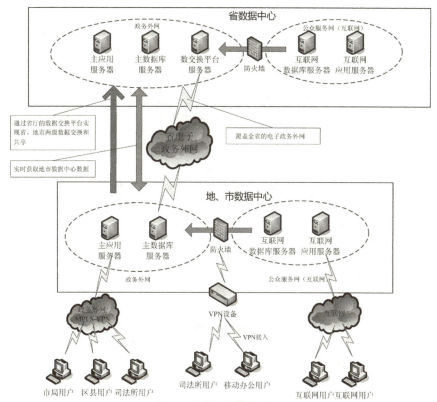

图 1-2 省市两级管理架构图

(2) 省市县三级管理架构

鉴于部分县区级司法局已经先行试点部署社区矫正信息系统和数据中心，系统设计考虑同时兼容县区级，形成省市县三级管理架构。但是否所有的县一级试点平台都予以保留，值得探讨，一般而言应就其建设成效及影响做相应评估后综合作出决定。省市县三级管理架构如图1-3所示。

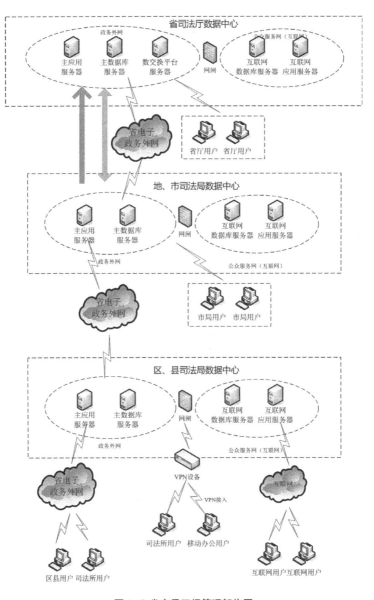

图 1-3 省市县三级管理架构图

省市县三级管理架构的主要优点是保护各市区县司法局已有的投入：包括先期试点已建设的社区矫正定位监管平台合同履行问题，已先期录入的档案数据，以及部分司法局已先期建立的与法院、公安、检察院等实现联动的平台。但从长期来看，三级管理架构增加了县区一级的人员需求和设备维护量，而且因数据格式及接口不同，需要额外开发针对县区一级数据转换平台软件。由于各地市县情况可能均不相同，需要按各自情况重新开发，总体而言造成开发成本增加，并带来相应系统效率和稳定性的风险。三级管理架构的另一大问题就是从省厅平台链接去看各市县平台会产生不同用户界面的问题。

3、业务系统与基础数据格式

根据业务需求的不同，社区矫正信息系统应建设省、地市两级社区矫正管理平台。

省级平台将主要体现省厅的监管、指导职能。系统主要偏重于汇总数据，形成直观形象的报表、图表，监管数据异常的实时提醒，为省厅监督、指导提供依据。地市级平台则主要偏重于业务，系统提供分级权限管理，即司法所只可看到自己司法所录入的数据，区县局可以看到该区县局下属司法所的所有数据，市局则可以看到全市司法所录入的数据。数据都保存在各自的数据中心，为以后其他信息化系统的数据共享打下良好的基础。例如社区矫正系统中已经存在的信息，解矫后，自动纳入归正人员库，之前录入的主要信息将自动生成，不必再次重复录入。整体司法行政信息系统应考虑统一的数据格式、公共接口标准。但由于先期试点部署的原因，各县市系统并不兼容，给省厅的统一实施造成了一些问题。

省厅应考虑制定统一的社区矫正相关数据格式规范和交互接口，建设省、市两级（或省、市、县三级）司法行政数据交换平台，实现全省各级司法行政机关的数据交换共享和系统整合。对于先期已试点部署第三方矫正系统的地市或县区，考虑保留现有平台的，其系统中必须集成此接口，并与地市级、省厅级平台和数据中心做业务数据对接，对接的标准严格按照省厅数据格式和接口标准规范，并定期按照数据格式规范提交省厅所需相应数据，还应考虑提交数据的完整性问题。

4、与公安、检察院、法院、监狱、戒毒所工作的对接

应进一步加强社区矫正与公安、检察院、法院、监狱、戒毒所工作的对接，真正按照社区矫正从入矫到解矫阶段的工作流程，积极探索建立社区矫正信息系统，与公安、检察院、法院、监狱、戒毒所等实现联动。

5、偏远地区司法所的联网问题

针对少部分暂时无法联网的偏远、海岛等地区的司法所，社区矫正系统的开发应能支持其实现单独（脱网）运行，系统应提供标准格式的数据导入导出功能，供此类司法所按月、周等定期导出数据并导入到上级地市系统数据库中。

6、信息系统与数据中心的安全问题

应尽快建设省厅CA认证，细分管理权限。应充分考虑数据库安全和加密问题，各基层司法所和县、地市、省厅传输数据均应加密。由于目前的社区矫正工作流程会产生大量数据，如扫描档案、思想汇报形成的照片，设计还应充分考虑数据库的性能优化。省厅数据中心可考虑与各地市数据中心实现异地容灾。

7、社区矫正对象的手机定位

社区矫正对象手机定位主要依赖运营商，目前各地主要试点采用声纹认证和手机定位跟踪的双重电子监控方法，但实际应用效果尚有不足。声纹认证的目的在于解决人机分离问题，虽然声纹的识别率较高，但是受到周围环境影响较大，在环境嘈杂的情况下，识别成功率会显著下降，造成矫正对象对系统的不信任，久而久之易产生逆反心理。此外，对于一般声纹识别可通过高保真录音进行模拟，以逃脱监管。手机定位技术仍然受到各种外界条件影响，如GPS定位技术在室内无法定位，且受到天气、建筑物遮挡等等影响，基站定位受到运营商基站布局和基站经纬度准确性影响。目前大多数矫正对象定位的终端以手机为主，存在着信号覆盖不好、手机欠费、手机关机、手机故障等众多风险因素，在降低监控成效的同时也会增加管理员的工作和维护负担。通过手机确定矫正对象的位置，其有效性仍然存在风险。由于一般系统对定位位置的获取具有间隔性，矫正对象有可能在特定的时间间隔内逃脱监控管制，此外，定位只能获取矫正对象的位置信息，无法对矫正对象的行为作出监视和控制，虽然矫正对象在指定的活动区域内，但是并不能控制其不会再次发生犯罪的行为。

随着信息技术的不断进步，物联网、云计算、虚拟化、大数据等新概念新技术对司法行政信息化的影响愈为显著，也必将影响已有建设规划和部署，从下一章开始，将主要围绕这些新概念、新技术探讨基于大数据的司法行政云平台建设。

第 2 章 基于大数据的司法行政云平台

2.1 云计算

2.1.1 云计算介绍

云计算（Cloud Computing）是对分布式计算（Distributed Computing）、并行计算（Parallel Computing）和网格计算（Grid Computing）及分布式数据库改进处理和发展来的，其前身是利用并行计算解决大型问题的网格计算和将计算资源作为可计量服务提供的公用计算，在互联网宽带技术和虚拟化技术高速发展后萌生出云计算。云计算的核心思想是将大量用网络连接的计算资源统一管理和调度，构成一个计算资源池向用户提供按需服务。云计算的目标是将计算和存储简化为像公共的水和电一样易用的资源，用户只要连上网络即可方便地使用，按量付费。云计算提供了灵活的计算能力和高效的海量数据分析方法，企业不需要构建自己专用的数据中心就可以在云平台上运行各种各样的业务系统，这种创新的计算模式和商业模式吸引了产业界和学术界的广泛关注。

1、云定义

云（Cloud）是广域网或者某个局域网内硬件、软件、网络等一系列资源合并在一起的一个综合称呼。它包括硬件资源（服务器、存储器、CPU 等）和软件资源（如应用软件、集成开发环境等），本地计算机只需要通过互联网发送一个需求信息，远端就会有成千上万的计算机为你提供需要的资源并将结果返回到本地计算机，这样，本地计算机几乎不需要做什么，所有的处理都在云计算提供商所提供的计算机群来完成。云中的资源在使用者看来是可以无限扩展的，并且可以随时获取，按需使用，随时扩展。

2、云计算定义

2006年8月9日，Google首席执行官埃里克·施密特（Eric Schmidt）在搜索引擎大会SES（SanJose2006）首次提出"云计算"（Cloud Computing）的概念。目前，对于云计算仍没有普遍一致的定义。狭义的云计算指信息技术基础设施的交付和使用模式，指通过网络以按需要和易扩展的方式获得所需资源。广义的云计算指厂商通过建立网络服务器集群，向各种不同类型的客户提供在线软件服务、硬件租借、数据存储、计算分析等不同类型的服务。

经过这几年的发展，人们对云计算的理解也日趋深刻。云计算可以看成一个面向服务的计算平台，它通过互联网将大规模计算和存储资源整合起来，按需提供给用户，同时它新型计算机资源的公共化方式，使得用户从繁重、复杂、易错的计算机管理中解放出来，只关注业务逻辑，从而降低了企业信息化的难度。

3、云计算工作原理

以典型的云计算模式为例，用户通过终端设备连接到互联网，向云端提出需求；云端接收到用户发送的请求后，调度各种资源为用户提供服务。以前需要在用户终端上进行的各种复杂计算和处理过程可以全部转移到云端去完成。用户需要的各种应用程序不需要运行在本地的用户终端，而是运行在互联网上的服务器集群中；用户要处理的数据也不需要存储在本地，而是保存在互联网上的数据中心。提供云计算服务的企业负责服务器和数据中心的管理和维护，并为用户提供所需的计算能力和存储空间。用户只要接入到互联网，就能够访问云，最终实现随时随地，即需即用。

云计算是一种全新的信息技术，也是一种革命性的突破，它表示计算能力也可以作为一种商品进行流通，当然这种商品是通过互联网进行传输的。云计算作为下一代企业数据中心，基本形式为大量链接在一起的共享IT基础设施，不受本地和远程计算机资源的限制，可以方便地访问云中的"虚拟"资源，使云服务提供商和用户之间可以像访问网络一样进行交互操作。随着云计算理念和应用的推广，云计算的优势已经逐渐得到了越来越多的用户肯定。目前，Google、IBM、SUN、Amazon、Microsoft等信息业巨头都已经参与到云计算研究和开发中。云计算的最终目标就是在未来，只需要一台笔记本电脑或者一个手机，就可以通过网络得到用户需要的一切服务，甚至包括实现超级计算这样的任务。

2.1.2 云计算架构

云计算充分利用网络和计算机技术实现资源的共享和服务，其基础架构可以描述如下。

1、云计算体系结构

云计算平台是一个强大的"云"网络，连接了大量并发的网络计算和服务，可利用虚拟化技术扩展每一个服务器的能力，将各自的资源通过云计算平台结合起来，提供超级计算和存储能力。

(1) 云用户端

云用户端是用户使用云的入口，它为云用户请求服务提供一个交互界面。用户通过 Web 浏览器进入这个交互界面，可以进行注册、登录、定制服务、配置和管理用户等操作。打开应用实例与本地操作桌面系统一样。

(2) 服务目录

云用户在登录并取得相应的权限后可以选择或定制服务列表，相应的服务以图标或列表的形式展示在云用户端界面，用户也可以对已经定制的服务进行退订操作，以及对自己的服务目录进行维护。

(3) 管理系统

主要提供各种管理和服务功能。例如管理云用户、用户授权、认证、登录控制、可用计算资源和服务等。

(4) 部署工具

部署工具可以接收来自服务目录的用户请求，根据用户请求转发到相应的应用程序，智能地、动态地调度资源进行部署、配置、应用和回收。

(5) 资源监控

主要监控和统计云系统资源的使用情况，以便及时作出各种反应，完成节点的同步配置、负载均衡和资源监控，确保资源能够顺利分配给所需的用户。

(6) 服务器集群

服务器集群就是各种服务器的统一集合，将大量的服务器集中在一起进行同一种服务，在用户终端看来就像是只有一个服务器。服务器集群负责高并发量的用户请求处理、大运算量的计算处理以及各种各样的 Web 应用服务，可以利用多个服务器进行并行计算从而获得很高的计算速度，也可以使用多个服务器进行备份存储，从而使得任何一台服务器出现故障后，整个系统还能够正常运行。

2、云计算技术体系结构

云计算技术体系层次主要从系统属性和设计思想角度来说明"云",是对软硬件资源在云计算技术中所充当角色的说明。从云计算技术角度来分,由4个部分构成,即物理资源、虚拟化资源、服务管理中间件和服务接口。如图2-1所示。

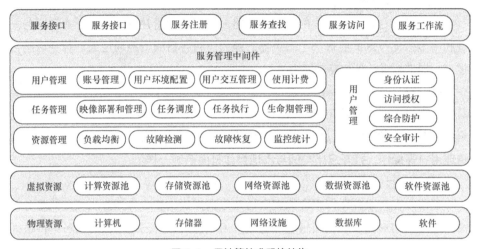

图 2-1　云计算技术系统结构

(1) 物理资源

主要指能支持计算机正常运行的一些硬件设备及技术,如计算机、存储器、网络设施、数据库和软件等。它们可以是价格低廉的 PC,也可以是价格昂贵的服务器及磁盘阵列等设备。可以通过现有网络技术和并行技术、分布式技术将分散的计算机组成一个能提供超强功能的集群用于云计算和云存储等。

(2) 虚拟化资源

指一些可以实现一定操作具有一定功能,但其本身是虚拟而不是真实的资源,如计算资源池、存储资源池和网络资源池、数据资源池等。通过软件技术来实现相关的虚拟化功能,包括虚拟环境、虚拟系统、虚拟平台。

(3) 服务管理中间件

服务管理中间件负责对云计算的资源进行管理,如用户管理、任务管理、资源管理和安全管理,并对众多应用任务进行调度,使资源能够高效、安全地为应用提供服务。其用户管理包括用账号管理、用户环境配置、用户交互管理和使用计费;任务管理包括映像部署和管理、任务调度、任务执行和生命周期管理;资源管理包括负载均衡、故障检测、故障恢复和监视统计;安全管理包括身份认证、访问授权、综合防护和安全审计。

(4) 服务接口

统一规定使用云计算的各种规范、云计算服务的各种标准等。用户端与云端交互操作的入口，可以完成注册服务、定制服务和使用服务等。

2.1.3 云计算分类

从云计算提供的服务类型和服务方式的角度出发，云计算的分类如下：

1、按服务类型分类

所谓云计算的服务类型，就是指其为用户提供什么样的服务；通过这样的服务，用户可以获得什么样的资源；以及用户该如何去使用这样的服务。以服务类型为指标，云计算可以分为以下三种：

(1) 基础设施云（Infrastructure Cloud）

这种云为用户提供的是底层的、接近于直接操作硬件资源的服务接口。通过调用这些接口，用户可以直接获得计算和存储能力，而且非常自由灵活，几乎不受逻辑上的限制。但是，用户需要进行大量的工作来设计和实现自己的应用，因为基础设施云除了为用户提供计算和存储等基础功能外，不再提供其他任何应用类型的服务。

(2) 平台云（Platform Cloud）

这种云为用户提供一个托管平台，用户可以将他们所开发和运营的应用托管到云平台中。但是，这个应用的开发和部署必须遵守该平台特定的规则和限制，如语言、编程框架、数据存储模型等。通常，能够在该平台上运行的应用类型也会受到一定的限制，比如 Google App Engine 主要为 Web 应用提供运行环境。但是，一旦客户的应用被开发和部署完成，所涉及的其他管理工作，如动态资源调整等，都将由该平台层负责。

(3) 应用云（Application Cloud）

这种云为用户提供可以为其直接所用的应用，这些应用一般是基于浏览器的，针对某一项特定的功能。应用云最容易被用户使用，因为它们都是开发完成的软件，只需要进行一些定制就可以交付。但是，它们也是灵活性最低的，因为一种应用云只针对一种特定的功能，无法提供其他功能的应用。

2、按服务方式分类

从服务方式角度来划分，云计算可分为三种：为公众提供开放的计算、存储等服务的"公共云"，如百度的搜索和各种邮箱服务等；部署在防火墙内，为某个特定组织提供相应服务的"私有云";以及将以上两种服务方式进行结合的"混合云"。

(1) 公有云

公有云是企业和用户共享使用的云环境,用户所需的服务由一个独立的、第三方云提供商提供。同时,该云提供商也为其他用户提供服务,这些用户共享这个云提供商所拥有的资源。

(2) 私有云

私有云是由某个企业或组织单独构建和使用的云环境,在私有云中,用户是这个企业或组织的内部成员,这些成员共享着该云计算环境所提供的所有资源,公司或组织以外的用户无法访问这个云计算环境提供的服务。

(3) 混合云

混合云把公有云模式与私有云模式结合在一起,有助于提供按需的扩展。

一般来说,一些对安全性和可靠性需求相对较低的中小型企业和创业公司可能选择公有云。而对安全性、可靠性及 IT 可监控性要求高的公司或组织,如金融机构、政府机关、大型企业等可能更倾向于选择私有云或混合云。

2.1.4 云计算服务

云计算的概念提出后,各大厂商都开始研发不同的云计算服务,如 Google 提供的 Google Earth、Picasa、Gmail、Docs 等服务,Amazon 利用虚拟化技术提供的 S3(Simple Storage Service) 云计算服务,国内的阿里巴巴、腾讯等企业也提供了自己的应用和服务。

云计算的表现形式多种多样,对于众多应用和服务,可以将其主要分为以下三种。

(1) SaaS 软件即服务 (Software as a Service)

SaaS 是一种基于互联网通过浏览器为用户提供软件服务的应用模式,它将应用软件统一部署在自己的服务器上,用户根据需求通过互联网向服务提供商订购应用软件服务,服务提供商根据用户定制软件的数量、时间和功能等因素收费,并通过浏览器向客户提供软件。从用户的角度看来,可以省去服务器和软件购置上的开支;从服务提供商的角度来看,减低了软件的管理和维护成本。在这种模式下,用户只需要支出少量的租赁服务费用,通过互联网便可以享受相应的软、硬件和维护服务,这是网络应用最具效益的营运模式。

(2)PaaS 平台即服务 (Platform as a Service)

PaaS 是把开发环境作为一种服务来提供。这是一种分布式平台服务，厂商提供开发环境、服务器平台、硬件资源等服务给用户，用户可以在服务提供商的基础平台上开发自己的程序并通过互联网传给其他用户。PaaS 能够为企业或个人提供研发的中间平台，提供应用程序开发、数据库、应用服务器、托管及应用服务。例如 Google App Engine，它是一个由 python 应用服务器集群、BigTable 以及 GFS 组成的平台，为开发者提供一体化的在线应用服务。

(3) 基础设施服务 IaaS(Infrastructure as a Service)

IaaS 是指将服务器集群的基础设施作为计量服务提供给用户。它将内存、输入输出设备、计算能力和存储整合成一个虚拟的资源池为用户提供所需的服务。这是一种托管型硬件方式，用户支付一定的费用使用提供商的硬件设施。例如 IBM 的"蓝云"就是将基础设施作为服务出租。这种应用模式的优点是用户只需低成本就可按需租用相应计算能力和存储能力，大大降低了用户在硬件上的开销。

2.1.5 云计算与虚拟化技术

虚拟化技术是云计算的基石，是云计算最重要的支撑技术。虚拟化是指计算机元件在虚拟的基础上而不是真实的基础上运行，是一个为了简化管理，优化资源的解决方案，这种把有限的固定的资源根据不同需求进行重新规划以达到最大利用率的思路就叫作虚拟化技术。虚拟化技术可以扩大硬件的容量，简化软件的重新配置过程。例如可以在一台物理机上运行多个虚拟机，不同的虚拟机可以在同一台物理机上运行不同的操作系统以及多个应用程序等，大大降低了管理复杂度，提高了资源利用率，提高了运营效率，从而有效地控制了成本。虚拟化技术有很多种，如服务器虚拟化、存储虚拟化、网络虚拟化、CPU 虚拟化、内存虚拟化、桌面虚拟化、应用虚拟化等。

当前司法行政信息化中，采用云计算与虚拟化技术可有效解决以下问题：

(1) 节约建设资金。无需额外购买应用软件和服务器,也可节省升级和维护费用。

(2) 统一数据标准。业务软件和数据都在司法行政云平台中，而且仅有一个标准。

(3) 避免信息孤岛。存储在司法行政云平台中的数据随时可以共享。

(4) 加强安全保密。本地无需存储数据，通过身份认证，从统一入口（交互界面）进入。

(5) 统一管理维护。司法行政云平台由专门机构统一管理和维护，使用方一般不需要专人负责。

2.2 大数据

2.2.1 大数据介绍

继物联网、云计算后，大数据（Big Data）逐渐成为对于 ICT(Information and Communications Technology）产业具有深远影响的技术变革。大数据技术的发展与应用，将对社会的组织结构、国家的治理模式，企业的决策架构，商业的业务策略以及个人的生活方式产生深刻影响。

从目前学术界对大数据的研究看，大数据的出现是跨学科技术与应用的发展结果。"大数据将自然科学的方法应用到社会科学领域方面。自然科学家强调网络虚拟环境下对于密集型数据的研究方法，社会科学家则看重密集型数据后面隐藏的价值与推动社会发展的模式。"然而，无论从哪个角度看大数据都将起到越来越重要的作用是一个共识。

大数据，或称巨量资料，其中的"大"是指大型数据集，一般在 10TB 规模左右；多用户把多个数据集放在一起，形成 PB 级的数据量；同时这些数据来自多种数据源，以实时、迭代的方式来实现。大数据所涉及的资料规模如此巨大，以至于几乎无法通过目前的主流软件工具，在合理时间内撷取、管理、处理、并整理成为帮助企业经营决策目的的信息。大数据的数据规模超出传统数据库软件采集、存储、管理和分析等能力的范畴，涉及多种数据源、多种数据种类和格式，冲破了传统的结构化数据范畴，社会向着数据驱动型的预测、发展和决策方向转变，决策、组织、业务等行为日益基于数据和客观分析做出，而非基于主观经验和直觉。通过海量数据的整合共享、交叉复用，组合分析，可以从中获得新知识，创造新价值。

2.2.2 大数据特征

大数据不能简单看成数据的集合，而是代表着一个由量到质的变化过程。这个数据规模质变后带来新的问题，即数据从静态变为动态，从简单的多维度变成巨量的维度，而且其种类日益丰富、无法控制。这些数据的分析处理涉及复杂的多模态高维计算过程，涉及异构媒体的统一语义描述和数据模型建设。

维克托·迈尔-舍恩伯格及肯尼斯·库克耶编写的《大数据时代》中大数据指不用随机分析法（抽样调查）这样的捷径，而采用所有数据进行分析处理。大数据的 5V 特点：Volume（规模化）、Velocity（快速化）、Variety（多样化）、Value（潜藏价值）、Veracity（真实性）。

规模化：指聚合在一起供分析的数据规模非常庞大。谷歌执行董事长艾瑞特·施密特曾说，现在全球每两天创造的数据规模等同于从人类文明至 2003 年间产生的数据量的总和。"大"是相对而言的概念，对于搜索引擎，EB(1024x1024) 属于比较大的规模，对于各类数据库或数据分析软件而言，其规模量级会有比较大的差别。

快速化：一方面是数据的增长速度快，另一方面是对数据访问、处理、交付等速度的要求快。美国的马丁·希尔伯特说，数字数据储量每三年就会翻一倍。人类存储信息的速度比世界经济的增长速度快四倍。

多样化：指数据形态多样，从生成类型上分为交易数据、交互数据、传感数据；从数据来源上分为社交媒体、传感器数据、系统数据；从数据格式上分为文本、图片、音频、视频、光谱等；从数据关系上分为结构化、非结构化、半结构化数据；从数据所有者分为公司数据、政府数据、社会数据等。

潜藏价值：大数据背后潜藏的价值非常大。美国社交网站 Facebook 有 10 亿用户，网站对这些用户信息进行分析后，广告商可根据结果精准投放广告。对广告商而言，10 亿用户的数据价值上千亿美元。

真实性：一方面，对于虚拟网络环境下如此大量的数据需要采取措施确保其真实、客观，这是大数据技术与业务发展的迫切需求；另一方面，通过大数据分析，真实地还原和预测事物的本来面目或者是未来的发展趋势也是大数据发展的关键问题。

2.2.3 大数据参考模型

互联网、物联网、云计算等技术的发展为大数据提供了基础，互联网、物联网是大数据的数据来源；云计算的分布式存储和计算能力为大数据提供了技术支撑；而大数据的核心是数据处理。大数据技术并不是一种单独的技术，而是技术的集合。它融合了数据采集、数据存储、数据挖掘等关键技术，最终通过对海量数据进行分析，获得有巨大价值的产品和服务。

大数据技术参考模型如图 2-2 所示。

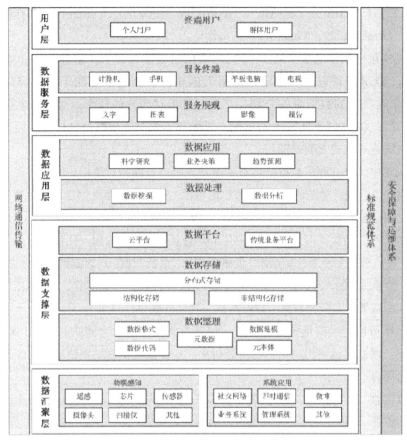

图 2-2 大数据技术参考模型

1、数据汇聚层

伴随着物联感知技术的发展和逐渐成熟，在系统应用之外，物联感知设备也在随时生成大量的数据。将系统应用和物联感知产生的海量数据进行汇聚，为之后的处理和应用提供基础资源。

2、数据支撑层

数据支撑层包含了数据整理、数据存储和数据平台三个层次。数据整理层通过将数据汇聚层收集上来的数据进行整理和标识，进行建模后，利用数据格式和数据代码对数据进行规范，对于异构数据进行元数据管理将多媒体数据进行信息化描述，使得数据能够被计算机所识别和利用。数据存储层则通过利用在数据表示层进行规范性描述的初步整理，按照系统设计需求，根据不同的场景选择合适的存储技术，为数据平台提供数据资源池。而数据平台则是将前期形成的规范性数据进行统一管理，并为数据交换提供一个完善的环境。数据支撑层就是将数据汇聚层收集上来的规模化、快速化、多样化和具有潜藏的价值的数据进行标准化处理，通过数据平台集中向外发布。为数据的业务处理和应用提供支撑。

3、数据应用层

数据应用层依托数据支撑层对数据进行处理和应用。在数据处理部分，对数据进行挖掘和分析，通过对大量非关联性数据进行的处理，产生出的结果作为数据服务进行提供。通过对海量数据的处理，为科学研究、业务决策以及趋势分析提供必要的前提和依据。

4、数据服务层

数据服务层则是将数据应用层产生的结果，利用不同的展现形式通过终端展现给用户。

5、用户层

用户层的分类抽象为个人用户和群体用户两个种类。

6、网络通信传输

网络传输通信作为一个支撑领域，贯穿于大数据的各个层次，作为各个层次之间的桥梁和通路，将其需要和产生的数据进行传输和交换。为数据的整个生命周期提供了一个全程贯通的通道，使得数据能够快速高效地被利用。

7、标准规范体系

大数据整体的标准体系需求，涉及各横向层次，指导和规范大数据环境下的整体建设，确保数据建设的开放性和可扩展性。

8、安全保障与运维体系

大数据需要完善的安全保障与运维体系，以提升数据传输、处理和利用的安全可控水平，为大数据提供可靠的信息安全保障环境。构建符合信息系统等级保护要求的安全体系结构，建立全程访问控制机制和安全应用支撑平台也是大数据应用的重中之重。

2.2.4 大数据应用技术

1、大数据汇聚技术

大数据环境下数据的主要来源是通过数据采集，数据采集分为传感器数据采集和应用系统数据汇聚。从数据的汇聚形式来说，现有的应用系统数据由于其结构化程度较高也更容易被利用，因此应用系统数据汇聚技术并不是大数据汇聚技术的关注重点。传感数据是对于现实世界的直观感知，并将感知结果转化为信息化数据。这部分感知数据能够更加真实地反映出最真实的数据,而大数据分析应用的基础就是数据的真实性。

2、大数据支撑技术

大数据支撑技术主要包括数据建模、数据存储以及基础平台架构等,这类技术主要是保证为数据应用提供优质的资源。

虽然大数据技术不仅仅就是Hadoop,但是Hadoop是大数据技术最为直观的应用。Hadoop是Apache软件基金会发起的一个项目,在大数据分析以及非结构化数据蔓延的背景下,Hadoop受到了前所未有的关注。如今Apache Hadoop已成为大数据行业发展背后的驱动力。Hadoop带来了廉价地处理大数据(大数据的数据容量通常是PB级或更多,同时数据种类多种多样,包括结构化、非结构化等)的能力。

Hadoop的框架最核心的设计就是MapReduce和HDFS。MapReduce为海量的数据提供了计算,而HDFS则为海量的数据提供了存储,如图2-3所示。

Hadoop实现了一个分布式文件系统(Hadoop Distributed File

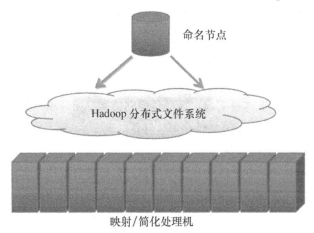

图2-3 HDFS和MapReduce

System),简称HDFS。HDFS建立的思想是一次写入、多次读取模式是最高效的,HDFS是为以流式数据访问模式存储超大文件而设计的文件系统。HDFS有高容错性的特点,并且设计用来部署在低廉的硬件上,而且提供高吞吐量来访问应用程序的数据,适合那些有着超大数据集的应用程序,这就是Hadoop与传统数据处理方式最大的不同。

Google的网络搜索引擎在得益于算法发挥作用的同时,MapReduce在后台发挥了极大的作用。MapReduce 框架成为当今大数据处理背后的最具影响力的"发动机"。除了 Hadoop，还会在 MapReduce 上发现 MPP（Sybase IQ 推出了列示数据库）和 NoSQL（如 Vertica 和 MongoDB），MapReduce 的工作原理如图 2-4 所示。

MapReduce 有将任务分发到多个服务器上处理大数据的能力，当处理一个

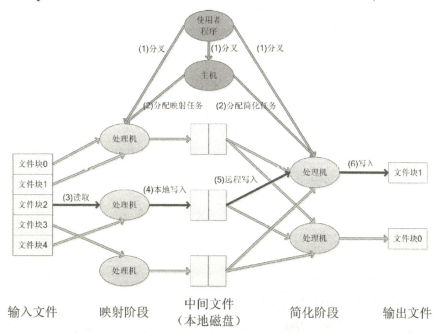

图 2-4　MapReduce—Hadoop 的核心

大数据集查询时会将其任务分解并在运行的多个节点中处理，从而解决数据量很大时就无法及时在一台服务器上处理的问题。Yahoo 在 2006 年看到了 Hadoop 未来的潜力，并邀请 Hadoop 创始人道格·卡廷（Doug Cutting）着手发展 Hadoop 技术，在 2008 年 Hadoop 已经形成一定的规模。

在处理大数据的过程中，当 Hadoop 集群中的服务器出现错误时，整个计算过程并不会终止。HDFS 可保障在整个集群中发生故障错误时的数据冗余。当计算完成时将结果写入 HDFS 的一个节点之中。HDFS 对存储的数据格式并无苛刻的要求，数据可以是非结构化或其他类别。

HDFS 是为了达到高数据吞吐量而优化的，但这是以延迟为代价，对于低延迟访问，可以用 Hbase。HBase 是 Hadoop 项目的子项目，HBase 作为面向列的数据库运行在 HDFS 之上，HBase 以 Google BigTable 为蓝本，利用

MapReduce 来处理内部的海量数据，在 Hadoop 之上提供了类似于 BigTable 的能力。Sqoop 是一个用来将 Hadoop 和关系型数据库中的数据相互转移的工具，可以将一个关系型数据库（如 MySQL、Oracle 等）中的数据导进到 Hadoop 的 HDFS 中，也可以将 HDFS 的数据导进到关系型数据库中。HBase、Sqoop 改善数据访问的原理如图 2-5 所示。

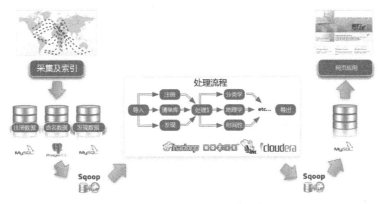

图 2-5　HBase、Sqoop 数据访问

3、大数据处理技术

（1）数据挖掘 DM（Data Mining）

数据挖掘又称为知识发现（Knowledge Discovery），是通过分析每个数据，从大量数据中寻找其规律的技术。知识发现过程通常由数据准备、规律寻找和规律表示三个阶段组成。数据准备是从数据中心存储的数据中选取所需数据并整合成用于数据挖掘的数据集；规律寻找是用某种方法将数据集所含规律找出来；规律表示则是尽可能以用户可理解的方式（如可视化）将找出的规律表示出来。

大数据分析的理论核心就是数据挖掘，基于不同的数据类型和格式的各种数据挖掘算法，可以更加科学地呈现出数据本身具备的特点；另一方面，正是基于这些数据挖掘算法才能更快速地处理大数据。

数据挖掘是一种决策支持过程，它主要基于模糊数学、运筹学、人工智能、机器学习、统计学等技术，高度自动化地分析企业积累的大量的、不完全的、模糊的数据，做出归纳性地推理，从中挖掘出潜在的信息和规律，预测客户的行为，帮助企业的决策者调整市场策略，减少风险，做出正确的决策。例如，在网上购物时遇到的提示"浏览了该商品的人还浏览了如下商品"，就是在对大量的购买者"行为轨迹"数据进行记录和挖掘分析的基础上,捕捉总结购买者共性习惯行为,并针对性地利用每一次购买机会而推出的销售策略。

(2) 数据分析 DA (Data Analysis)

大数据已经不简简单单是数据大的事实了,而最重要的现实是对大数据进行分析,只有通过分析才能获取很多智能的、深入的、有价值的信息。

大数据是有"噪声"的,信息越多,问题越多,噪声会使我们离真相越来越远。噪声数据的处理是数据清洗的一个重要环节,大数据的属性,包括数量、速度、多样性等都呈现了大数据不断增长的复杂性,过多的信息同样会干扰正确的预测,所以大数据的分析方法在大数据领域就显得尤为重要,可以说是决定最终信息是否有价值的决定性因素。

大数据分析离不开数据质量的数据管理,只有高质量的数据和有效的数据管理,才能够保证分析结果的真实和有价值。大数据分析最重要的应用领域之一就是预测性分析,从大数据中挖掘出特点,通过科学地建立模型,从而预测未来的数据。

数据挖掘和分析常用的相关方法有神经网络方法、遗传算法、决策树方法、粗集方法、覆盖正例排斥反例方法、统计分析方法、模糊集方法,等等。

(3) 商务智能 BI (Business Intelligence)

商务智能指用现代数据仓库技术 DW (Data Warehouse)、线上分析处理技术 OLAP、数据挖掘和数据展现技术进行数据分析,并将其转换成知识、分析和结论,辅助决策者做出正确且明智的决定以实现用户价值。商务智能是一种帮助用户更好地利用数据提高决策质量的技术。它是一套完整的解决方案:为了将数据转化为知识,商务智能需要综合利用数据抽取转换装载 ETL、数据仓库、线上分析处理、数据挖掘、分析模型、数据展现等多种技术,用来将企业中现有的数据进行有效的整合,快速准确地提供报表并提出决策依据,帮助企业做出明智的业务经营决策。BI 架构如图 2-6 所示。

在线分析处理 OLAP 技术是由关系数据库之父埃德加弗兰克科德 (E.F.Codd) 于 1993 年提出的一种数据动态分析模型,它允许以一种称为多维数据集的多维结构访问来自商业数据源的经过聚合和组织整理的数据。它包括三个主要的功能:动态的多维角度分析数据;对数据进行钻取,以获得更加准确的信息;创建数据 CUBE。OLAP 通常的功能还包括数据旋转(变换观察维组合顺序)、数据切片(过滤无关数据,对指定数据进行重点观察),以及对数据进行跨行列运算。OLAP 帮助分析人员、管理人员从多种角度把从原始数据中转化出来、能够真正为用户

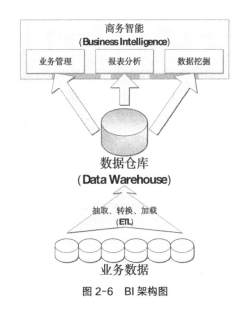

图 2-6　BI 架构图

所理解的、并真实反映数据维特性的信息,进行快速、一致、交互的访问。

数据仓库是商务智能的基础,许多基本报表可以由此生成,而它更重要的用处是作为进一步分析的数据源。多维分析和数据挖掘是最常用到的分析方法,数据仓库能供给它们所需要的、整齐一致的数据。数据仓库由数据库（DBMS）、数据（Data）、索引（Index）三部分构成。数据仓库系统体系结构如图 2-7 所示。

数据仓库 DW（Data Warehouse）的定义是数据仓库是基于整个企业的数据模型建立的,它面向企业范围内的主题。数据集市 DM(Data Mart) 也叫数据市场,则是按照某一特定部门的决策支持需求而组织起来的、针对一组特定主题的应用系统。ODS（Operational Data Store）是指面向主题的、集成的、当前或接近当前的、不断变化的数据。ETL（Extract-Transform-Load）用来描述将数据从来源端经过萃取（extract）、转置（transform）、加载（load）至目的端的过程。

传统的计算机分析和数据整理方式,是以对静态数据的历史分析为特征的,首先是收集数据,然后储存在数据库程序中并且在收到请求后搜索这些数据。大数据时代,传统的处理方式通常会造成时间的延迟,因此对结构或非结构化动态数据流进行实时分析,也即是流计算应运而生。在流计算当中,高级软件的运算法则在接收流数据时就开始对其进行分析,流计算可以在几秒钟内在海量数据中对异常行为做预测。

第 2 章　基于大数据的司法行政云平台

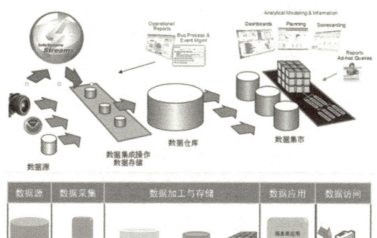

图 2-7　数据仓库体系结构

（4）内存计算（In-Memory Computing）

内存计算，实质上就是 CPU 直接从内存而非硬盘上读取数据，并对数据进行计算、分析。此项技术是对传统数据处理方式的一种加速，是实现商务智能中海量数据分析和实施数据分析的关键应用技术。

内存相对于磁盘，其读写速度要快很多倍。内存计算非常适合处理海量的数据，以及需要实时获得结果的数据。

（5）流处理技术（Stream Technology）

大数据时代数据的增长速度将远远超过存储容量的增长，同时数据的价值会随着时间的流逝而不断减少，因此对数据进行实时处理的流处理技术获得了越来越多的关注。

由于响应时间的要求，流处理的过程基本在内存中完成，内存容量是限制流处理模型的一个主要瓶颈。当前得到广泛应用的很多系统多数为支持分布式、并行处理的流处理系统，具有代表性的有 IBM 的 StreamBase 和 InfoSphere Streams，开源系统则有 Twitter 的 Storm、Yahoo 的 S4，等等。

2.3 云计算与大数据

云计算，顾名思义强调的是"计算"，即计算能力（数据处理能力），其主要目标是为了节省 IT 部署成本。大数据则强调的是"数据"，即计算的对象（数据存储能力），其主要目标是为了发现数据中的价值。两者是动与静的关系。大数据需要处理大数据的能力，指的就是强大的计算能力，而云计算关键技术中的海量数据存储、管理等技术都是大数据技术的基础。物联网、云计算与大数据之间的关系如图 2-8 所示。

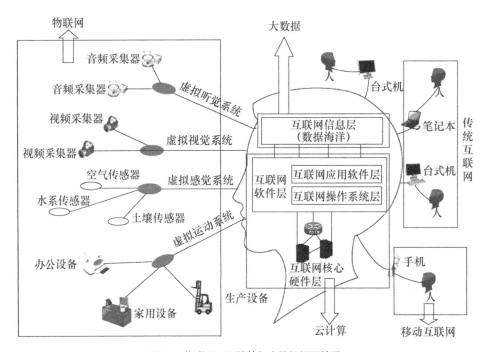

图 2-8 物联网、云计算与大数据相互关系

注：原图取自刘锋《互联网进化论》一书。清华大学出版社，2012 年版。

2.4 基于大数据的司法行政云平台构建

司法行政云平台通过虚拟化技术,在物理服务器的基础上搭建若干虚拟机,部署相应的应用服务器、数据库服务器。并基于 NAS、IP SAN、FC SAN 等技术构建虚拟化存储体系,在云端存储所有的应用数据。通过云平台管理套件实现虚拟服务器、存储资源的定制化、可计数、动态分配和使用,并在云平台的基础上搭建司法系统的业务应用。

司法行政云平台总体架构如图 2-9 所示。

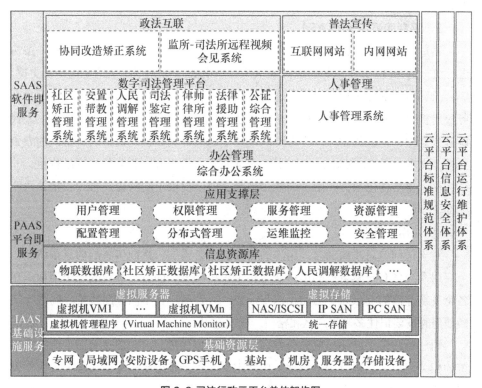

图 2-9 司法行政云平台总体架构图

2.4.1 司法行政云服务

1、基础资源服务(IAAS)

在司法行政专网、服务器、存储设备等 IT 基础设施基础上构建司法行政云平台的基础资源服务,主要包括虚拟服务器、虚拟存储、基础资源等。

（1）虚拟服务器

在物理服务器上安装虚拟机管理程序（Virtual Machine Monitor），根据用户实际需求构建相应虚拟服务器作为部署业务系统的应用服务器和数据库服务器。

（2）虚拟存储

通过成熟的 NAS、IP SAN、FC SAN 技术构建集群的云端存储体系，为各个虚拟应用服务器和数据库服务器提供存储。

（3）基础资源

基础资源包括信息安防网络、物联传感网络、移动通信设备、服务器与存储，等等。

2、平台即服务（PAAS）

通过"司法行政云平台"管理程序对虚拟机的创建、负载均衡、回收、备份进行统一的管理，并提供相应的技术组件为"司法行政云平台"上的应用提供支撑。

云平台的 PAAS 层通过提供通用的云平台管理技术组件为司法行政云平台业务应用提供技术支持。大数据中心包括社区矫正数据库、安置帮教数据库、人民调解数据库、物联数据库，等等，以及基于以上各类数据，包括所有格式的办公文档、文本、图片、XML、HTML、各类报表、图像和音视频信息等结构化、非结构化、半结构化数据，由于结构和来源不同，提供不同的访问方式和相关协议标准。

（1）用户管理

对于任何信息系统而言，用户的管理都是必需的。然而传统的信息系统，各个应用系统各有一套自己的用户账号和组织机构表。而且，针对同一个用户，在各个系统存储的登录账户名和秘码不一致，导致用户在不同应用系统之间进行切换使用时需要记住多套用户名和密码，多次登录。

司法行政云平台建设应充分发挥云的特点和优势，对需要登录云平台应用系统的相关用户信息进行统一管理，包括用户账号、登录密码等信息。云平台将人事管理系统中的用户账号及组织机构信息作为标准信息，通过标准 Web Services 服务为其他应用系统提供，并提供用户账户信息的同步服务，各应用系统定期调用同步服务，保障各自系统的用户账户和组织机构信息与人事管理系统保持一致。

（2）权限管理

对司法行政云平台所有访问用户的权限进行统一管理，系统用户包括系统管理员、组管理员、一般操作员和信息查询员，系统用户具有编号、编码、名称等属性。从状态上讲，系统用户具有锁定和正常两种状态。权限管理模块完成本系统资源树的维护管理功能，主要包括系统用户增加、系统用户注销、系统用户授权、系统用户资料修改、系统用户查询；角色增加、角色修改、角色授权、角色查询；操作员组的增加、修改、授权、查询；操作员的增加、修改、授权、查询。

(3) 服务管理

遵从 SOA 面向服务的架构规范，将司法行政云平台上各个应用系统的通用功能拆分为多个服务，并通过定义良好的接口和契约为其他应用系统提供服务。这样做的好处是能使整个云平台松耦合，从而使各个应用系统能够通过不断演化来更好地为用户服务。

司法行政云平台本质上即是由许许多多的服务组成，如部署虚拟机的服务、启动或者关闭虚拟机的服务、虚拟机负载均衡服务、信息查阅服务、信息交换服务等。

(4) 资源管理

资源管理同物理节点的管理有关，比如服务器、存储设备、网络设备等。它涉及如下功能：一是资源池。通过使用资源池这种资源抽象方法，能将具有庞大数量的物理资源集中到一个虚拟池中。二是自动部署。也就是资源从创建到使用的整个流程自动化。三是资源调度。不仅能更好地利用系统资源，而且能自动调整云中资源来帮助运行于其上的应用更好地应对突发流量，从而起到负载均衡的作用。

(5) 配置管理

包括虚拟机的模板配置、云平台关键参数配置、应用系统功能配置等。配置管理模块完成系统的数据库表结构的维护，系统资源的增加、修改、授权、查询，数据库复制等功能。系统资源是司法行政云平台应用系统所提供的所有功能模块及其集合，包括界面菜单项、具体模块、模块中的功能等内容。

(6) 分布式存储

通过分布式存储程序实现云平台的分布式存储应用。

3、软件即服务（SAAS）

软件即服务（SAAS）是在基础资源服务（IAAS）和平台服务（PAAS）的架构基础上，为司法行政用户提供安全保障类、政务管理类、人事管理类、办公管理类、预警决策类、政务公开类和政法互联类 7 大类的应用服务。

■ 安全保障类

· 物联监管系统（人员、资产定位）

· 安防信息集成管理系统

- 应急指挥系统
■ 政务管理类（数字司法管理平台）
- 社区矫正管理系统
- 安置帮教管理系统
- 人民调解管理系统
- 司法鉴定管理系统
- 律师律所管理系统
- 法律援助管理系统
- 公证综合管理系统
■ 人事管理类
- 组工人事系统
■ 办公管理类
- 综合 OA 办公系统
■ 预警决策类
- 辅助决策系统
- 舆情监测系统
■ 政务公开类
- 政务公开系统
- 门户网站
■ 政法互联类
- 协同改造矫治系统
- 监所—司法所远程视频会见系统

（1）社区矫正管理系统

社区矫正管理系统为司法厅、司法局、司法所各级工作人员提供社区矫正的全业务流程信息化管理。系统围绕社区矫正对象、监管人、责任人和社区矫正工作等管理主线，实现对社区矫正对象从入矫到解矫全过程的动态管理和量化管理，重点实现对社区矫正刑罚执行活动过程的规范控制和程序化管理。

社区矫正管理系统的主要功能如下：

- 社区矫正对象管理

通过信息系统实现社区矫正对象的信息采集、奖惩、考核、矫正管理。网络设施许可的条件下，可以通过信息系统实现与监狱端的信息互联，实现矫正对象信息的共享交换。

· 社区矫正人员定位监控

通过物联网技术实现社区矫正人员定位监控。

· 法院调查函督办

实现法院调查函的记录、督办、超时限提醒等功能。

· 社区矫正对象信息统计分析

对管辖范围内的社区矫正对象信息进行全面的统计分析，便于掌握社区矫正对象的分布情况，逐级（省—市—县—乡镇/街道）查看其基本信息。

· 社会帮扶信息管理

司法行政单位工作人员对于社区矫正对象对应的社会帮扶信息进行管理，能录入、查询其基本信息。

（2）安置帮教管理系统

安置帮教管理系统为各级司法行政单位安置帮教工作提供全业务、全流程的信息化管理，系统围绕刑释解教人员、安置帮教对象、责任人和安置帮教工作等管理主线，实现对刑释解教人员从安置帮教衔接到解除全过程的动态管理。系统重点实现对安置帮教对象、刑释解教人员的动态状况信息采集与管理。

· 安置帮教人员动态信息采集

实现安置帮教人员信息的动态采集，包括人员基本信息、帮教期限及相关文书：《刑满释放人员基本情况登记表》《解除戒毒人员基本情况登记表》《释解人员生活特殊困难登记表》等。

· 安置帮教人员情况统计分析

实现对安置帮教人员信息的统计分析，工作人员能通过系统，逐级（省—市—县—乡镇/街道）查看上述信息。

· 生活诉求管理

记录安置帮教人员的相关生活诉求，便于有就业机会、技能培训时为其提供服务。

（3）人民调解管理系统

人民调解管理系统主要实现对人民调解案件（口头调解案件、书面受理案件）的登记、调解文书制作以及相关台账名册的管理，同时具有对调解案件协议履行情况的跟踪管理和研判分析功能。

· 调解案件上报

各司法所定期通过信息系统上报调解案件信息、调解结果、调解登记表、调查笔录、调解笔录、人民调解协议书、回访记录等，便于相关工作人员掌握调解案件进展情况。

・调解案件查看、监管

可按照案号、案由、当事人、受理日期、调解结果等查询条件查询所关注的案件，查看案件基本信息、案件附带文书信息等。对于调解不合法、不合规的情况可以联系当事人了解情况，询问对调解结果是否满意，实现对调解案件质量进行监管。

・调解案件统计

按照案由、调解结果对案件进行分类统计，可生成某时间区间的统计表。

・人民调解员分布情况及信息管理

司法局工作人员录入人民调解员基本信息并进行管理，掌握人民调解员的分布情况，逐级（市—县—乡镇/街道）查看人民调解员信息。

（4）司法鉴定管理系统

司法鉴定管理系统主要实现对鉴定机构的基本信息、人员信息、技术力量信息进行管理。

・鉴定机构信息管理

对管辖范围内的司法鉴定机构基本信息进行管理，可以录入、修改、查询鉴定机构信息。司法所、司法局用户可逐级向上报送其录入的鉴定机构信息。

・鉴定技术人员信息管理

对管辖范围内的司法鉴定技术人员基本信息进行管理，可以录入、修改、查询鉴定技术人员信息。司法所、司法局用户可逐级向上报送其录入的鉴定机构信息。

（5）律师律所管理系统

律师律所管理系统可实现省、市、县（市、区）律师工作的三级管理，主要实现律师、律师协会基本信息管理,律所案件、法律顾问、事务申请审批等的电子化、流程化管理，为司法行政机关和律师协会等管理人员提供律师奖惩、投诉、审批、统计分析等服务。

・基础信息管理

实现律师基本信息、律师事务所基本信息以及律师协会基本信息的管理。

・案件信息管理

实现各类案件的过程管理，包括收案、审批、办理、结（退）案、归档、评估、调阅等功能，通过角色驱动。

・法律顾问信息管理

实现法律顾问信息登记和管理。包括顾问单位信息登记、顾问信息归档、顾问信息查询和调阅及质量反馈。

- 法援指派管理

接收通过法律援助子系统指派的援助案件，实现关联应用，产生援助任务，包括自动接收任务、完成收案信息登记，进入案件过程管理以及实现对法援案件分类管理。

- 费用管理

实现案件的收费登记，产生收款明细表、应收账款、实收账款的汇总表，并按照案件类型、办案律师进行费用的统计、分析。

- 申请事务管理

实现律师和律所各类申请事项的在线申报，包括实习律师办证、律师流动、律所地址变更、律所合伙人变更、律所其他变更、律所负责人变更、律师年度考核、律所年度考核。

- 审批管理

通过流程设定和角色授权，实现各类案件、法律顾问收案、退（结）案、归档等环节的审批；实现律师变动、年检、考核、实习律师办证等事务的审批；实现委托案件、法律顾问收案、退（结）案、归档等环节的审批，实现电子签章。

- 信息报送管理

接收律所上报的重大案件、敏感事件等信息，向省、市司法行政管理机关报送该类信息。

- 奖惩与投诉管理

用来管理各类奖惩信息，可以对机构——律师事务所的奖惩信息进行管理，也可以对个人——律师的奖惩信息进行管理。律管系统用来对律所或律师进行行政处罚，包括警告、罚款、停业、整顿、吊销律师执业证等；律协系统可以用来记录律协对律所或律师的训诫、通报批评、公开谴责等行业处分信息。投诉管理模块受理并登记当事人对律师事务所或者律师的投诉信息，给出处理结果。

- 统计分析

实现司法部要求的所有报表的汇总统计、上报，包括执业律师统计表、律师执业机构统计表、律师业务统计表、律师工作月报表，各类案件的分类汇总，按时间、律师、办理状态进行汇总。

（6）法律援助管理系统

法律援助管理系统主要为方便群众申请法律援助，进一步杜绝法律援助过程中的违规操作，确保应援尽援，提高服务质量。该系统可应用于全省各个法律援助中心、法律援助工作站及各个法律援助工作者，实现省、市、县（市、区）法律援助工作的三级管理。

· **法律援助管理系统外网模块**

外网模块主要面向市民提供信息服务，接受网上法律援助申请和法律援助咨询。主要设置有通知公告、法援机构、法律法规、案件精选栏目信息，法律援助申请办事指南、法律援助在线咨询和申请等功能。

· **法律援助管理系统内网模块**

内网模块主要实现法律咨询管理，法律援助案件受理、审批、监督管理，综合评价管理，档案集中管理，自动生成各类统计报表、案件查询统计等。主要设置有咨询管理、案件管理、案件办理、档案管理、投诉管理、资源管理、经费管理、法律帮助、统计报表、系统管理主要功能模块。

（7）公证综合管理系统

公证综合管理系统是以建立统一的公证业务办理流程和统一的公证业务管理规范为原则，集公证业务办证、公证管理于一体的综合性平台。系统实现对全省各公证处、公证管理部门及省厅公证管理部门的公证业务及管理的一体化应用支持。同时，也实现了全省范围内的法律援助中心直接向公证处指派法援公证事项，公证处在网上直接受理并向法律援助中心反馈公证办理结果的法援公证业务的协同化应用。

· **公证综合管理系统外网模块**

外网模块主要围绕公证事项办理、公证文书生成、内部业务管理、费用管理（包括费用减免管理、退费管理、费用追加、费用审批、公证缴费、收费查询、费用统计等）提供完整业务办理流程。

· **公证综合管理系统内网模块**

内网模块主要面向公证管理部门应用，包括行政审核、公证监管、考评管理、决策分析等功能。

（8）协同改造矫治系统

协同改造矫治系统是实现监狱、戒毒所与基层司法行政机关之间信息交互的平台。该系统以监狱服刑人员、强制隔离戒毒人员、社区矫正对象、安置帮教对象和刑释解教人员"五类人员"为主线，通过与监狱戒毒综合业务系统进行动态关联，实现协同一体化的信息核查、信息通报、探视预约、预调查等功能。如图2-10所示。

第 2 章 基于大数据的司法行政云平台

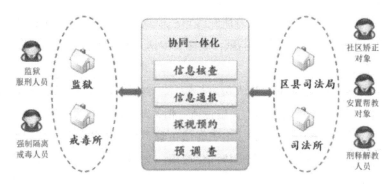

图 2-10 协同一体化工作应用

- 信息核查

信息核查主要实现监狱、戒毒所与区县司法局、基层司法所之间协同开展对监狱服刑人员、强制隔离戒毒人员入监入所时的信息核查及"三假"人员的信息核查。服刑人员、强制隔离戒毒人员通过协同改造矫治系统与监狱（戒毒所）业务系统进行动态关联，实现信息核查的自动提醒和通知下发，司法所通过系统向监狱（戒毒所）反馈核查结果，司法所反馈核查结果可自动更新到监狱（戒毒所）业务系统。

协同改造矫治系统具有信息核查的监控、催办、督办和统计等管理功能，实现对信息核查工作的全过程跟踪协同管理。

- 信息通报

信息通报主要实现监狱、戒毒所与区县司法局、基层司法所之间相互信息通报，并以此建立监狱、戒毒所、区县司法局、基层司法所四者之间畅通的信息交互渠道。

监狱（戒毒所）通过系统向区县司法局、基层司法所通报狱政、所政信息；通报刑释解教人员预放名册和通知书，包括《刑满释放人员通知书》、《解除戒毒人员通知书》、《出监（所）鉴定表》等；通报服刑人员、强制隔离戒毒人员在监所期间的身体状况、心理状况及教育培训、劳动改造等表现情况。

区县司法局、基层司法所向监狱、戒毒所通报掌握监狱服刑人员、强制隔离戒毒人员的家庭信息变化核实信息；通过系统及时向监狱通报保外就医，假释人员的社区矫正情况及其表现状况；通过系统及时向监狱、戒毒所通报刑释解教人员在社会上的生产生活情况及其表现状况，监所可及时掌握刑释解教人员在监所期间的矫正效果。

· 探视预约

探视预约主要实现监狱、戒毒所在线审核监狱服刑人员、强制隔离戒毒人员家属、亲戚或朋友通过司法所向监狱、戒毒所申请入监入所探视的预约服务。

· 预调查

预调查主要实现监狱对服刑人员进行假释、暂予监外执行裁决前向司法所征询有关基本情况，司法所对服刑人员是否适合相关裁决进行预评估并反馈给监狱。

协同改造矫治系统充分整合了全省司法行政系统的整体资源，实现了全省司法行政系统跨部门、跨区域的业务协同化应用，有利于形成基层司法行政机关与监狱、戒毒所多方工作超前介入和有序衔接的良性机制，为做好安置帮教工作，加强对特殊人群管理提供了有效手段，是司法行政实现社会管理创新的重要举措。

（9）监所—司法所远程视频会见系统

根据《中华人民共和国监狱法》、司法部《强制隔离戒毒人员管理工作办法（试行）》等有关法律规定，会见工作是维护监狱服刑人员、强制隔离戒毒人员基本权利，展示国家司法行政机关良好执法形象的重要手段。

监所—司法所远程视频会见系统作为现场实地探视的有益补充，一方面加强了监狱服刑人员、强制隔离戒毒人员与社会、家庭之间的沟通交流，改善人员心理状态，提高改造积极性；另一方面监所通过该系统为监狱服刑人员、强制隔离戒毒人员家庭、帮教团体提供便民服务，减少了探监费用，节约了探视时间，充分体现出我省司法行政机关的社会服务职能，有利于加强司法所与监狱、戒毒所的对接工作，进一步提高刑释解教人员的安置帮教工作质量。如图 2-11 所示。

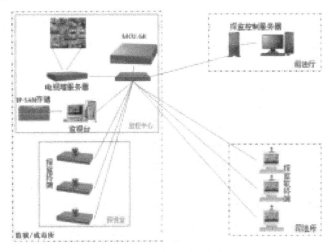

图 2-11 远程视频会见架构图

・在司法所部署计算机终端并安装远程探视帮教系统专用终端软件，包括视频探视帮教子系统、视频存储子系统、探视预约子系统以及监视监听管理子系统。监所服刑人员家属、司法所社矫工作人员可以通过该软件与监所进行探视帮教预约，经监所审核同意后与服刑人员建立视频语音通信，进行远程探视、帮教。

・在监所远程会见室及监所指挥中心分别部署远程探视帮教系统专用设备。

・在监所远程会见室部署探视帮教系统终端设备（包括探视帮教终端、摄像头、麦克风、音响等），为服刑在教人员提供图像清晰、唇音同步的探视帮教服务。

・在监所指挥中心部署监控管理平台（包括大屏幕、监控计算机、录播服务器、探视审批终端等），监所民警可以通过大屏监管所有远程探视帮教的实时情况，并进行全程录像录音取证。

2.5 政法互联

基于云平台的政法互联体系是在当前公安、检察院、法院、司法行政等各单位信息化基础上，实现部门之间信息资源共享、业务协同互联，强化部门间信息资源的整合能力，满足各单位业务工作的管理平台支撑要求，推动司法一体化办案体系构建，为公检法司协同提供有力支撑。

1、公安交换数据

公安可对外提供如下信息：常住人口基本信息、暂住人口基本信息、机动车辆基本信息、案件基本信息、涉案机动车辆信息、涉案枪支信息、涉案物品信息、失踪人员信息等等。

需从其他政法单位获取的信息：服刑在逃人员信息、强制隔离戒毒在逃人员信息、职务犯罪在逃人员信息等等。

业务协同包括：批捕协同、人犯送押协同。

2、检察院交换数据

检察院可对外提供如下信息：公诉对象基本信息、公诉对象所在单位信息、公诉对象涉案信息、公诉对象一审信息、公诉对象二审信息等等。

需从其他政法单位获取的信息：刑事案件信息、刑事案件法律辩护信息、刑事案件被害人信息、刑事案件被告人信息、刑事减刑信息、假释案件信息、复核生效情况、行政案件信息、行政案件当事人信息、执行案件信息、执行案件当事人信息、申诉案件信息、申请案件申诉信息、申请再审人信息等等。

业务协同包括：批捕业务协同、庭审监督协同、民事行政审查协同、人犯送押协同。

3、法院交换数据

法院可对外提供如下信息：刑事案件信息（包括基本情况、收立案情况、立案案由、涉嫌犯罪特征、案件特征、法律辩护情况、结案情况、结案案由、二审情况、再审刑罚改变情况、刑罚生效情况、原审情况、附带民事诉讼当事人信息、自诉人信息、被害人信息、辩护人信息、延长审限记录、扣除审限记录、强制措施记录、裁判文书、附带民事诉讼执行情况、后续诉讼情况、被告人信息、被告人起诉情况、被告人原审判决情况、被告人量刑情节信息、被告人立案罪名信息、被告人结案罪名信息）、普通民事案件信息（包括基本信息、收立案情况、管辖异议、案件特征、结案情况、生效情况、原审情况、当事人信息、保全记录、延长审限记录、扣除审限记录、强制措施记录、后续诉讼情况、裁判文书）、行政案件信息（包括基本情况、收立案情况、案件特征、结案情况、生效情况、原审情况、当事人信息、被告的行政行为信息、保全记录、后期诉讼情况、裁判文书）等等。

需从其他政法单位获取的信息：常住人口信息、机动车辆基本信息、刑事案件信息、涉枪人员信息、涉恐涉爆涉黑人员信息、涉枪单位信息、涉爆单位信息、律师法律资格信息、律师奖惩信息、律师事务所基本信息、服刑人员基本信息、服刑人员服刑信息、服刑在逃人员信息、公诉对象基本信息、公诉对象涉案信息、公诉对象一审信息、公诉对象二审信息等等。

业务协同：公诉业务协同、庭审监督协同、民事行政审查协同、人犯送押协同。

4、司法行政（不含监狱、强制隔离戒毒所）交换数据

司法行政可对外提供如下信息：律师基本信息、律师被投诉信息、律师奖惩信息、律师事务所基本信息、律师事务所被投诉信息、律师事务所奖惩信息等等。

需从其他政法单位获取的信息：服刑人员基本信息、服刑人员服刑信息、服刑在逃人员信息、强制隔离戒毒人员基本信息、刑事案件信息、刑事案件法律辩护信息、刑事案件被害人信息、刑事案件被告人信息、刑事减刑信息、假释案件信息、二审信息、复核生效情况、普通民事案件信息、普通民事案件当事人信息、民事破产案件情况、民事破产案件债务人信息、民事破产案件债权人信息、行政案件信息、行政案件当事人信息、赔偿案件信息、赔偿案件赔偿请求人信息、赔偿案件赔偿义务机关信息、申诉案件信息、申请案件申诉信息、申请再审人信息等等。

业务协同：公诉业务协同、人犯送押协同。

5、监狱交换数据

监狱可对外提供如下信息：服刑人员基本信息、服刑人员犯罪审判信息、服刑人员关押信息、服刑人员离监信息、服刑人员家庭成员及主要社会关系信息、服刑人员刑罚变更信息、服刑人员奖惩信息、服刑人员脱逃信息、服刑人员死亡信息等等。

需从其他政法单位获取的信息：常住人口信息、机动车驾驶员基本信息、因私出境人员信息、刑事案件信息、律师法律资格信息、律师事务所基本信息、律师奖惩信息、强制隔离戒毒人员基本信息、公诉对象基本信息、公诉对象所在单位信息、公诉对象涉案信息、公诉对象一审信息、公诉对象二审信息等等。

业务协同：人犯送押协同。

6、强制隔离戒毒所交换数据

戒毒所可对外提供如下信息：强制隔离戒毒人员基本信息。

需从其他政法单位获取的信息：常住人口信息、刑事案件信息、律师法律资格信息、律师事务所基本信息、律师奖惩信息等等。

业务协同：人员送押协同。

7、政法互联总体架构

以社区矫正为视角的政法互联总体架构设计如图 2-12 所示。

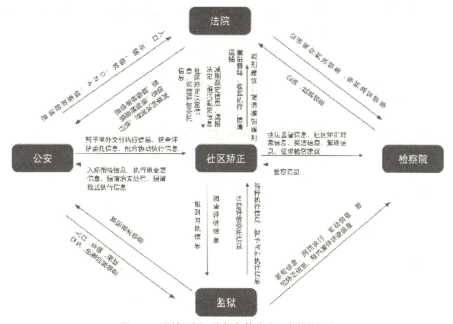

图 2-12 以社区矫正为视角的政法互联总体架构

（1）社区矫正机构与公安机关可以通过信息系统共享：

社区矫正机构可向公安机关推送社区矫正对象入矫衔接信息、执行地变更信息、提请治安处罚、提请收监执行信息等。

公安机关可向社区矫正机构推送社区矫正对象暂予监外交付执行信息、调查评估委托信息、配合协助执行信息等。

（2）社区矫正机构与检察院可以通过信息系统共享以下信息：

社区矫正机构可向检察院推送执法监督信息、社区矫正对象信息、奖惩信息、解矫信息、征求检察建议等信息。

检察院可向社区矫正机构推送检察意见信息。

（3）社区矫正机构与法院可以通过信息系统共享以下信息：

社区矫正机构可向法院推送社区矫正对象减刑建议信息、提请撤销缓刑信息、撤销假释信息、收监执行信息、提请逮捕信息等。

法院可向社区矫正机构推送社区矫正对象社区矫正决定信息、调查评估委托信息、提请裁定信息、减刑裁定信息、逮捕决定信息等。

（4）社区矫正机构与监狱系统可以通过信息系统共享以下信息：

社区矫正机构可向监狱系统推送社区矫正对象调查评估信息、报到回执信息等。

监狱系统可向社区矫正机构推送社区矫正对象假释执行信息、暂予监外执行信息、调查评估委托信息等。

2.6 以大数据为核心的数字司法总体架构

以大数据为核心的数字司法总体架构设计如图 2-13 所示。

社区矫正大数据应用架构如图 2-14 所示。

第 2 章 基于大数据的司法行政云平台

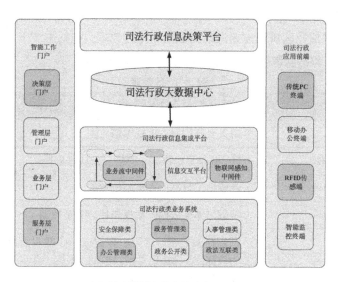

图 2-13 以大数据为核心的数字司法总体架构

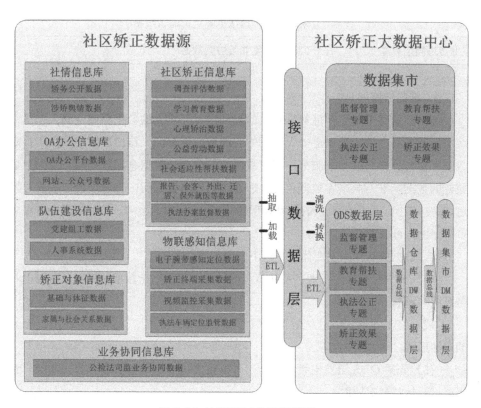

图 2-14 社区矫正大数据应用架构

1、数据源

数据源包括社区矫正需要汇总到数据仓库的数据，包括来源于社区矫正各部门的业务数据和物联数据，详细内容如表 2-1 所示。

表 2-1 数据源

信息库	数据集
社情信息库	矫务公开数据，涉矫舆情数据
OA 办公信息库	OA 办公平台数据，网站、公众号数据
队伍建设信息库	党建组工数据，人事系统数据
矫正对象信息库	基础与体征数据，家属与社会关系数据
社区矫正信息库	调查评估数据，学习教育数据，心理矫治数据，公益劳动数据，社会适应性帮扶数据，报告、会客、外出、迁居、保外就医等数据，执法办案监督数据
物联感知信息库	电子腕带感知定位数据，矫正终端采集数据，视频监控采集数据，执法车辆定位监管数据
业务协同信息库	公检法司监业务协同数据

2、接口数据层

接口数据层是为了保证数据转换的顺利进行而建立的数据存储空间，它是社区矫正业务共享原始数据进入大数据中心的数据暂存区，接口数据层提供了基础数据平台与外界交换数据服务。接口数据层的存在为数据仓库数据核对提供了最原始的数据基准，共享库数据首先快速复制到接口数据层中，再从接口数据层经过清洗、转换、映射等复杂的数据处理转移到 ODS 数据层中，数据处理全过程实现可追溯、可核查。

接口数据层的作用主要体现在以下三个方面：

（1）减少对社区矫正业务系统资源的占用，避免复杂数据转换对社区矫正业务系统的影响。

（2）将不同形式的社区矫正源数据（数据库、XML、文本等）转换为统一的存储形式。

（3）如果 ODS 层发生系统故障，可以直接从接口数据层进行数据恢复，而不必重新从共享库抽取。

3、ODS（Operational Data Store）数据层

ODS 作为数据库到数据仓库的一种过渡，ODS 数据层是存储和管理从接口数据层通过 ETL 过程（Extract-Transform-Load，ETL 描述将数据从来源端经过抽取、转换、加载至目的端的过程）得到的社区矫正历史的和当前的业务明细数据。ODS 的数据来源于社区矫正业务系统各个操作型数据库，ODS 的数据结构一般与数据来源保持一致，同时也会在数据清理加工后进行一定程度的综合。ODS 在 DB&ODS&DW 三层数据架构中起到一个承上启下的作用。接口数据层到 ODS 数据层就是完成 ETL 处理。

4、数据仓库（Data Warehouse，DW）数据层

数据仓库是一个集成的，相对稳定的，反映历史变化的很大的数据存储集合，是为分析数据而设计的，用于支持管理决策。数据仓库中的数据是按照一定的主题域进行组织的，并消除了源数据的不一致性。事务型数据处理 OLTP（On-Line Transaction Processing）一般放在传统的数据库 DB(Database) 中进行，分析型数据处理 OLAP(On-Line Analytic Processing) 则需要在数据仓库中进行。数据仓库数据层汇总的是经过整合的综合数据。DW 的数据也是只允许增加不允许删除和修改，ODS 中的数据是"实时值"，而数据仓库的数据却是"历史值"，数据仓库主要是提供查询服务，删除和修改在分布式系统。

5、数据集市（Data Mart，DM）数据层

数据集市数据层中的数据是为了特定应用目的而从数据仓库 DW 数据层的详细数据聚合而来的，也可称为部门数据或主题数据（subjectarea）。DM 数据层服务于监狱特定应用主题，可以根据用户需求灵活定制，从而满足社区矫正统计、报表、预警、绩效考核等需求。一般每个社区矫正业务应用都有自己的 DM。根据社区矫正工作的政务目标，图 2-14 中列出了监督管理、教育帮扶、执法公正、矫正效果四大核心主题。

6、数据集市

数据集市是一个集成的、面向主题的数据集合，设计的目的是支持 DSS(Decision Support System) 决策支持系统的功能。数据集市是数据中心的逻辑概念，是开放给数据应用的数据集合，是数据应用的访问入口。数据仓库的实施过程中一般都是从一个部门的数据集市着手，用若干个数据集市组成一个完整的数据仓库。

第3章 社区矫正信息化需求与架构设计

本章社区矫正信息化需求与架构设计以一个省级社区矫正信息化建设部署为例。

3.1 社区矫正工作流程概述

社区矫正信息管理系统的设计需要熟悉社区矫正工作的流程。社区矫正工作流程可用以下流程图说明，如图3-1所示。

3.2 社区矫正工作流程分析

工作流程（Workflow）是自动运作的业务过程部分或者整体，表现为参与者对文件、信息或任务按照规程采取行动，并令其在参与者之间传递。这个过程并不是一个人能完成的，它是两个或两个以上的人为了功能的目标，连续地以串行或并行的方式去完成某一业务。一个人处理的业务不称其为工作流，只有任务从一个人"流"向另一个人的时候才有工作流。个体参与工作流必须是为了同一个工作目标，如果个体处于两个互相独立的项目之中，不会产生工作流。简单地说，工作流就是一系列相互衔接、自动进行的业务活动或任务，它需要人参与。

目前基层社区矫正业务大致是按入矫阶段、在矫阶段、矫正终止阶段的顺序来管理，系统应引入工作流管理，规范矫正程序，避免发生诸如在欠缺社区矫正对象文书材料情况下提前开始社区矫正工作，必须保证严格按照法律规定的工作流来执行。2012年3月1日实施的两院两部《社区矫正实施办法》中对部分审批流程重新做了调整。与之相对应，社区矫正信息管理系统中加入并调整了工作流的集成应用。

第3章 社区矫正信息化需求与架构设计

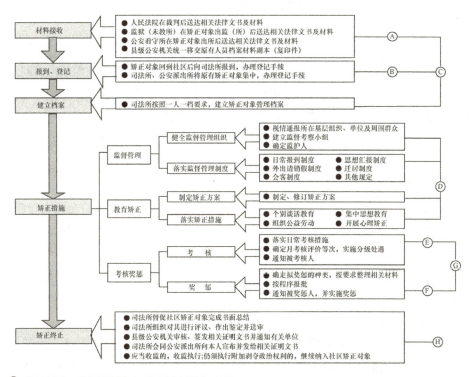

Ⓐ 县级公安机关、司法行政机关接收后，转送相关公安派出所、司法所

Ⓑ 告知应当遵守的规定，填写相关表格，初次谈话教育

Ⓒ 人户分离的矫正对象，由居住地社区矫正组织负责对其实施社区矫正；对原有的矫正对象，缺少原判法律文书的，拟暂不接收；下落不明的，拟不予接收

Ⓓ 对社区矫正对象的监督管理和教育矫正，应当按照分类先亮、分级处遇的要求进行。单处或主刑服完毕后附加剥夺政治权利的矫正对象可以不参加公益活动，对其监督管理也主要是监督其遵守《公安机关办理刑事案件程序规定》第二百八十条规定的情况。
其间，司法所、公安派出所应当通过经常性的走访、检查，了解、掌握矫正对象遵守监督考察情况以及监督考察小组、矫正对象所在基层和单位以及监护人履行职责情况，并采取响应措施；了解并帮助矫正对象解决具体困难

Ⓔ 考核内容：分类考核。管制、缓刑、假释对象全面考核；其他对象考核遵守管理规定情况
考核方法：记分考核。规定月基本分10分，根据日常表现给予加扣分，随加随扣

Ⓕ 奖惩的种类：奖励包括评选年度社区矫正积极分子、减刑、假释；惩处包括治安管理处罚、撤销（缓刑、假释、暂予监外执行）收监执行

Ⓖ 考核奖惩贯穿于社区矫正整个过程，考核实行日常考核与月考核相结合；符合奖惩条件的，随时予以奖惩

Ⓗ 终止的情形包括：期满终止、被收监执行或因再犯新罪被羁押终止、死亡终止
矫正终止后，司法所应当将矫正对象的档案材料进行整理，装订成册后统一交县级行政机关保管

图 3-1 社区矫正工作流程图

本节将介绍社区矫正工作中几个重要的流程。

1、请销假管理

社区矫正对象向管辖司法所提出请假申请，司法所社矫工作人员根据实际情况录入相应信息，这就开始了请销假管理工作流程。该矫正对象如果要想获准假期，则根据所请的假期时间需要不同级别的司法行政部门进行相应地审批，而审批的结果关系着该社矫对象本次请假是否被批准，同时根据社矫对象请假的长短来看，如果超过七天则需要区县级司法行政部门进行审批才行。请销假流程如图 3-2 所示。

2、提请治安管理处罚

社区矫正对象在日常管理中有违规违纪情况发生，如果其情节符合治安管理处罚，则司法所（或县矫正科）的工作人员将发起一个提请治安管理处罚的流程，如图 3-3 所示。系统根据流程的发起人，跳转到相应的上级机关审核，一般的社区矫正对象到县分局领导审批后就结束，如果经由中级人民法院的则需要相应的市级司法行政部门相关领导审批才行。提请治安管理处罚流程如图 3-3 所示。

3、期满解矫

社区矫正对象在矫正期满后，进行正常解矫，需要由司法所社矫工作人员发起，然后经上级相关部门审批，审批通过后打印相关解矫文书，对社区矫正对象进行解矫宣告。期满解矫流程如图 3-4 所示。

4、迁出审批

社区矫正对象如果在矫正期间需要迁居到其他地方的需要进行迁出审批。审批由司法所社矫工作人员录入系统，经司法所所长、县矫正科、县分管领导审批同意后，最后由司法所社矫工作人员打印审批材料后完成整个迁出审批事项。迁出审批流程如图 3-5 所示。

第3章 社区矫正信息化需求与架构设计

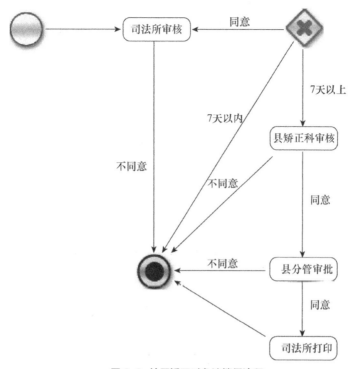

图 3-2 社区矫正对象请销假流程

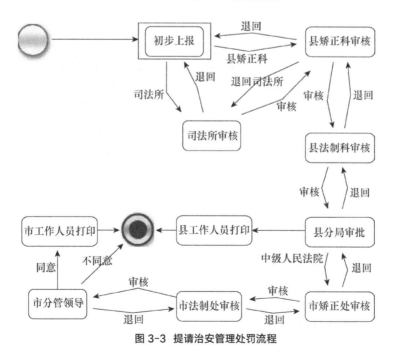

图 3-3 提请治安管理处罚流程

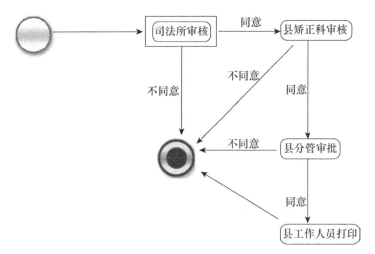

图 3-4 期满解矫流程

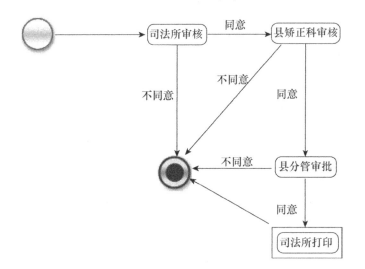

图 3-5 迁出审批流程

3.3 建设目标与总体需求

3.3.1 项目建设目标

社区矫正信息管理系统建设的总体目标是依托全省电子政务网络，建立全省社区矫正信息管理系统平台，实现整个工作流程的一体化管理；建立横向联动的工作机制，与法院、检察院、公安、监狱、看守所等部门工作信息联动；制定全省社区矫正数据格式与接口标准；实现各级司法行政机关社区矫正部门办公自动化、公文交换无纸化、公共服务电子化、管理决策数据化，推进社区矫正工作迈上新的台阶。

3.3.2 系统总体需求

1、省厅平台模块

（1）建设省厅社区矫正数据中心。

（2）依托全省电子政务网和电信 MPLS-VPN 虚拟专网，建设社区矫正信息管理系统（省厅平台模块），实现省厅职能所需的系统功能，并与各地市社区矫正信息管理系统（地市平台模块或已建系统）联网。

（3）建设省、市两级司法行政数据交换平台：建设统一的数据交换机制，制定标准的数据格式和交换接口，实现省、市两级数据交换和系统整合。

（4）在电子政务网上，整合社区矫正信息管理系统及其他业务信息系统，构建统一的司法行政信息化综合业务平台，以此作为全省司法行政工作的统一入口。

2、地市平台模块

（1）建设各地市级社区矫正数据中心。

（2）依托全省电子政务网和电信 MPLS-VPN 虚拟专网，建设社区矫正信息管理系统（地市平台模块或已建系统），实现各地市、县（市、区）司法局、基层司法所职能所需的系统功能，并与省厅系统联网。

（3）建设市、县两级司法行政数据交换平台：建设统一的数据交换机制，制定标准的数据格式和交换接口，实现市、县两级数据交换和系统整合。

（4）在电子政务网上，整合社区矫正信息管理系统及其他业务信息系统，构建统一的司法行政信息化综合业务平台，以此作为各地市司法行政工作的统一入口。

3.3.3 性能需求

1、功能

（1）系统设计有前瞻性、先进性、可靠性以及可扩展性，符合信息化发展的方向。系统应实用、好用。

（2）系统设计要面向全省司法行政信息化综合业务系统整体解决方案。

（3）软件开发从需求分析、系统设计、编码、测试到系统的正式运行，须遵循软件工程规范。

2、性能

（1）响应时间

在软件方面，响应时间、更新处理时间、数据传送和转换时间、处理和解决问题时间都较为迅速，能满足用户要求。

在网络稳定的环境下操作性界面单一操作的系统响应时间小于2秒。在网络不稳定的环境下系统需要有断线重连、断点续传、数据增量传输（有效节省网络资源）等功能，数据需具有灾难恢复功能。

（2）灵活性

对软件的灵活性的要求，即当需求发生某些变化时，该软件应具备适应这些变化的能力：

· 系统操作流程后期可调整，可以适应办公业务的变化；

· 系统基于 J2EE 架构，具有跨平台的特性；

· 系统地提供 XML 的业务数据输出的接口；

· 对于为了提供这些灵活性而进行的专门设计的部分应该加以标明；

· 系统应采用先进的、成熟的主流技术；

· 系统应采用多层架构的体系结构；

· 系统应采用关系型数据库；

· 系统应采用模块化设计，具有较强的扩展性；

· 系统应支持针对不同技术架构的数据存取，采用规范的数据交换接口，推荐采用 XML 格式；

· 系统应采用 B/S 结构。

（3）安全稳定性

系统应提供 7 天 ×24 小时的连续运行，平均年故障时间 <1 天，故障响应时间不超过 3 小时，平均故障修复时间少于 2 小时。

系统应采用完善的安全管理措施，系统应提供安全备份和灾难恢复功能。

3.4　网络系统设计

社区矫正信息管理系统（分省厅平台模块和地市平台模块）总体设计以省市两级管理架构为主，依托全省电子政务网和 MPLS-VPN 虚拟专网，实现省厅与各地市、县（市、区）司法局、基层司法所三级网络互联。考虑到部分已先行试点部署第三方社区矫正系统的县区级司法局，拟确定予以保留的，设计也将同时兼容省市县三级管理架构。

由省司法厅、各地市司法局两级建立数据中心。地市司法局和省司法厅之间通过省电子政务网互联。业务数据以市级数据中心为主，省级数据中心主要是从市级数据中心抽取所需数据。各地市司法局（地市级数据中心）与各县（市、区）司法局、基层司法所之间通过省电子政务网或 MPLS-VPN 虚拟专网互联。

省司法厅（省厅平台模块）与各地市司法局（地市平台模块）应用均部署在省电子政务网中，所以可以直接进行交互。拟确定予以保留的部分已经先行试点部署第三方社区矫正信息系统的区县司法局，如果其系统运行在公众互联网上，则必须迁移到省电子政务网或 MPLS-VPN 虚拟专网中，以保护信息安全。由于当前基层司法所多数接入公众互联网，故可考虑借助 MPLS-VPN 虚拟专网接入。如图 3-6 所示。

社区矫正信息化

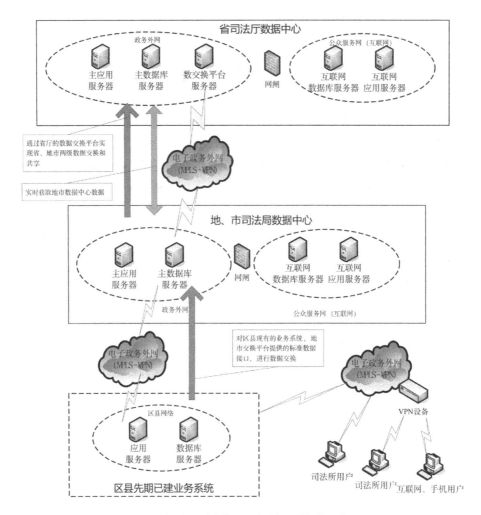

图 3-6 社区矫正信息管理系统省级网络架构示意图

3.5 应用系统设计

3.5.1 设计原则

易用性：以使用者为中心，让软件系统的设计能够符合使用者的习惯与需求。如果易用性不能解决，项目后期推广就非常艰难。

先进性：通过先进技术的采用及前瞻性的设计来提高系统的负载能力；为将来的扩展提供必要的接口；有利于降低开发成本。

可靠性：系统设计及开发应能确保系统本身的健壮及必需的故障恢复能力；从设计及运行机制上保证系统的在线率以及一定的容错能力。

安全性：从技术和管理上确保网络和信息的安全。

灵活性：系统应能满足多种需求下的使用要求；应用接口应足够灵活以满足对多种信息系统的接入要求。

可扩展性：采用科学的架构，使用多层体系，在必要的地方留有足够的接口以应对需求发生变化或新需求产生时对系统进行扩展的要求。

3.5.2 总体设计

司法行政信息化综合业务平台整体架构简图如图 3-7 所示。

建设省级、各地市的司法行政数据中心，通过建成数据中心，可以有效整合相关资源，做到信息资源互联共享，真正实现对各级司法行政机关的数字化管理，同时通过数据中心建设和数据积累，对业务数据进行横向、纵向统计分析，为司法行政工作的科学决策提供支持。

数据中心采用多渠道分布式采集、集中管理的模式，并依托政务外网实现数据传输和数据管理；同时形成分级、分层次管理的数据管理体系，避免重复建库，实现信息资源共享，如图 3-8 所示。

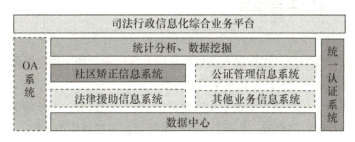

图 3-7 司法行政信息化综合业务平台整体架构简图

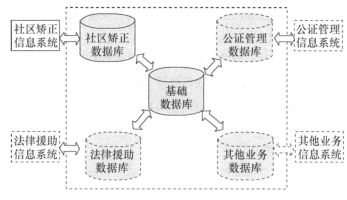

图 3-8 司法行政数据中心数据资源库

3.5.3 数据交换平台与接口

由省厅制定统一的社区矫正相关数据格式规范和交互接口，实现全省各级司法行政机关的数据交换共享。拟确定予以保留的部分已经先行试点部署第三方社区矫正系统的区县司法局，须按照省厅的数据规范标准，提供相应的功能使自身的业务数据可以交换到地市级数据中心。地市级数据中心则需要提供接口不断接收区县司法局社区矫正平台的业务数据，还应具备标准数据接口提供省厅平台抽取数据所需。数据交换平台与接口须考虑提交数据的完整性问题。如图 3-9 所示。

3.5.4 省厅平台模块

省厅平台将主要实现省厅的统计分析和监督指导职能。省厅工作人员可以通过各地市的地址链接，直接进入各地市县的社区矫正管理平台，根据权限可以看到系统中相应地市县社区矫正对象的业务数据。

省厅平台系统将主要偏重于实现数据汇总，形成直观、形象的报表、图表；监管数据异常时实时提醒，从而为省厅业务处室监督指导提供依据。

省厅平台的主要功能如下：

1、通知公告管理

省厅平台中包含了实时发送、定时发送通知公告的功能。定时发送时，系统将提供时间，可供选择。省厅平台通过后台与各地市级平台进行数据交换，将各地市数据中心信息同步到省厅数据中心。

为使发送通知公告更加人性化，系统提供群组的管理，可以创建任意多个群组，

第 3 章 社区矫正信息化需求与架构设计

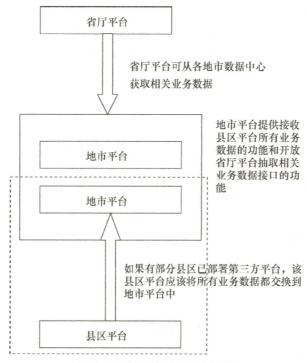

图 3-9 省市县数据交换平台与接口

将经常发送的一类人或者单位放在一个组里，下次发送时，可直接选择创建的那个群组，系统将把通知公告发送给群组中的每一个人或每一个单位。

2、信息交互

在省厅和各市、县（市、区）司法局、基层司法所社区矫正工作人员之间，可以通过内部 IM（Instant Messenger）即时通信实时交流。通过建立专门的交流论坛相互之间借鉴和学习好的经验。

3、提醒功能

省厅平台后台自动从各地市平台中获取各地市的各类逾期的汇总数据，如某地市今天有多少未按期进行日常报道、有多少人请假逾期未回、有多少人违规越界等，可在省厅平台中按各地市、各类需提醒的数据进行展示，以便省厅能更好地起到监督、指导作用。

系统还提供预警功能，如果有严重情况，系统中可预先设置发送短信通知相关人员。

4、与各地市平台模块的链接

省厅平台中提供各地市县社区矫正管理系统的链接，由系统管理人员对各地县市的社区矫正管理系统地址进行录入，并且在前台页面中进行展现，省厅工作人员点击各地市县的链接地址，便可直接进入各地市县的社区矫正信息管理系统中，按不同权限可以看到该地市系统中相应的社区矫正对象的业务明细数据。

5、统计分析

省厅平台提供各种形式的图形展示，使分析更加直观，如各地市县的社区矫正对象统计图、开通手机定位的统计图等（主要根据报表）。

系统还提供自动生成相应的分析图的功能，只需工作人员选择需要分析的数据字段、生成的图表样式，系统就能自动生成相关的图形。

6、报表管理

省厅平台主要提供报表的管理。报表是根据司法所（局）录入的基本数据自动生成，进行层级审批。省厅审批通过后可与司法部报表进行对接，直接上传，如果审批不通过，则退回到地市平台，由相关市局继续处理。省厅工作人员也可对上报的报表进行层级查看，方便查看问题，并可以导出、打印。

7、数据交换

省厅平台内置数据交换功能，分实时、定时地与各地市平台模块交换相关数据，以使省厅平台的效率更高。

定时交换的数据：

·各类需提醒的数据（每小时1次）；

·各地市平台模块系统的链接地址。

实时交换的数据：

·省厅工作人员发送通知公告给地市级及以下单位或工作人员（实时），

·地市级上报的报表或省厅退回地市级的报表（实时）。

同时为保证数据安全并且不丢失，系统将建立容错、双重确认的机制，并在传输过程中进行加密，确保数据能够完整、安全地在各平台之间进行交换。

8、公检法监接口

向法院、检察院、公安、监狱、看守所等部门提供标准数据接口。

9、数据挖掘与决策支持

为省厅主管部门提供统计分析、风险预警、决策支持。

10、CA 认证系统

建立省厅 CA 认证中心，以整合信息资源为目的，面向所有业务系统提供支持数字证书的安全认证、单点登录及访问控制服务。建立统一的身份认证和授权管理平台，实现基于用户身份管理、授权管理和认证管理。满足电子政务资源整合和复杂业务管理的需要，全面提升政府信息化综合安全管理能力，有效推动网络信任体系建设。

·统一用户管理，构建完整可信的用户资源信息库，集中实现用户信息、凭证、组织机构等信息的统一管理。实现用户的流程化管理，控制帐号的整个生命周期，为人员岗位变更和离职等应用场景提供安全可靠的帐号管理。

·系统授权管理，实现多业务系统的统一访问控制授权，降低多个业务系统管理维护的复杂度，有效减少人为原因造成的安全性缺失。

·统一身份认证，采用 CA USB Key 进行身份认证服务。

·安全单点登录，提供基于可靠访问控制的"一点登录、多点漫游"功能，用户只需一次登录就可以访问授权范围内的应用系统。

3.5.5 地市平台模块

地市平台（其数据中心一般建立在地市司法局，平台包括地市、区县司法局、基层司法所）主要偏重于业务，所有的业务数据由司法所（局）进行录入，系统提供分级权限管理，即司法所只能看到自己司法所录入的数据，区县司法局可以看到该局下属司法所的所有数据，市司法局则可以看到全市司法所录入的数据。

录入的数据都保存在各地市的数据中心库，为以后与司法行政信息化其他业务平台的数据共享打下良好的基础。例如社区矫正系统中已经存在的信息，解矫后，自动纳入归正人员库，以前录入的主要信息将自动生成，不必再次录入。整个司法行政信息系统应考虑统一的数据格式、标准的公共接口，尤其是已先期自行试点部署矫正系统平台试点的区县司法局。

地市平台模块的主要功能如下：

1、人员监管

（1）脸谱和指纹识别

为了避免日常管理工作中司法工作人员执法不严，规定社区矫正对象日常报到、请假销假都需要本人到司法所通过脸谱和指纹识别仪识别后由系统自动记录入，不能由司法所社矫工作人员手工录入。

（2）实时定位

与电信、联通、移动等通信运营商进行手机的定位数据对接，使系统可支持三家运营商的定位功能，并且在系统中嵌入地图，可直观地在系统中看到每个社区矫正对象在地图上的位置。如图3-10所示。

系统平台接入前有一个统一的终端接入解析模块,整合多家运营商或第三方终端生产商的接口协议,统一接入,统一转换。其他终端接口需考虑建立人员定位接口的统一标准,以适应如海岛地区人员与船舶定位数据集成,必须标准化规范化建立电子地图与业务系统间的接口。

社矫对象手机定位数据目前由于受运营商限制,数据传输是通过公众互联网,所以需要在公众互联网中设置推送服务器,架设网闸,实现电子政务网单向到公众互联网的数据库中获取相应数据。

（3）轨迹查询

只需设定时间段,即可查询某社矫对象在此时间段内的活动走向和轨迹。系统同样给出每个标点的社矫对象名称、定位时间及当时所在位置等描述信息。

（4）电子围墙

系统中嵌入地图,社区矫正工作人员可设置圈定某个地图区域,作为社区矫正对象的活动范围,实现对社区矫正对象的监管。

（5）越界警告

为社区矫正对象设定电子围墙以后,系统可自行判定社区矫正对象是否超出司法工作人员为其设定的范围。如果超过范围,系统会自动记录,并且发送短信给越界的社区矫正对象和相关工作人员,警告其越界。

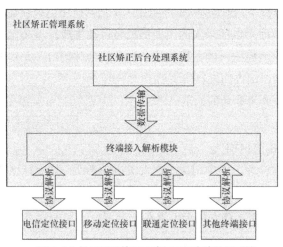

图3-10 社区矫正管理系统与手机定位数据对接

(6) 人机分离

为确保实时定位的有效性，系统提供人机分离抽查的功能，随机抽查或者司法工作人员指定抽查某些社区矫正对象，是否人机分离。

(7) 监管等级

由于社区矫正对象的监管等级不一样，系统提供监管等级管理，监管等级直接影响社区矫正对象日常报到、思想汇报的时间频率，系统支持司法工作人员统一设定每种监管等级对应的时间频率，并可动态调整。

2、档案管理

(1) 对象接收

系统提供社区矫正对象的接收功能，接收时需录入社区矫正对象的基本资料、罪名、刑期以及法律文书等信息以后，还需录入同案犯、社会关系、帮教小组等信息。

(2) 档案查询

系统需提供社区矫正对象档案的查询功能，可对档案中的法律文书进行下载，对基本资料进行打印及导出。

(3) 综合查询

可对社区矫正对象进行综合查询，查询的结果需按不同级别的权限进行显示。同时要求多条件进行组合查询，查询出的结果可打印及导出。

3、考核管理

(1) 思想汇报

系统自动督促和推送社区矫正对象的思想汇报，也可将社区矫正对象的思想汇报记录进行扫描上传，如过期未进行思想汇报的，系统需发短信通知相关司法工作人员及社区矫正对象。

(2) 公益劳动

系统提供公益劳动的登记，记录每次公益劳动的地点、人数、每个人的表现等，为以后的考核做依据。

(3) 学习教育

系统提供学习教育的登记，记录每次学习教育的地点、人数、每个人的表现等，为以后的考核做依据。

(4) 请假登记

系统需提供记录社区矫正对象外出请假的功能，能够设置请假的时间、地点以及对应的电子围墙范围，请假回来之后，可以进行销假，提供打印请假审批单等功能。

(5) 日常报到

系统提供社区矫正对象日常报到情况的登记，并可将社区矫正对象的日常报到记录进行扫描上传，如过期未进行日常报到的，系统需发短信通知相关司法工作人员及社区矫正对象。

(6) 奖惩提醒

系统需记录对社区矫正对象进行奖惩的功能，记录奖惩情况后，也要能及时地进行短信发送通知被奖惩的社区矫正对象。

(7) 行政奖惩

系统需记录对社区矫正对象进行行政奖惩的功能，记录行政奖惩后，也要能及时地进行短信发送通知被行政奖惩人员。

(8) 月／季度小结

系统提供社区矫正对象进行月度、季度小结的功能，并且可按月份、季度进行查询，并形成一定格式的文档导出、打印。

(9) 其他加扣分

司法工作人员可对社区矫正对象的表现加扣分，都需在系统里面记录，做为考核的依据。

(10) 月度考核评议

司法工作人员可对社区矫正对象进行每个月的考核评议，可以标注社区矫正对象的表现以及有无奖惩，由系统记录每个月的数据，为考核提供依据。

4、其他管理

(1) 集中点验

实现对社区矫正对象人数的清点。

(2) 个别谈话

系统提供记录司法工作人员与社区矫正对象进行个别谈话的功能，将谈话的时间、地点、内容进行记录，如有谈话纸质文件，可作为附件进行上传。

(3) 走访登记

司法工作人员按期走访社区矫正对象需在系统中进行记录，工作人员可多选，方便以后对司法工作人员走访情况进行数据汇总。

(4) 帮困解难

系统需提供记录司法工作人员对社区矫正对象进行帮助的功能，记录每一次解决社区矫正对象的困难的基本信息。

(5) 迁居审批

系统需记录社区矫正对象的迁居信息，包括原地址、新地址、迁居时间等，并可直接根据司法工作人员录入的信息自动生成迁居审批单，提供导出、打印的功能。

(6) 年度积极分子

司法工作人员可根据系统记录的公益劳动、学习教育等信息，评出社区矫正对象的年度积极分子，可鼓励社区矫正对象，降低重新犯罪的概率。

(7) 志愿者登记

系统提供志愿者登记的功能，司法工作人员录入志愿者的基本信息以后，对象接收功能中对社区矫正对象设定志愿者的时候就可以直接由系统进行提示直接选择，无需手动再次输入。

(8) 心理矫正

系统需提供记录司法工作人员对社区矫正对象进行心理矫正的功能，对已经登记的记录进行修改。

(9) 就业安置

系统提供对社区矫正对象就业安置情况进行记录的功能，方便司法工作人员对社区矫正对象的经济来源以及生活情况进行侧面了解。

5、矫正终止

(1) 矫正状态变更记录

系统提供矫正状态变更记录的查询，可查出每个社区矫正对象的每次变更记录前后的情况。并可按照时间段来进行查询。

(2) 矫正状态变更

系统需提供矫正状态的变更功能，可按规定条件，由司法工作人员对社区矫正对象的矫正状态进行变更，由系统记录，并提供查询功能。

(3) 期满合议表处理

系统根据司法工作人员录入的相关信息，需提供标准的期满合议表进行打印、导出等功能。

(4) 期满鉴定表处理

系统根据司法工作人员录入的相关信息，需提供标准的期满鉴定表进行打印、导出等功能。

(5) 非正常解矫处理

系统需提供非正常解矫处理的功能，比如对重新犯罪、保外就医结束等情况的处理。

(6) 矫正终止到期警示

系统需提供对社区矫正对象期满终止矫正警示的功能，由司法工作人员指定，系统自动发送短信告知社区矫正对象。

6、信息交互

(1) 社区矫正对象短信群发

系统需提供对社区矫正对象短信群发的功能，并支持社区矫正对象短信组的建立。短信组可将平时发送短信内容一致的社区矫正对象加到一个组中，司法工作人员不需要每次都去勾选社区矫正对象，只要选中组就可以达到发送短信到组中所有社区矫正对象的目的。组中社区矫正对象的列表依赖司法工作人员的权限，每个司法工作人员只能看到自己管辖的社区矫正对象。

(2) 工作人员短信群发

系统需提供对工作人员短信群发的功能，并支持工作人员短信组的建立。短信组可将平时发送短信内容一致的工作人员加到一个组中，司法工作人员不需要每次都去勾选那些工作人员，只用选中组就可以达到发送短信到组中所有工作人员的目的。比如发送通知到自己的业务部门，就可以将自己的业务部门的工作人员加到一个组中。

(3) 信息交互

在省厅和各地市、县（市、区）司法局、基层司法所社区矫正工作人员之间，可以通过内部 IM（Instant Messenger）即时通信实时交流。通过建立专门的交流论坛相互之间借鉴和学习好的经验。

7、统计查询

系统需提供多方面的统计查询功能，如：

· 社区矫正对象地区统计

· 社区矫正对象层级统计

· 社区矫正对象动态统计

· 社区矫正对象越界统计

· 短信统计

· 定位情况统计

· 工作统计

·社区矫正对象情况统计表（月表）

·社区矫正试点工作统计表（季表）

·社区矫正工作综合统计报表（月表）

·志愿者花名册

·监护人花名册

·监督考察小组花名册

8、工作管理

（1）公文处理

系统可进行公文传输和流转，且应当具备公文查收功能，可随时追踪阅读时间和人员。

（2）公告管理

系统提供通知公告管理的功能，发公告的时候可选择阅读的人员，查看公告也需按权限显示，有权限看的公告才可以看到，保证数据的安全性。

（3）人员管理

系统提供司法工作人员管理的功能，对工作人员的基本信息进行维护和管理。

（4）司法所工作日志

系统记录司法所每日的操作记录，并提供手动填写以及上传附件的功能，使工作日志的记录更详细。

（5）系统管理

系统管理为分布式的管理结构设计。系统操作员可根据需求定制有不同权限的角色，每一层管理人员绑定适当角色，只能有一定数据查询、数据输入和管理功能。系统可定义一些特殊角色，为其他相关部门及人员查询使用，真正实现数据共享。平台为用户提供分层式的权限管理功能，确保数据的保密性、可靠性和正确性。

9、审批评议

系统应提供多样化的审批评议表，以满足司法工作的需要，如下：

·加扣分审批

·月考核审批

·奖惩审批

·请假申请审批

·迁居审批

·严管级人员确立（撤销）审批表

·年度积极分子审批

·矫正期满合议表审批

·矫正期满鉴定表审批

10、心理测试

系统提供各种类型的心理测试功能，可以对社区矫正对象的心理有一个比较科学的认知，测试的题目可由司法行政单位自行按格式定制，系统提供导入，并能实现自动判分及提供相应心理评估与干预方案参考。主要如下：

·情绪类型测试

·心理调节能力测试

·精神状态测试

·意志力自测

·心理抗压能力测试

·风险评估与矫正质量评价

·心理干预方案

11、数据交换

地市平台需按照省厅提供的标准数据格式提供相应的接口，既可与省厅平台数据中心进行必要的数据交换，又可接收已部署其他第三方系统的区县司法局社区矫正信息系统平台的业务数据。

（1）地市平台实时发送数据给省厅平台：市级报表审批已通过，上报给省厅（实时）。

（2）地市平台与公检法司之间的数据交换：公检法监等部门之间的数据交换。

（3）地市平台与运营商的数据交换：地市平台与电信、移动、联通之间实时定位数据交换（实时）。

（4）地市平台与区县司法局部署第三方社区矫正系统平台之间的数据交换：为使矫正工作的整体情况便于实际把握，省厅所需的数据能够完整的获取，区县司法局第三方社区矫正系统平台应按照标准，将所有的业务数据都与地市平台做接口，并且都需实现实时交换。

（5）针对暂时无法联网的部分偏远山区、海岛等地区的司法所，本系统应能支持其单独运行，系统应提供标准格式的数据导入导出功能，供此类司法所定期导出数据并导入到上级地市系统数据库中。

（6）为保证数据安全并且不丢失，系统将建立容错、双重确认的机制，并在传输过程中进行加密，确保数据能够完整、安全地在各平台之间进行交换。

12、公检法监接口

向法院、检察院、公安、监狱、看守所等部门提供标准数据接口。

13、预警提醒

按各单位汇总、统计各业务模块的提醒事项,如未按时日常报到、未请假越界等。

14、CA 认证系统

以省厅 CA 认证系统为基础,采用 CA USB Key 模式,以整合信息资源为目的,面向地市平台所有业务系统提供支持数字证书的安全认证、单点登录及访问控制服务。

第二篇

社区矫正信息系统的应用

第 4 章 MIS 系统概述

4.1 MIS 系统概述

根据百度百科的定义，MIS 系统（Management Information System，管理信息系统）是一个由人、计算机及其他外围设备等组成的能进行信息的收集、传递、存贮、加工、维护和使用的系统。MIS 系统通常用于系统决策，例如，可以利用 MIS 系统找出迫切需要解决的问题，并将信息及时反馈给上层管理人员，使他们了解当前工作的进展或不足。换句话说，MIS 系统的最终目的是使管理人员及时了解公司现状，把握将来的发展路径。一个完整的 MIS 应包括辅助决策系统（DSS）、工业控制系统（IPC）、办公自动化系统（OA）以及数据库、模型库、方法库、知识库和与外界交换信息的接口。

基于 Web 的 MIS 系统是对传统 MIS 系统概念上的扩展，它不仅可以用于高层决策，而且可以用于进行普通的商务管理。通过用户的具名登录（或匿名登录），以及相应的权限控制，可以实现在远端对系统的浏览、查询、控制和审阅。传统的 MIS 系统的核心是 C/S（Client/Server—客户端/服务器）架构，而基于 Web 的 MIS 系统的核心是 B/S（Browser/Server—浏览器/服务器）架构。B/S 架构比起 C/S 架构有着很大的优越性，传统的 MIS 系统依赖于专门的操作环境，这意味着操作者的活动空间受到极大限制；而 B/S 架构则不需要专门的操作环境，在任何地方，只要能上网，就能够操作 MIS 系统。

4.2 WEB 服务器

根据百度百科的定义，WEB 服务器，即提供 web 服务的软件或主机，主要功能是提供网上信息浏览服务，Web 服务器是可以向发出请求的浏览器提供文档的程序，Web 服务器不仅能够存储信息，还能在用户通过 Web 浏览器提供的信息的基础上运行脚本和程序。Web 服务器是一种被动程序：只有当 Web 服务器接收到浏览器发出的请求时，服务器才会响应。最常用的 Web 服务器有 IIS（Internet Information Services, Internet 信息服务器）、Apache、Tomcat、Webshere，等等。

4.2.1 IIS

IIS 是由微软公司提供的基于 Windows 的互联网基本服务，IIS 允许在公共 Intranet 或 Internet 上发布信息的 Web 服务器，也是目前最流行的 Web 服务器产品之一，很多著名的网站都是建立在 IIS 平台上。IIS 提供了一个图形界面的管理工具，称为 Internet 服务管理器，可用于监视配置和控制 Internet 服务。

IIS 是一种 Web 服务组件，其中包括 Web 服务器、FTP 服务器、NNTP 服务器和 SMTP 服务器，分别用于网页浏览、文件传输、新闻服务和邮件发送等，它使得在网络（包括互联网和局域网）上发布信息成了一件很容易的事。它提供 ISAPI(Intranet Server API) 作为扩展 Web 服务器功能的编程接口；同时，它还提供一个 Internet 数据库连接器，可以实现对数据库的查询和更新。

4.2.2 Apache

Apache HTTP Server（简称 Apache）是 Apache 软件基金会的一个开放源码的网页服务器，可以在大多数计算机操作系统中运行，由于其跨平台和安全性被广泛使用，是最流行的 Web 服务器端软件之一。它快速、可靠并且可通过简单的 API 扩展，将 Perl/Python 等解释器编译到服务器中。

Apache 有多种产品，可以支持 SSL 技术，支持多个虚拟主机。Apache 是以进程为基础的结构，进程要比线程消耗更多的系统开支，不太适合于多处理器环境，因此，在一个 Apache Web 站点扩容时，通常是增加服务器或扩充群集节点而不是增加处理器。到目前为止 Apache 仍然是世界上用的最多的 Web 服务器，市场占有率达 60% 左右。世界上很多著名的网站如 Amazon、Yahoo! 等都是 Apache 的产物，它的成功之处主要在于它的源代码开放、有一支开放的开发队伍、支持跨平台的应用（可以运行在几乎所有的 Unix、Windows、Linux 系统平台上）以及它的可移植性等方面。

4.2.3 Tomcat

Tomcat 是 Apache 软件基金会（Apache Software Foundation）的 Jakarta 项目中的一个核心项目，由 Apache、Sun 和其他一些公司及个人共同开发而成。因为 Tomcat 技术先进、性能稳定，而且免费，因而深受 Java 爱好者的喜爱并得到了部分软件开发商的认可，成为目前比较流行的 Java Web 应用服务器 (Servlet 容器)。实际上 Tomcat 部分是 Apache 服务器的扩展，但它是独立运行的，所以当你运行 tomcat 时，它实际上是作为一个与 Apache 独立的进程单独运行的。

Tomcat 是一个免费的开放源代码的 Web 应用服务器，Tomcat 是 Java Servlet 2.2 和 JavaServer Pages 1.1 技术的标准实现，是基于 Apache 许可证下开发的自由软件，属于轻量级应用服务器，在中小型系统和并发访问用户不是很多的场合下被普遍使用，是开发和调试 JSP 程序的首选。当配置正确时，Apache 为 HTML 页面服务，而 Tomcat 实际上运行 JSP 页面和 Servlet。另外，Tomcat 和 IIS 等 Web 服务器一样，具有处理 HTML 页面的功能，另外它还是一个 Servlet 和 JSP 容器，独立的 Servlet 容器是 Tomcat 的默认模式。不过，Tomcat 处理静态 HTML 的能力不如 Apache 服务器。

4.2.4 WebSphere

WebSphere 是 IBM 的软件平台。它包含了编写、运行和监视全天候的工业强度的随需应变 Web 应用程序和跨平台、跨产品解决方案所需要的整个中间件基础设施，如服务器、服务和工具。

WebSphere Application Server 是该设施的基础，其他所有产品都在它之上运行。WebSphere Process Server 基于 WebSphere Application Server 和 WebSphere Enterprise Service Bus，它为面向服务的体系结构 (SOA) 的模块化应用程序提供了基础，并支持应用业务规则，以驱动支持业务流程的应用程序。高性能环境还使用 WebSphere Extended Deployment 作为其基础设施的一部分。WebSphere 是一个模块化的平台，基于业界支持的开放标准。可以通过受信任和持久的接口，将现有资产插入 WebSphere，可以继续扩展环境。WebSphere 可以在许多平台上运行，包括 Intel、Linux 和 z/OS。

4.3 数据库软件

根据百度百科的定义,数据库软件指的是以一定方式储存在一起、能为多个用户共享、具有尽可能小的冗余度、与应用程序彼此独立的数据集合。根据当前行业实际应用情况,本节主要简要介绍应用于 Windows 平台下的常用数据库软件。

定义 1:严格地说,数据库是"按照数据结构来组织、存储和管理数据的仓库"。在经济管理的日常工作中,常常需要把某些相关的数据放进这样的"仓库",并根据管理的需要进行相应的处理。例如,企业或事业单位的人事部门常常要把本单位职工的基本情况(职工号、姓名、年龄、性别、籍贯、工资、简历等)存放在表中,这张表就可以看成是一个数据库。有了这个"数据仓库"我们就可以根据需要随时查询某职工的基本情况,也可以查询某个范围内的工资的职工人数等等。这些工作如果都能在计算机上自动进行,那我们的人事管理就可以达到极高的水平。此外,在财务管理、仓库管理、生产管理中也需要建立众多的这种"数据库",使其可以利用计算机实现财务、仓库、生产的自动化管理。

J·马丁(J.Martin)给数据库下了一个比较完整的定义:数据库是存储在一起的相关数据的集合,这些数据是结构化的,无有害的或不必要的冗余,并为多种应用服务;数据的存储独立于使用它的程序;对数据库插入新数据,修改和检索原有数据均能按一种公用的和可控制的方式进行。当某个系统中存在结构上完全分开的若干个数据库时,则该系统包含一个"数据库集合"。

定义 2:数据库是依照某种数据模型组织起来并存放在二级存储器中的数据集合。这种数据集合具有如下特点:尽可能不重复,以最优方式为某个特定组织的多种应用服务,其数据结构独立于使用它的应用程序,对数据的增、删、改和检索由统一软件进行管理和控制。从发展的历史看,数据库是数据管理的高级阶段,它是由文件管理系统发展起来的。

定义 3:(伯尔尼公约议定书专家委员会的观点)所有的信息(数据率档)的编纂物,不论其是以印刷形式、计算机存储单元形式,还是其他形式存在,都应视为"数据库"。

定义 4:数据库(DataBase, DB)是一个长期存储在计算机内的、有组织的、有共享的、统一管理的数据集合。它是一个按数据结构来存储和管理数据的计算机软件系统。数据库的概念实际包括两层意思:(1)数据库是一个实体,它是能够合理保管数据的"仓库",用户在该"仓库"中存放要管理的事务数据,"数据"

和"库"两个概念结合成为数据库。(2)数据库是数据管理的新方法和技术,它能更合适地组织数据、更方便地维护数据、更严密地控制数据和更有效地利用数据。

数据库软件有着整体性和共享性的特点。数据库是一个单位或是一个应用领域的通用数据处理系统,它存储的是属于企业和事业部门、团体和个人的有关数据的集合。数据库中的数据是从全局观点出发建立的,它按一定的数据模型进行组织、描述和存储。其结构基于数据间的自然联系,从而可提供一切必要的存取路径,且数据不再针对某一应用,而是面向全组织,具有整体的结构化特征。数据库中的数据是为众多用户所共享其信息而建立的,已经摆脱了具体程序的限制和制约。不同的用户可以按各自的用法使用数据库中的数据;多个用户可以同时共享数据库中的数据资源,即不同的用户可以同时存取数据库中的同一个数据。数据共享性不仅满足了各用户对信息内容的要求,同时也满足了各用户之间信息通信的要求。

数据库技术的发展,已经成为先进信息技术的重要组成部分,是现代计算机信息系统和计算机应用系统的基础和核心。数据库技术最初产生于20世纪60年代中期,根据数据模型的发展,可以划分为三个阶段:第一代的网状、层次数据库系统;第二代的关系数据库系统;第三代的以面向对象模型为主要特征的数据库系统。

第一代的代表是1969年IBM公司研制的层次模型的数据库管理系统IMS和20世纪70年代美国数据库系统语言协商CODASYL下属数据库任务组DBTG提议的网状模型。层次数据库的数据模型是有根的定向有序树,网状模型对应的是有向图。这两种数据库奠定了现代数据库发展的基础。这两种数据库具有如下共同点:(1)支持三级模式(外模式、模式、内模式)。保证数据库系统具有数据与程序的物理独立性和一定的逻辑独立性。(2)用存取路径来表示数据之间的联系。(3)有独立的数据定义语言。(4)导航式的数据操纵语言。

第二代数据库的主要特征是支持关系数据模型(数据结构、关系操作、数据完整性)。关系模型具有以下特点:(1)关系模型的概念单一,实体和实体之间的联系用关系来表示。(2)以关系数学为基础。(3)数据的物理存储和存取路径对用户不透明。(4)关系数据库语言是非过程化的。

第三代数据库产生于20世纪80年代,随着科学技术的不断进步,各个行业领域对数据库技术提出了更多的需求,关系型数据库已经不能完全满足需求,于是产生了第三代数据库。主要有以下特征:(1)支持数据管理、对象管理和知识管理。(2)保持和继承了第二代数据库系统的技术。(3)对其他系统开放,支持数据库语言标准，支持标准网络协议，有良好的可移植性、可连接性、可扩展性和互操作性等。第三代数据库支持多种数据模型（比如关系模型和面向对象的模型），并和诸多新技术相结合（比如分布处理技术、并行计算技术、人工智能技术、多媒体技术、模糊技术），广泛应用于多个领域（商业管理、GIS、计划统计等），由此也衍生出多种新的数据库技术。分布式数据库允许用户开发的应用程序把多个物理分开的、通过网络互联的数据库当作一个完整的数据库看待。并行数据库通过 cluster 技术把一个大的事务分散到 cluster 中的多个节点去执行，提高了数据库的吞吐和容错性。多媒体数据库反映和管理各种媒体数据的特征，更好地对图像、音频和视频等多媒体数据进行存储、管理、查询。模糊数据库是存储、组织、管理和操纵模糊数据库的数据库，可以用于模糊知识处理。

4.3.1 Microsoft SQL SERVER

SQL 是英文 Structured Query Language 的缩写，意思为结构化查询语言。SQL 语言的主要功能就是同各种数据库建立联系，进行沟通。按照 ANSI(美国国家标准协会)的规定，SQL 被作为关系型数据库管理系统的标准语言。SQL 语句可以用来执行各种各样的操作，例如更新数据库中的数据，从数据库中提取数据等。目前，绝大多数流行的关系型数据库管理系统，如 Microsoft SQL Server、Oracle、Sybase 等都采用了 SQL 语言标准。

Microsoft SQL Server 是 Microsoft 公司推出的关系型数据库管理系统，它最初是由 Microsoft、Sybase 和 Ashton-Tate 三家公司共同开发的，于 1988 年推出了第一个 OS/2 版本。在 Windows NT 推出后，Microsoft 与 Sybase 在 SQL Server 的开发上就分道扬镳了，Microsoft 将 SQL Server 移植到 Windows NT 系统上，专注于开发推广 SQL Server 的 Windows NT 版本。Sybase 则较专注于 SQL Server 在 UNIX 操作系统上的应用。Microsoft SQL Server 是一个全面的数据库平台，使用集成的商业智能（BI）工具提供了企业级的数据管理，数据库引擎为关系型数据和结构化数据提供了更安全可靠的存储功能，具有使用方便、可伸缩性好与相关软件集成程度高等优点，可跨越从运行 Microsoft Windows 98 的膝上型电脑到运行 Microsoft Windows 2012 的大型多处理器的服务器等多种平台使用。

4.3.2 IBM DB2

DB2 是美国 IBM 公司开发的一套关系型数据库管理系统,主要应用于大型应用系统,具有较好的可伸缩性,可支持从大型机到单用户环境,应用于所有常见的服务器操作系统平台下。

DB2 提供了高层次的数据利用性、完整性、安全性、可恢复性,以及小规模到大规模应用程序的执行能力,具有与平台无关的基本功能和 SQL 命令。DB2 采用了数据分级技术,能够使大型机数据很方便地下载到 LAN 数据库服务器,使得客户机/服务器用户和基于 LAN 的应用程序可以访问大型机数据,并使数据库本地化及远程连接透明化。DB2 以拥有一个非常完备的查询优化器而著称,其外部连接改善了查询性能,并支持多任务并行查询。DB2 具有很好的网络支持能力,每个子系统可以连接十几万个分布式用户,可同时激活上千个活动线程,对大型分布式应用系统尤为适用。

4.3.3 MYSQL

MySQL 是一个小型关系型数据库管理系统,开发者为瑞典 MySQL AB 公司。在 2008 年 1 月 16 号被 Sun 公司收购。而 2009 年,SUN 又被 Oracle 收购。目前 MySQL 被广泛地应用在 Internet 上的中小型网站中。由于其体积小、速度快、总体拥有成本低,尤其是开放源码这一特点,许多中小型网站为了降低网站总体拥有成本而选择了 MySQL 作为网站数据库。

MySQL 是一种关联数据库管理系统。关联数据库将数据保存在不同的表中,而不是将所有数据放在一个大的仓库内,这样就增加了速度并提高了灵活性。MySQL 软件是一种开放源码软件。"开放源码"意味着任何人都能使用和改变软件。任何人都能从 Internet 下载 MySQL 软件,而无需支付任何费用。MySQL 软件采用了 GPL(GNU 通用公共许可证),定义了在不同情况下可以用软件做的事和不可做的事。数据库服务器具有快速、可靠和易于使用的特点。MySQL 服务器还有一套实用的特性集合,在基准测试主页上,给出了 MySQL 服务器和其他数据库管理器的比较结果。

4.3.4 ORACLE

Oracle(甲骨文)是世界领先的信息管理软件开发商,因其复杂的关系数据库产品而闻名。1970 年的 6 月,IBM 公司的研究员埃德加·考特(Edgar Frank

Codd）在 Communications of ACM 上发表了那篇著名的《大型共享数据库数据的关系模型》（A Relational Model of Data for Large Shared Data Banks）的论文。这是数据库发展史上的一个转折。从这篇论文开始，关系型数据库软件革命的序幕被拉开了。1977 年 6 月，拉里·埃里森（Larry Ellison）与鲍勃·默内尔（Bob Miner）和埃德·奥茨 Ed Oates 在硅谷共同创办了一家名为软件开发实验室（Software Development Laboratories，SDL）的计算机公司（ORACLE 公司的前身）。预见到数据库软件的巨大潜力，SDL 开始策划构建可商用的关系型数据库管理系统（RDBMS）。1979 年，SDL 更名为关系软件有限公司（Relational Software, Inc., RSI），1983 年，RSI 再次更名为 ORACLE。

Oracle 公司的主要产品目前分为两大类：

一、服务器及工具 (主要竞争对手：微软 SQL Server、IBM DB2)

数据库服务器：2001 年发布 9i，2003 年发布 10g Release 1，2007 年发布 11G，2013 年发布 12C。

应用服务器：Oracle Application Server、Oracle WebLogic。

开发工具：Oracle JDeveloper，Oracle Designer，Oracle Developer，等等。

二、应用软件（主要竞争对手：德国 SAP 公司）

企业资源计划（ERP）软件、客户关系管理（CRM）软件、人力资源管理软件（HCM）、产品生命周期管理软件（PLM）、商务智能（BI）等。

第 5 章 社区矫正信息系统的部署与流程

5.1 运行环境要求及相关设置

本章介绍的社区矫正信息系统实例为 B/S 架构,服务端应用采用 TOMCAT 中间件(版本为 5.5 或以上)和数据库采用 ORACLE 数据库(版本为 10g 或以上版本),客户端使用 IE 浏览器访问(版本为 8.0 或以上版本)。

应用服务器硬件配置要求:XEON 四核 2.0G 以上服务器,内存 8G 以上,硬盘剩余空间 600G 以上。

数据库服务器硬件配置要求:XEON 四核 2.0G 以上服务器,内存 16G 以上,硬盘剩余空间 1T 以上。

另外,根据社区矫正业务和功能的需要,需配置支持 A3 页宽的打印机、扫描仪、数码相机、指纹验证仪、面部验证仪等设备。

服务器操作系统:WINDOWS 2003 Server/2008 Server。

客户端操作系统:WINDOWS 2000/XP/VISTA。

5.2 社区矫正信息系统的安装

5.2.1 安装系统数据库

1、以数据库光盘版安装为例,打开数据库的安装文件,如 F: \ORACLE9i\oracle\92010NT_Disk1(假定 F 盘为光盘)中的 setup.exe 程序,弹出如下对话框(注:路径中不能出现中文),如图 5-1 所示。

社区矫正信息化

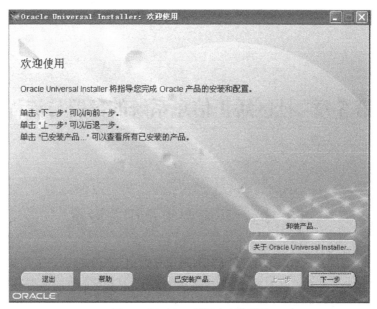

图 5-1 ORACLE 数据库安装界面

2、点击"下一步",进入如图 5-2 所示界面,图中上方的路径为安装程序所在目录,下方路径为 oracle 安装到的路径。

图 5-2 ORACLE 数据库安装路径

3、点击"下一步",选择安装 Oracle9i Database,如图 5-3 所示。

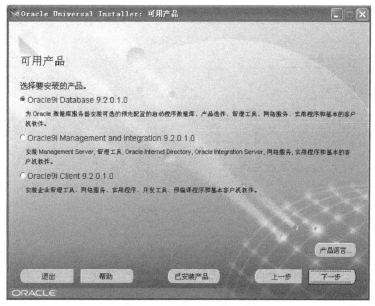

图 5-3 ORACLE 数据库可用产品选择界面

4、点击"下一步",选择安装"企业版",如图 5-4 所示。

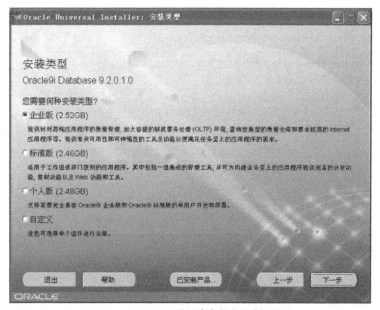

图 5-4 ORACLE 数据库安装类型选择界面

5、点击"下一步",选择"只安装软件",如图 5-5 所示。

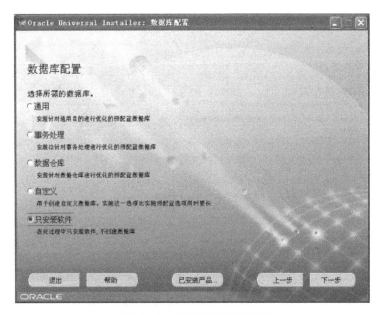

图 5-5　ORACLE 数据库配置界面

6、点击"下一步",设置端口号,默认为 2030(不建议更改),如图 5-6 所示。

图 5-6　设置端口号界面

第 5 章 社区矫正信息系统的部署与流程

7、点击"下一步",点击"安装",如图 5-7 所示。

图 5-7 摘要界面

8、开始安装程序,如图 5-8 所示。

图 5-8 安装界面

9、安装过程中会弹出添加其他盘的提示框,选择 disk2 和 disk3(解压后的文件),点击"确定"按钮,如图 5-9 所示。

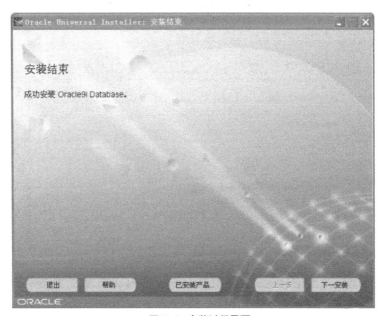

图 5-9 安装过程界面

10、安装完成,点击退出,如图 5-10 所示。

图 5-10 安装结束界面

11、选择"开始"菜单 —>Configuration and Migration Tools—>Database Configuration Assistant 命令,如图 5-11 所示。

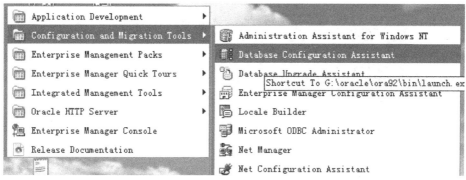

图 5-11 选择 Database Configuration Assistant 命令

12、在弹出对话框中点击"下一步"按钮,如图 5-12 所示。

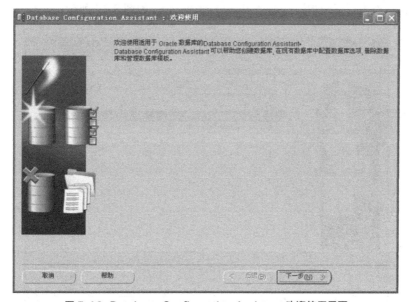

图 5-12 Database Configuration Assistant 欢迎使用界面

13、点击"下一步",选择"创建数据库",如图 5-13 所示。

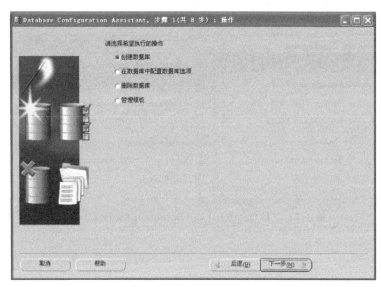

图 5-13 创建数据库界面

14、点击"下一步",选择 New Database,如图 5-14 所示。

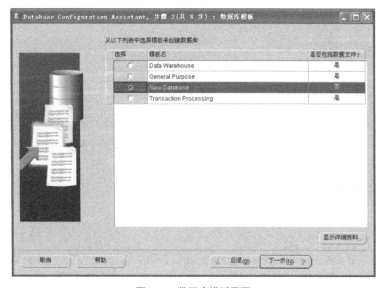

图 5-14 数据库模板界面

15、点击"下一步",在全局数据库名中输入数据库名称,如图 5-15 所示。

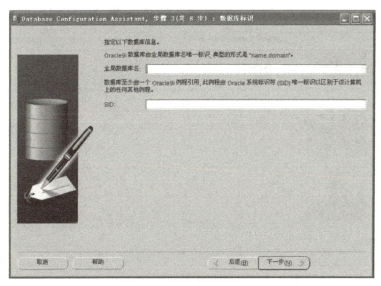

图 5-15 数据库标识界面

16、进入数据库特性配置界面,如图 5-16 所示,点击"下一步"。

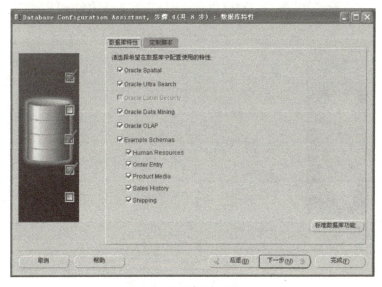

图 5-16 数据库特性界面

17、进入数据库连接选项界面，选择"专用服务器模式"，如图 5-17 所示。

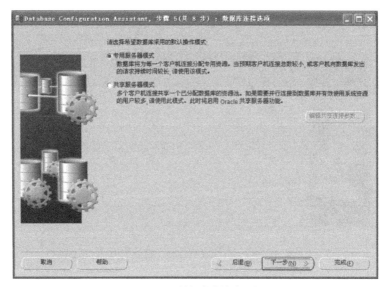

图 5-17 数据库连接选项界面

18、进入初始化参数界面，字符集选择默认，点击"下一步"，如图 5-18 所示。

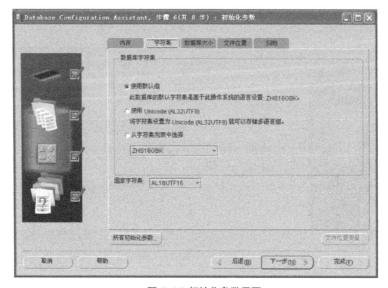

图 5-18 初始化参数界面

19、点击"完成",创建数据库成功,如图 5-19 所示。

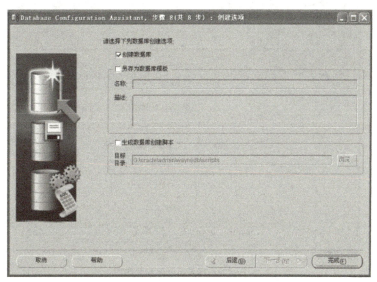

图 5-19 创建选项界面

20、在开始菜单中的 oracle 目录中选择 Net Configuration Assistant(创建监听程序),如图 5-20 所示。

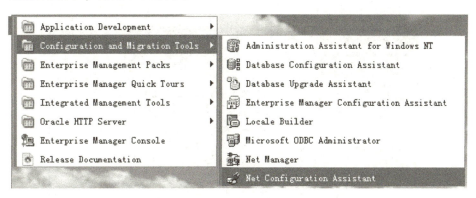

图 5-20 选择 Net Configuration Assistant 命令

21、开始执行 Net Configuration Assistant 监听程序配置,如图 5-21 所示。

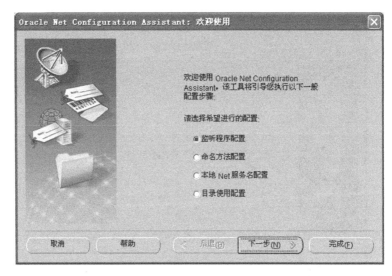

5-21 选择监听程序配置选项

22、点击"下一步",开始监听程序配置选择"添加",以便连接 Oracle 数据库,如图 5-22 所示。

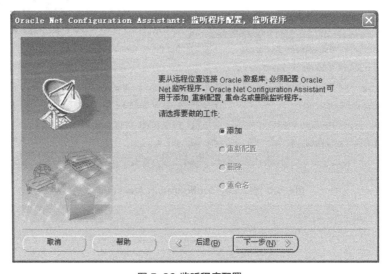

图 5-22 监听程序配置

23、创建监听程序名,如图 5-23 所示。

图 5-23 监听程序命名

24、执行监听程序配置(选择协议),如图 5-24 所示。

图 5-24 监听程序配置(选择协议)

25、执行监听程序配置(选择协议端口),如图 5-25 所示。

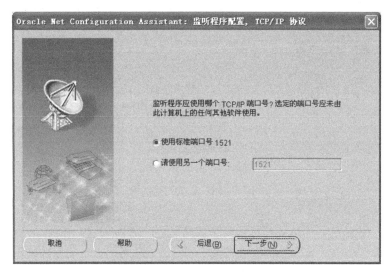

图 5-25 监听程序配置(选择协议端口)

26、根据提示完成监听程序配置或者开始配置另一个监听程序,如图 5-26 所示。

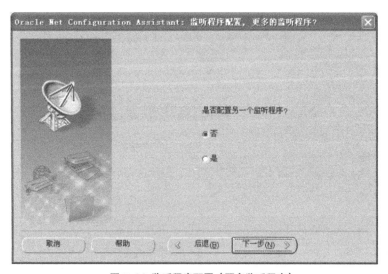

图 5-26 监听程序配置(更多监听程序)

27、监听程序配置完成，如图 5-27 所示。

图 5-27 监听程序配置完成

28、开始菜单中选择"运行"，输入"cmd"打开命令编辑器。输入"sqlplus(空格)/nolog"进入数据库，然后输入"conn(空格)/(空格)as(空格) sysdba；"显示"已连接"则连接成功，如图 5-28 所示。

图 5-28 数据库连接成功界面

29、在数据库中创建表空间（例如 sifa）。在命令行中输入"create tablespace 表空间名 datafile ' 表空间名 .dbf' size 空间大小 M autoextend on next 100M maxsize 空间大小 M；"，提示"表空间已创建"，如图 5-29 所示。

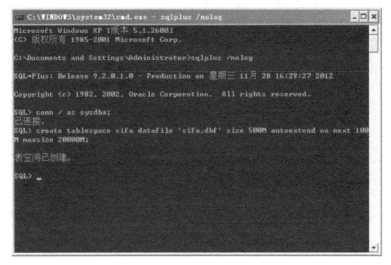

图 5-29 在数据库中创建表空间

30、在数据库中创建用户（例如 sifa）。在命令行中输入"Create user 用户名 identified by 密码 default tablespace 表空间名；"，提示"用户已创建"，如图 5-30 所示。

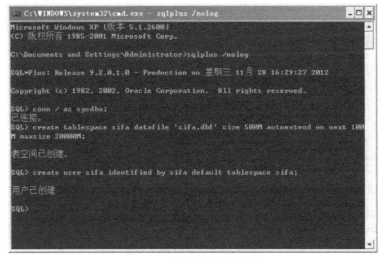

图 5-30 在数据库中创建用户

31、在数据库中给用户授权。在命令行中输入"grant connect, resource to 用户名;",提示"授权成功",如图 5-31 所示。

图 5-31 给用户授权

5.2.2 安装社区矫正信息系统

首先需要配置系统程序运行环境 jdk。

1、安装 jdk

（1）运行安装程序，如 F:\ 软件 \jdk-6u5-windows-i586-p 中的 jdk-6u5-windows-i586-p.exe 文件。

（2）点击"下一步"按钮，直到安装成功。

（3）鼠标右键点击"我的电脑"选择"属性"，在"系统属性"对话框中点击"高级"选项卡，点击"环境变量"按钮，如图 5-32 所示。

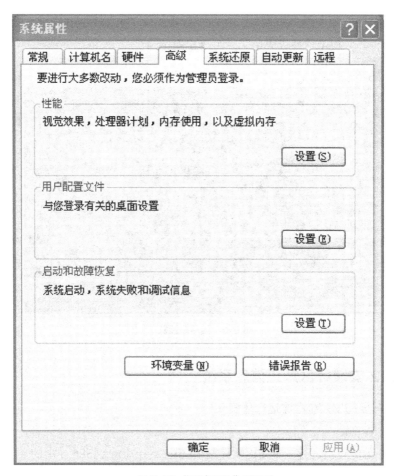

图 5-32 "系统属性"对话框

（4）在"环境变量"对话框的系统变量栏点击"新建"按钮，如图5-33所示。

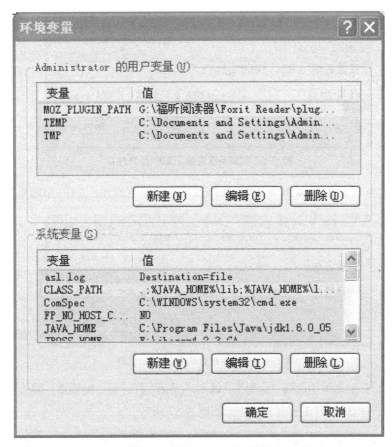

图5-33 "环境变量"对话框

（5）创建一个名为JAVA_HOME的变量，值为jdk安装路径，如图5-34所示。

图5-34 创建系统变量对话框

(6)添加变量名为CLASS_PATH的变量,值为jdk安装路径下的lib文件(把这个路径放在最前面),如图5-35所示。

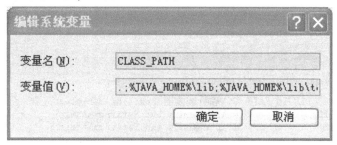

图 5-35 编辑系统变量(添加 lib 文件)

(7)在已存在的path变量下添加jdk安装路径下的bin文件,如图5-36所示。

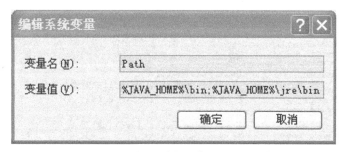

图 5-36 编辑系统变量(添加 bin 文件)

(8)开始菜单中选择"运行",输入"cmd"打开命令编辑器。输入"javac"或"java"测试是否正确设置路径,如图5-37所示。

图 5-37 测试路径设置

2、安装 Tomcat

（1）解压缩 tomcat 压缩文件，如：apache-tomcat-5.5.25.zip。

（2）在解压后的文件夹中找到 webapps 文件夹，并删除其下的所有文件夹。

（3）设置 tomcat 端口，打开 tomcat 所在文件下的 conf 文件夹，如：D:\apache-tomcat-5.5.25\conf，以记事本或 EditPlus 打开 server.xml，如图 5-38 所示。

Tomcat 默认端口为 8080，可以根据需要修改 Connector 中的 port 属性从而改变端口。

```
<!-- Define a non-SSL HTTP/1.1 Connector on port 8080 -->
<Connector port="8090" maxHttpHeaderSize="8192"
           maxThreads="150" minSpareThreads="25" maxSpareThreads="75"
           enableLookups="false" redirectPort="8443" acceptCount="100"
           connectionTimeout="20000" disableUploadTimeout="true" />
<!-- Note : To disable connection timeouts, set connectionTimeout value
     to 0 -->

    <!-- Note : To use gzip compression you could set the following properties :

                compression="on"
                compressionMinSize="2048"
                noCompressionUserAgents="gozilla, traviata"
                compressableMimeType="text/html,text/xml"
    -->

<!-- Define a SSL HTTP/1.1 Connector on port 8443 -->
```

图 5-38 打开 server.xml

5.2.3 安装社区矫正信息系统服务器程序

将社区矫正信息系统安装包压缩文件解压到 tomcat 的 webapps 文件夹下 sifa 文件夹，如图 5-39 所示。

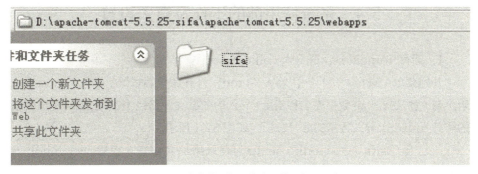

图 5-39 安装社区矫正信息系统服务器程序

5.3 社区矫正信息系统的运行

1、打开tomcat目录下的bin文件夹，双击打开start.bat文件，出现如图5-40所示页面说明运行成功。

2、打开IE浏览器，在地址栏里输入访问地址（根据网络配置），例如http://192.168.1.xx:8090/sifa 即可访问系统登录页面。

· 192.168.1.xx：系统服务器的IP地址；

· 8090：tomcat的使用端口，在tomcat\conf\server.xml中设置；

· sifa：在tomcat\webapps下的项目名称

图 5-40 启动 Tomcat 服务程序

5.4 系统使用前的工作及有关设置

1、运行Tomcat前，先导入cell.dmp文件。

开始菜单中选择"运行"，输入"cmd"打开命令编辑器。输入"imp 登录用户名/登录密码@数据库名称 file=导入的数据文件路径 fromuser=导出数据的账号 touser=导入数据的账号；"，如图5-41所示。

· stsifa/stsifa@waynedb：stsifa为登录用户名和登录密码，waynedb为数据库名称；

·file=E:\cell.dmp：E:\cell.dmp 为导入的数据文件路径；

·fromuser：导出数据的账号；

·touser：导入数据的账号。

导入完成后运行系统，数据库会自动生成相关表的结构和序列。

图 5-41 导入 cell.dmp 文件

2、导入相应 sql 文件

（1）导入初始化数据文件

开始菜单中选择运行，输入 cmd 打开命令编辑器。输入 sqlplus(空格)/nolog 进入数据库后输入 conn(空格)/(空格)as(空格)sysdba；回车后显示已连接后连接成功。输入初始化数据文件路径，如图 5-42 所示。

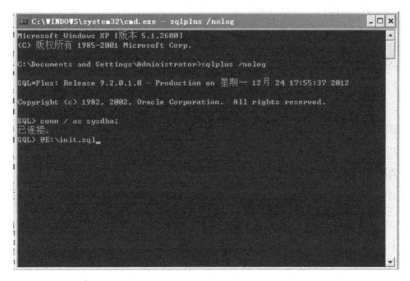

图 5-42 输入初始化数据文件路径

导入完成后，数据库中的 PERMISSION, ROLE, ROLE_PERMISSION, USER_OPERATION, ACCOUNTMANAGE, GROUPMANAGE, ACCOUNT_GROUP, ACCOUNT_ROLE, TIMEINTERVAL, SYS_HIER_INFO, SF_CONFIG 等表的内容初始化完成。

PERMISSION 表（操作权限信息表）结构字段：

·ID：记录的唯一标识；

·CODE：操作权限的对应编码；

·NAME：操作权限的名称；

·DESCRIPTION：操作权限的相应描述或说明；

·TOP_MENU：操作所在的第一级菜单；

·SEQ：操作在第一级菜单中的序列；

·JUDGMENT：操作在菜单中是否为树节点．

ROLE 表（角色信息表）结构字段：

·ID：记录的唯一标识；

·NAME：角色的名称；

·DESCRIPTION：角色相应的描述或说明。

ACCOUNTMANAGE 表（用户账号信息表）结构字段：

·ACCOUNTID：记录的唯一标识；

·ACCOUNT：登录账号；

·ACCOUNTNAME：账号在系统页面上显示的名称；

·PASSWORD：登录密码；

·MOBILE：手机号；

·REMARK：备注；

·PARENTID：创建者 ID；

·AREA：账号所在的地区编号；

·DELETE_FLAG：该账号是否已删除；

·IMTYPE：账号是否可以即时通信。

GROUPMANAGE 表（部门信息表）结构字段：

·GROUPID：部门唯一标识；

·PARENTID：上级部门 ID；

·GROUPNAME：部门名称；

·LEVEL_NO：部门级别，包括地市司法局、县市司法局、司法所；

·INDEX_NO：部门的序号；

·ADDRESS：部门所在地址；

·GROUP_SEQ：部门编号；

·AREA：部门所在地区编号；

·CONTACTOR：部门联系人；

·PHONE：联系人的电话；

·REMARK：备注。

（2）导入初始化序列文件

序列文件用于保存每张表的序列。序列中的序列号用于表添加数据时为记录创建的唯一标识，序列号会在创建完记录后自动增长，如图5-43所示。

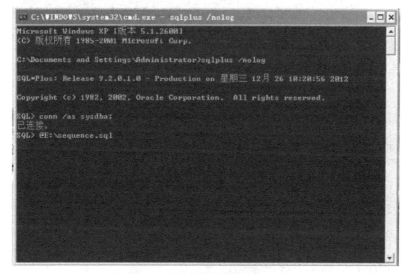

图5-43 导入初始化序列文件

（3）导入触发器文件

触发器文件用于保存触发器。触发器用于在某个表增删改操作后对其他关联表进行数据改动，如图5-44所示。

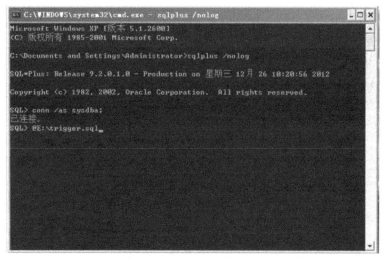

图 5-44 导入触发器文件

3、修改相应配置文件

（1）修改数据库配置

打开 tomcat 下的项目文件中的配置文件，如：D:\apache-tomcat-5.5.25\webapps\sifa\WEB-INF\classes\config.properties。

修改数据库访问配置：

```
app.jdbc.driverClass=oracle.jdbc.driver.OracleDriver
app.jdbc.url=jdbc:oracle:thin:@192.168.10.xx:1521:waynedb
app.jdbc.user=sifa
app.jdbc.password=sifa
```

· [driverClass]：数据库驱动；

· [url]：访问数据库的 IP 地址和数据库名称；

· [user]：访问数据库的账号；

· [password]：访问数据库的密码.

修改系统服务器所在地区的编码：

```
city.areaNum=5xx
```

（2）修改日志配置

打开 tomcat 下的项目文件中的配置文件，如：D: \apache-tomcat-5.5.25\webapps\sifa\WEB-INF\classes\log4j.properties。

```
log4j.appender.logfile=org.apache.log4j.RollingFileAppender
log4j.appender.logfile.File=d:/server/logs/sifa.log
log4j.appender.logfile.MaxFileSize=1024KB
log4j.appender.logfile.MaxBackupIndex=20
log4j.appender.logfile.layout=org.apache.log4j.PatternLayout
log4j.appender.logfile.layout.ConversionPattern=%d %p [%c] - %m%n

log4j.appender.smsfile=org.apache.log4j.RollingFileAppender
log4j.appender.smsfile.File=d:/server/logs/sms.log
log4j.appender.smsfile.MaxFileSize=1024KB
log4j.appender.smsfile.MaxBackupIndex=20
log4j.appender.smsfile.layout=org.apache.log4j.PatternLayout
log4j.appender.smsfile.layout.ConversionPattern=%d %p [%c] - %m%n
```

修改 log 日志存放的位置。

第6章 社区矫正信息系统应用实例

本章介绍的实例分为地市版社区矫正信息管理系统和省厅版社区矫正信息管理系统,两个版本的区别在于地市版系统主要凸显具体矫正业务管理和教育帮扶功能,而省厅版系统则主要关注统计分析和监督指导等管理功能,其余大部分功能和操作方法两个版本系统基本是一致的。

6.1 社区矫正信息管理系统功能概述

社区矫正信息管理系统的功能菜单,如图6-1所示。

图6-1 功能菜单界面

1. 主页

主页包含首页和地图。首页主要显示一些管理人员待处理工作、平台矫正情况、社矫对象基本概况和滚动公告;地图主要显示地图区域范围内的矫正人数和历史解矫人数。

2. 矫正管理

矫正管理是社矫对象入矫、矫正中、解矫以及对象在矫正中的监管、档案管理、教育和考核奖惩的设置。包含对象接收、人员监管、档案管理、监督管理、教育矫正、考核奖惩和矫正终止信息交互等功能。

3. 统计分析

可以查看社区矫正对象地区、层级、动态、越界统计，以及查看短信、定位情况、工作、关机率和欠费率的统计。

4. 报表管理

可以对社区矫正对象情况进行统计，以月表、季表进行显示。

5. 工作管理

提供有关系统账号管理、部门和角色的设置，以及用户、人员和日志的管理功能。

6. 公检法司接口

向法院、检察院、公安、监狱、看守所等部门提供标准数据接口。

7. 舆情分析

对网络论坛舆情信息的动态收集、鉴别和归类，及时掌握有关网络舆情，把握正确的舆论导向。

8. 数据挖掘

为省厅、地市主管部门提供数据分析、风险预警和决策支持。

6.2 地市版登录、退出及主页

6.2.1 登录

在地址栏输入有效的地址，打开页面，如图 6-2 所示。

图 6-2 地市版系统登录界面

用户名和密码，由系统管理员分配，验证码由系统随机给出；用户名、密码和验证码输入完成后，点击登入，即可登录地市版司法社区矫正信息管理系统。

6.2.2 退出

登录司法社区矫正信息管理系统，在首页会有如图 6-3 所示的信息。

图 6-3 地市版系统退出按钮

[退出系统]：操作完成之后，点击退出系统，防止他人误操作。

6.2.3 修改密码

首先点击修改密码按钮，如图 6-4 所示。

图 6-4 修改密码按钮

[修改密码]：防止他人操作，新密码需要重新登录才能生效，点击修改密码，如图 6-5 所示。

图 6-5 修改密码界面

[输入旧密码]：输入要修改的旧的密码。
[输入新密码]：输入新的密码。
[确认新密码]：两次密码一致，以保证输入密码的正确性。

6.2.4 地市版首页

登录系统之后默认显示的是首页或者点击主页打开首页，显示如图 6-6 所示信息。

第 6 章 社区矫正信息系统应用实例

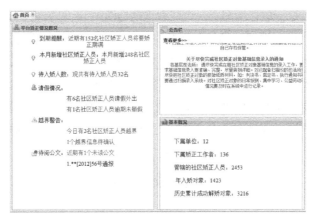

图 6-6 地市版首页界面

[平台矫正情况概况]：会提示社矫工作人员近期有将要矫正期满、新增社矫对象、待入矫人员请假、越界警告和待阅公文；点击相应的提示信息，会跳转至相应的页面进行操作，到期提醒跳转至矫正终止到期警示、本月新增社区矫正对象跳转至档案查询、待入矫人数跳转至办理入矫、请假情况跳转至请销假管理、越界警告跳转至越界警告、待阅公文跳转至收件箱。

[公告栏]：上级账号发出的公告通知，下级的司法所或者司法局都可以接收到，公告栏信息循环滚动，鼠标放在公告栏信息上，信息停止滚动；点击查看更多，会跳转至公告列表，可以查看详细公告。

[基本概况]：统计上级司法局或者司法所的下属单位、下属矫正工作者、管辖的社区矫正对象、年入矫对象和历史累计成功解矫对象人数。

6.2.5 地市版电子地图

地市版电子地图主要形象展示下属区县司法局和基层司法所的社矫对象在矫、解矫、待入矫情况，让地市司法局社区矫正工作人员能够准确地掌握下属区县、乡镇等不同区域社矫对象人数。

[地图工具]：包含拉框放大、拉框缩小、移动和测距等功能。

[放大]：点击地图上 [+] 按钮，或者移动地图上 [+] 和 [-] 按钮之间的缩放条往加号方向移动，或在地图上直接把鼠标放在地图区域内，往前滑动滑轮。

[缩小]：点击地图上 [+] 按钮，或者移动地图上 [-] 和 [+] 按钮之间的缩放条往减号方向移动，或在地图上直接把鼠标放在地图区域内，往后滑动滑轮。

[移动]：鼠标放在地图上，可任意拖动地图。

[测距]：点击地图工具的[测距]按钮，在地图上任一位置点击鼠标左键，拖动鼠标，地图上显示一条红色直线，将可测量地图上任意几点间的距离，或者点击地图[标尺]按钮，也可测距；当鼠标放在绿色圆圈范围内，会显示当前账号的矫正人数、解矫人数和待入矫人数；放大则会显示当前账号下属各个区、县的矫正人数、解矫人数和待入矫人数，点击相应区域会自动跳转到相应的地市平台。

6.3 矫正管理

6.3.1 对象接收

1. 自行接收

自行接收是从法院、监狱等机关将社矫对象的基本信息、判决书、执行通知等资料录入到本系统中，该社矫对象状态变为已接收未入矫，待社矫对象首次到司法局或司法所报到时，完成矫正入矫过程，如图6-7所示。

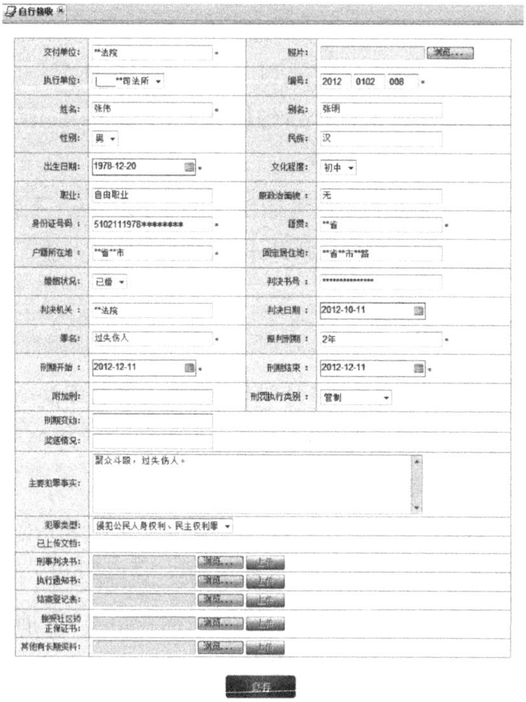

图6-7 矫正对象接收界面

[交付单位]：社矫对象进入司法矫正前的监管单位，例如：**法院；

[照片]：可根据社矫对象有无照片来选择上传，上传是根据路径来选择照片，照片的格式应为.jpg。

[执行单位]：必须点击选择基层司法所添加人员，反之则会弹出提示框"请选择基层司法所添加人员"。

[编号]：系统自动生成的。

[姓名]：输入社矫对象的名字，必须是全称，不能输入简称或者缩写。

[别名]：根据社矫对象有无别名进行选择输入。

[性别]：根据社矫对象的性别进行选择。

[民族]：根据社矫对象的民族进行输入。

[出生日期]：根据社矫对象的出生日期进行选择。

[文化程度]：根据社矫对象的文化程度进行选择，选项包含文盲、小学、初中、高中、专科、本科、硕士、博士和待定。

[职业]：根据社矫对象进入司法矫正前的工作填写，例如：自由职业。

[原政治面貌]：根据社矫对象进入司法矫正前的政治面貌填写，例如：团员。

[身份证号码]：输入社矫对象18位有效身份证号码。

[籍贯]：社矫对象的籍贯。

[户籍所在地]：输入社矫对象的户口所在地。

固定居住地：输入社矫对象的现居住地址。

[婚姻状况]：根据社矫对象的婚姻状况进行选择，选项包括未婚、已婚、离异、丧偶和待定。

[判决书号]：输入社矫对象生效判决的判决书号。

[判决机关]：输入社矫对象生效判决的判决机关。

[判决日期]：选择社矫对象生效判决的判决日期。

[罪名]：输入社矫对象的罪名，例如：过失伤人。

[原判刑期]：输入社矫对象的判刑时间，例如：一年六个月。

[刑期开始]：选择社矫对象刑期开始的时间。

[刑期结束]：选择社矫对象刑期结束的时间。

[附加刑]：根据社矫对象有无附加刑进行输入。

[刑罚执行类别]：选择社矫对象的刑罚执行类别，选项包括管制、假释、缓刑、暂予监外执行和剥夺政治权利。

[刑期变动]：根据社矫对象有无刑期变动进行输入。

[奖惩情况]：根据社矫对象有无奖惩进行输入。

[主要犯罪事实]：输入社矫对象进入社区矫正前的主要犯罪事实。

[犯罪类型]：选择社矫对象的犯罪类型，选项包括危害国家安全罪、危害公共安全罪、破坏社会主义市场经济秩序罪、侵犯公民人身权利民主权利罪、侵犯财产罪、妨害社会管理秩序罪、贪污受贿罪、渎职罪和其他。

刑事判决书、执行通知书、结案登记表、接受社区矫正保证书和其他长期资料根据路径选择上传附件。

[保存]：信息输入完成后，确认无误，点击进行保存。

注：* 为必填项，必须填写，如若没有填写，在点击保存时，将会弹出提示框提示输入信息，例如：点击保存时没有输入户籍所在地，将会弹出请输入户籍所在地信息的提示框。

2. 办理入矫

办理入矫是社矫对象首次到司法局或司法所报到，工作人员补录社矫对象基本信息进行心理测试、首次谈话等工作，最终完成社矫对象的入矫过程，使社矫对象开始进入正常的矫正管理，如图6-8所示。

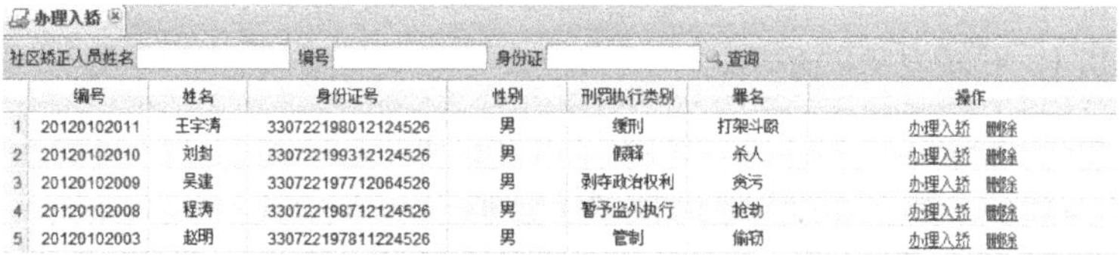

图 6-8 办理入矫界面

[社区矫正人员姓名]：输入要查看的社矫对象的姓名。

[编号]：输入要查看的社矫对象的编号。

[身份证]：输入要查看的社矫对象的身份证号码。

[查询]：输入社区矫正对象姓名或者编号或者身份证号码，点击进行查询，会以列表的形式展现要查询的社矫对象的编号、姓名、身份证号码、性别、刑罚执行类别、罪名和操作。前三个输入选项可自由组合，且支持模糊查询，如要查找王宇涛只需在社区矫正对象姓名中填入"王宇"，再点击查询按钮，就可搜出名字中带"王宇"字样的社矫对象的列表，可在这显示的列表中再选择要找的社矫对象。

注意：在以下本书介绍的所有与查询有关的页面均采用此种自由组合和模糊查询功能。

刑罚执行类别、罪名显示的是自行接收时输入的对应信息。

[办理入矫]：选择已接收未入矫的社矫对象进行办理入矫，如图 6-9 所示；

[删除]：选择社矫对象，删除本条记录。

图 6-9 办理入矫详细信息

3. 心理测试

心理测试是对社矫对象在入矫或矫正过程中进行的心理、性格、行为等多方面的综合测试，检测社矫对象在这些方面可能存在的隐患，为更好地矫正管理提供依据，如图 6-10 所示。

图 6-10 心理测试界面

[姓名]：输入要查看的社矫对象的名字。

[所属部门]：选择要查看的社矫对象的所属单位或者选择查看某个司法所，例如：** 司法所。

[查看]：输入姓名或者选择司法所，点击查询，进行查看，会以列表的形式展现要查询的社矫对象姓名、手机号码、矫正状态、创建日期和操作。

[矫正状态]：显示要查询的社矫对象的矫正状态，例如：已接收未入矫。

[创建日期]：社矫对象进行心理测试的日期。

[测试]：选择要测试的社矫对象，点击测试，会弹出如图 6-11 所示的提示框，选择测试题目，例如：性格测试，点击确定进行测试。

图 6-11 选择测试题目

[查看测试记录]：选择社矫对象，点击查看测试记录，会以列表的形式展现社矫对象的测试记录，包含试题名称、分数、得分描述、测试时间和操作，如图 6-12 所示。

图 6-12 查看测试记录

[时间]：选择要查看时间段的开始时间，格式为：- 年 - 月 - 日。

[至]：选择要查看时间段的结束时间。

[查询]：选择完要查看的时间段后，点击进行查询。

[返回]：点击返回，将返回心理测试的页面。

[试题名称]：社矫对象进行测试的试题名称。

[分数]：该次测试完成后得到的分数。

[得分描述]：该次测试得分结果的相应描述。

[测试时间]：该次测试的时间，格式为：年 - 月 - 日。

[司法所意见]：可以填写司法所对该次社矫对象测试结果的指导意见，也可以不录入。

[详细]：点击详细，可以查看本条测试记录的详细信息。

[修改]：可以修改本条记录的信息，只能修改司法所意见，输入完成后，点击修改即可修改测试信息，点击关闭，则将返回，如图 6-13 所示。

图 6-13 更新测试信息

[删除]：可以删除本条测试记录，删除则不可恢复。

4. 试题库管理

试题库管理是针对社矫对象心理、性格、行为等测试题目的管理，此试题库由标准的 EXCEL 格式文档导入，系统根据导入的文档生成相应的试题供社矫对象测试，如图 6-14 所示。

图 6-14 试题库管理

[试题名称]：输入要查询的试题名称。

[查询]：输入试题名称，点击进行查询，会以列表的形式展现要查看的试题名称、试题描述和操作。

[导入]：可以自己选择试题库，进行导入，格式为 excel。

[试题描述]：对试题的类型进行描述。

[详细]：点击详细，可以查看测试的试题，如图 6-15 所示。

[删除]：可选中试题，点击删除，可以删除试题。

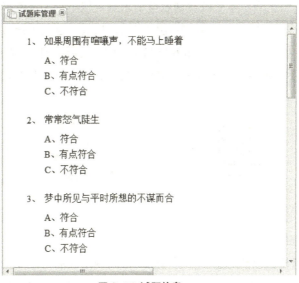

图 6-15 试题信息

6.3.2 人员监管

1. 实时定位

实时定位是指对社矫对象平时工作、生活所处位置的轨迹进行跟踪，在电子地图上详细显示社矫对象的当前位置以及地理位置的文字描述。

[查询]：输入社矫对象姓名或者手机号码或者在下拉列表中选择某个司法所，点击查询。

[定位]：输入社矫对象姓名或者手机号码，点击查询，或在下拉菜单中选择某个司法所，将在下面的列表中显示所有相关联的社矫对象，选择对应的社矫对象，点击定位，会显示定位结果，点击眼睛标志，显示定位信息。定位结果包含成功、关机、欠费、呼叫转移、通信错误、网络忙和权限不足。成功表示该社矫对象的位置已成功获取并在电子地图上显示社矫对象的位置；关机表示该社矫对象的监管手机关机，不能获取社矫对象的当前位置；欠费表示社矫对象的监管手机欠费，不能获取社矫对象的当前位置；呼叫转移表示当前该社矫对象的监管手机呼转到另外一个号码，若手机关机，无法定位，但电话可以打通，开机时可正常定位；通信错误表示采用精定位（粗定位不包含该错误）时监管手机上的定位模块无法将自身的定位数据传输到定位平台，可能引起的情况包括数据通道关闭、手机正在通话中；网络忙表示本系统发送定位请求到定位平台，定位平台在一段时间内都没有响应，本系统显示网络忙的超时错误；权限不足表示社矫对象的监管手机没有开通粗定位。当鼠标放在社矫对象名字上面，会显示社矫对象的详细定位信息，如图6-16所示。终端类型包含粗定位和精定位，只有在定位开通的情况下，才可以定位成功。

```
人员姓名：  刘青
手机号码：  13888888****
终端类型：  粗定位
上次成功：  2012-09-18 09:08:18
上次位置：  ***龙海花园龙海花园西南247米
```

图6-16 矫正对象定位信息

2. 电子围墙

电子围墙是指社矫对象需在所管辖司法所规定的活动范围内进行工作、生活等日常活动。不准随意离开此区域，电子围墙即为在电子地图上划定的区域范围，一旦社矫对象离开此划定的区域范围即产生告警。

[查询]：输入关键字查询，系统自动进行匹配。

[添加]：点击添加，然后在地图上根据行政区域画出电子围墙，支持多边形，鼠标点击画出多边形，双击结束，自动与第一个点合成封闭区域，然后进行保存。

[测距]：点击测距，在地图上任一位置点击鼠标左键，拖动鼠标，地图上显示一条红色直线，将可测量地图上任意几点间的距离，双击结束，会显示总距离的长度。

3. 越界警告

越界警告是指社矫对象一旦离开电子围墙，系统将自动产生一条越界警告信息提醒管理人员处理，同时社矫对象和管理人员都能收到本系统发送的越界警告短信，以警示该社矫对象和提醒管理人员，如图 6-17 所示。

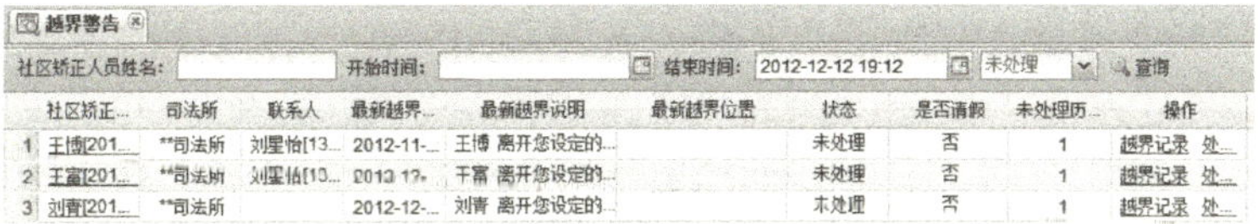

图 6-17 越界警告界面

[社区矫正对象姓名]：输入社矫对象的名字或者编号。
[开始时间]：选择要查询的越界警告的开始时间。
[结束时间]：选择要查询的越界警告的结束时间。
可以选择未处理和所有记录的越界警告信息。
[查询]：输入社矫对象的姓名、开始和结束时间，选择未处理或者所有记录，点击进行查询，会以列表的形式展现要查看的社矫对象的越界警告信息，包含社区矫正对象的姓名、司法所、联系人、最新越界时间、最新越界说明、最新越界位置、状态、是否请假和操作。

[社区矫正人员]：社矫对象姓名和编号并列展现。
[司法所]：社矫对象所在的司法所。
[联系人]：社矫对象所在司法所的联系人。
[最新越界时间]：社矫对象越界时的时间，格式为：年 - 月 - 日。
[最新越界说明]：社矫对象越界时候的说明，例如：王博，离开您设定的电子区域围墙。
[最新越界位置]：社矫对象越界的详细位置。
[状态]：本条越界记录是否进行处理。
[是否请假]：社矫对象越界之前，是否请过假。
[未处理历史记录]：社区矫正对象共有几条越界信息没有进行处理。

[越界记录]：点击越界记录，会显示社矫对象的所有越界记录。

[处理]：点击处理，选择扣分处理，通过管理人员与级证人员的沟通后确定是否需要进行扣分处理，矫正对象在越界前请过假，则可进行不扣分处理。

注：越界警告的信息处理时间为自然月，即管理人员不能处理上个月或以前的越界信息。

[位置]：点击位置，会弹出地图框，在电子地图界面上显示社矫对象越界的位置。

4. 人机分离

人机分离是为了解决由于社矫对象不随身携带监管手机导致的定位无效而采取的声纹验证方式，如图 6-18 所示。

图 6-18 人机分离界面

[社矫对象姓名]：输入社矫对象的名字。

[所在司法所]：选择社矫对象所在司法所。

[结果]：选择社矫对象的抽查结果，即：全部、抽查通过、抽查拒绝和超时未回复。

[开始时间]：选择要抽查的开始时间。

[结束时间]：选择要抽查的结束时间。

[查询]：输入社矫对象的姓名或者手机号码进行查询。

[抽查]：输入社矫对象姓名或者手机号码，点击查询，或者在词组项里面选择终端，点击抽查。

[抽查设置]：点击抽查设置，显示如图所示信息，如图 6-19 所示。

[所在司法所]：选择要抽查设置的司法所。

图 6-19 抽查设置界面

[是否启用]：选择要查询的已注册的声纹社矫对象，即全部、是和否。

[手机号码]：输入要抽查设置的手机号码。

[查询]：选择司法所或者输入手机号码，点击查询。

[启用]：点击启用，系统将根据设定的抽查规则每隔一定的天数，在抽查当天给抽查用户随机发送抽查短信，提醒社矫对象进行人机分离抽离。

[禁用]：点击禁用，系统将不自动定时抽查。

注：人机分离使用前，应该先确认是否已经绑定了社矫对象的定位手机号码，并设置了监管等级，点击"开启声纹注册"，手机上会收到一条短信，矫正对象根据信息中提供的电话号码拨打注册电话，并根据语音提示完成注册过程。注册完成，矫正对象会收到系统发送的一条短信，确认注册结果。如果注册成功，请在系统页面上点击"关闭声纹注册"按钮。

5. 定位记录

定位记录展示所有社矫对象最后一次定位的列表，可以用来对社矫对象进行电子点名。从列表里面选择社矫对象，可以查看历史记录和切换到电子地图上查看社矫对象最后一次所处的位置，如图6-20所示。

图 6-20 定位记录界面

[社区矫正人员姓名]：输入要查询的社矫对象的名字或者编号。

[部门列表]：选择社矫对象所属的部门。

[开始时间]：选择要查询的开始日期。

[结束时间]：选择要查询的结束日期。

[查询]：输入社矫对象姓名，选择部门列表、开始时间和结束时间，点击进行查询。

[社区矫正人员]：社矫对象的名字和编号并列展现。

[司法所]：社矫对象所属司法所。

[定位时间]：社矫对象本条定位记录的定位时间。

[所在位置]：社矫对象本条定位记录的所在具体位置，精确到某条街道。

[定位记录]：显示社矫对象所有的定位信息包括定位时间和所在位置，如图6-21所示。

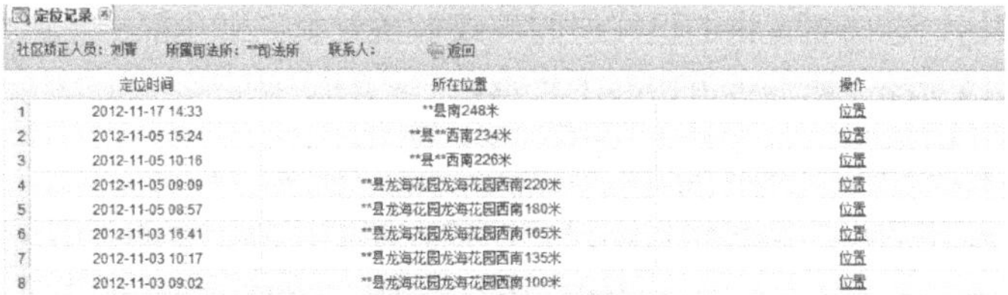

	定位时间	所在位置	操作
1	2012-11-17 14:33	**县南248米	位置
2	2012-11-05 15:24	**县**西南234米	位置
3	2012-11-05 10:16	**县**西南226米	位置
4	2012-11-05 09:09	**县龙海花园龙海花园西南220米	位置
5	2012-11-05 08:57	**县龙海花园龙海花园西南180米	位置
6	2012-11-03 16:41	**县龙海花园龙海花园西南165米	位置
7	2012-11-03 10:17	**县龙海花园龙海花园西南135米	位置
8	2012-11-03 09:02	**县龙海花园龙海花园西南100米	位置

图 6-21 定位记录信息

[位置]：点击位置，会弹出地图框，显示本条记录社矫对象的定位位置。

6. 历史轨迹

历史轨迹是可以查看在选定的区域范围内社矫对象的活动轨迹。

[查询]：输入社矫对象的名字或者手机号码或者选择某个司法所，点击进行查询。

[查看轨迹]：选择终端，点击查看轨迹，会显示轨迹列表；选择时间编号，可以查看社矫对象在这个时间的定位地点。

[轨迹连线]：点击轨迹查看，则将所选的时间点下的地点练成线。

[取消连线]：点击取消连线，则将取消连成线的活动轨迹。

[动态播放]：点击动态播放，则将按先后顺序播放所选时间点的地点。

[停止]：点击停止，则将停止动态播放。

6.3.3 档案管理

1. 档案查询

档案查询可以查询社矫对象的档案数据列表。档案包括正卷和副卷。正卷包括社矫对象的基本信息情况、矫正宣告书和矫正方案等；副卷包括社矫对象的日常谈话、思想汇报、公益劳动和学习教育等的情况登记表，如图 6-22 所示。

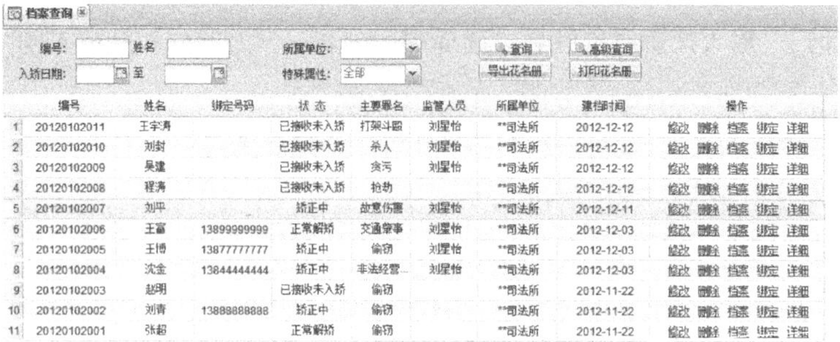

	编号	姓名	绑定号码	状 态	主要罪名	监管人员	所属单位	建档时间	操作
1	20120102011	王宇涛		已接收未入矫	打架斗殴	刘星怡	**司法所	2012-12-12	修改 删除 档案 绑定 详细
2	20120102010	刘封		已接收未入矫	杀人	刘星怡	**司法所	2012-12-12	修改 删除 档案 绑定 详细
3	20120102009	吴建		已接收未入矫	贪污	刘星怡	**司法所	2012-12-12	修改 删除 档案 绑定 详细
4	20120102008	程涛		已接收未入矫	抢劫		**司法所	2012-12-12	修改 删除 档案 绑定 详细
5	20120102007	刘平		矫正中	故意伤害	刘星怡	**司法所	2012-12-11	修改 删除 档案 绑定 详细
6	20120102006	王富	13899999999	正常解矫	交通肇事	刘星怡	**司法所	2012-12-03	修改 删除 档案 绑定 详细
7	20120102005	王博	13877777777	矫正中	偷窃	刘星怡	**司法所	2012-12-03	修改 删除 档案 绑定 详细
8	20120102004	沈金	13844444444	矫正中	非法经营...	刘星怡	**司法所	2012-12-03	修改 删除 档案 绑定 详细
9	20120102003	赵明		已接收未入矫	偷窃		**司法所	2012-11-22	修改 删除 档案 绑定 详细
10	20120102002	刘青	13888888888	矫正中	偷窃		**司法所	2012-11-22	修改 删除 档案 绑定 详细
11	20120102001	张超		正常解矫	偷窃		**司法所	2012-11-22	修改 删除 档案 绑定 详细

图 6-22 档案查询界面

[编号]：输入社矫对象的编号。

[姓名]：输入社矫对象的姓名。

[所属单位]：选择社矫对象的单位。

[入矫日期]：选择要查询社矫对象的入矫开始时间和结束时间。

[特殊属性]：选择要查询社矫对象的特殊属性，即全部、加分和扣分。

[查询]：输入编号或者姓名，点击进行查询或者选择所属单位、特殊属性和入矫日期进行查询。

[高级查询]：点击高级查询，会弹出如图 6-23 所示的操作界面。

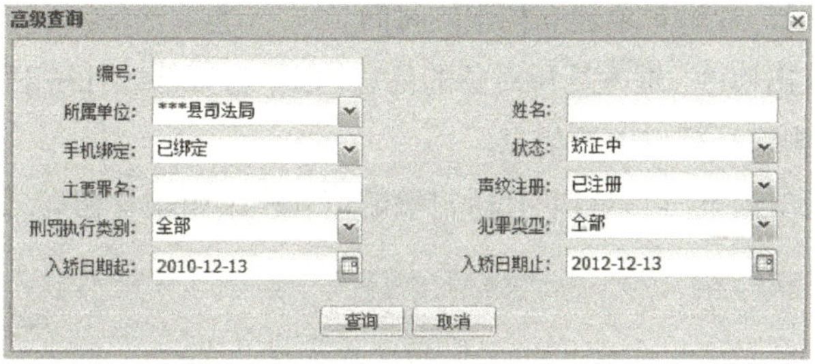

图 6-23 高级查询对话框

[编号]：输入查询社区矫正对象的编号。

[所属单位]：选择社区矫正对象的所属司法局或者司法所。

[姓名]：输入社矫对象的名字。

[手机绑定]：选择社矫对象的手机绑定情况，即全部、未绑定和已绑定。

[状态]：选择社矫对象的状态，即全部、矫正中、正常解矫、重新犯罪、下落不明、脱管漏管、监外执行、已接受未入矫、死亡和其他。

[主要罪名]：输入社矫对象的主要罪名。

[声纹注册]：选择社矫对象声纹注册情况，即全部、已注册和未注册。

[刑罚执行类别]：选择社矫对象的刑罚执行类别，即全部、管制、缓刑、假释、暂予监外执行和剥夺政治权利。

[犯罪类型]：选择社矫对象的犯罪类型，即全部、危害国家安全罪、危害公共安全罪、破坏社会主义市场经济秩序、侵犯公民人身权利和民主权利、侵犯财产罪、妨害社会管理秩序罪、贪污受贿罪、渎职罪和其他。

[入矫日期起]：选择社矫对象的入矫开始时间。

[入矫日期止]：选择社矫对象的入矫结束时间。

[导出花名册]：点击导出花名册，可以将社矫对象的信息导出，自动生成 excel 表格。

[打印花名册]：点击打印花名册，可以将社矫对象信息打印成表格。
[编号]：社矫对象的编号。
[姓名]：社矫对象的姓名。
[绑定号码]：社矫对象绑定的定位手机号码。
[状态]：社矫对象的矫正状态，例如：矫正中。
[主要罪名]：社矫对象的主要罪名，例如：故意伤害。
[监管人员]：社矫对象的监管员姓名。
[所属单位]：社矫对象所属司法所。
[建档时间]：社矫对象建立档案的时间。
[修改]：点击修改，进入社矫对象的信息档案，可以修改社矫对象的任何信息。
[删除]：删除社矫对象的信息。
[档案]：点击档案，可以查看社矫对象的正卷档案和副卷档案，如图6-24所示。

图6-24 社矫对象档案

[绑定]：点击绑定，进行对社矫对象的终端绑定、取消和手机声纹开启和关闭，如图 6-25 所示。

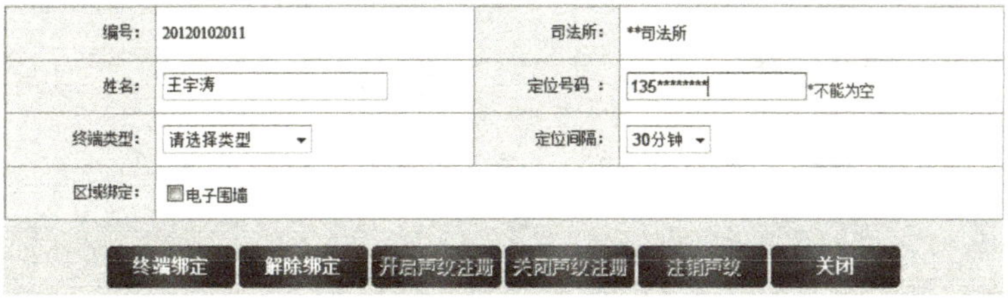

图 6-25 社矫对象终端绑定

[定位号码]：输入社矫对象的定位手机号码。

[终端类型]：选择定位手机的终端类型。终端类型有三种：第三方定位终端、BREW 定位终端和粗定位终端。第三方定位终端是指手机终端带有 GPSOne 的定位模块，此模块支持手机利用 GPS 卫星进行定位（手机在室外）和 AFLT 多基站复合定位（手机在室内），手机需保持数据通道正常和短信功能正常开通的情况下，可以精确的定位；BREW 定位终端是在手机上安装免费的"定位 E 通"软件进行定位，此手机必须带 GPSOne 模块，此外也需保持数据通道正常和短信功能正常开通；粗定位是由运营商单基站决定其位置，普通手机即可，与精定位相比精度略差。

[定位间隔]：选择自动定位间隔的时间。间隔时间有 30 分钟、1 小时、2 小时、3 小时、4 小时、6 小时、8 小时、12 小时和 24 小时。

[终端绑定]：只有输入社矫对象的定位手机号码和选择终端类型，才可以进行终端绑定。

[解除绑定]：社矫对象在解矫时，解除绑定。

[开启声纹注册]：进行人机分离是对社矫对象开启声纹注册。

[关闭声纹注册]：社矫对象声纹注册完成之后，关闭声纹注册。

[注销声纹]：在开启声纹注册后，对社矫对象录入声纹，解矫时，应注销声纹。

[详细]：点击详细，可以查看矫正的档案信息，如图 6-26 所示。

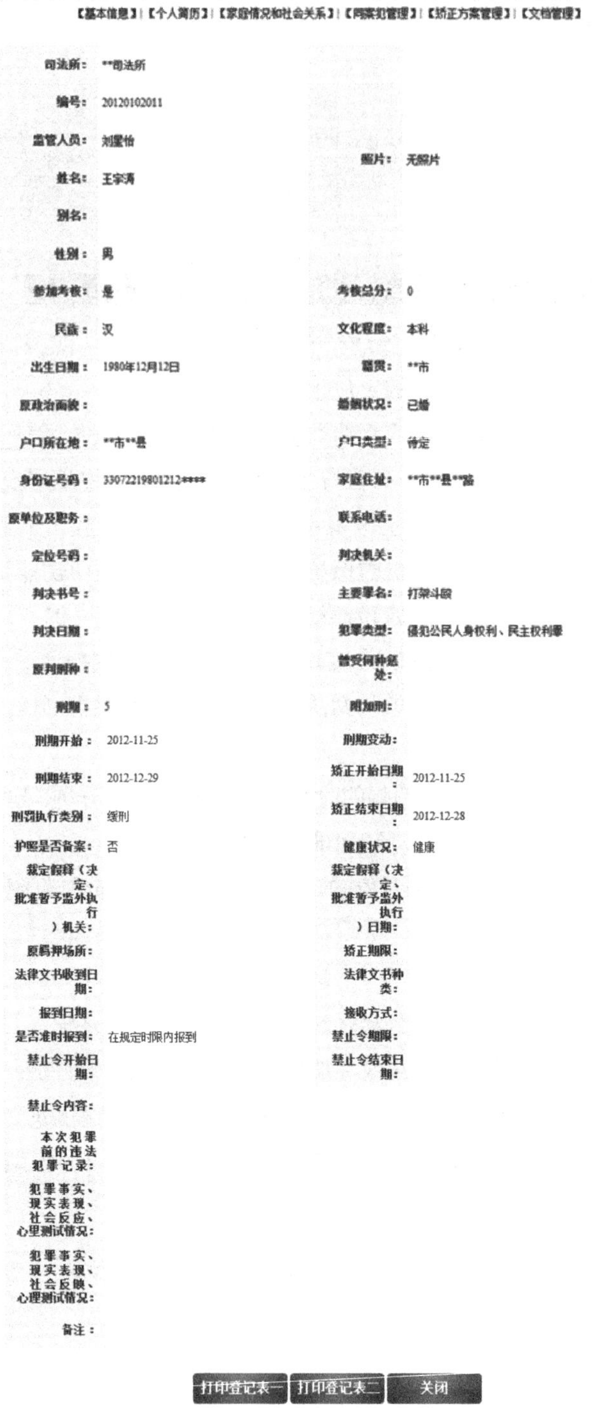

社区矫正信息化

【基本信息】【个人简历】【家庭情况和社会关系】【同案犯管理】【矫正方案管理】【文档管理】

司法所：	**司法所		
编号：	20120102011		
监管人员：	刘雯怡	照片：	无照片
姓名：	王宗清		
别名：			
性别：	男		
参加考核：	是	考核总分：	0
民族：	汉	文化程度：	本科
出生日期：	1980年12月12日	籍贯：	**市
原政治面貌：		婚姻状况：	已婚
户口所在地：	**市**县	户口类型：	待定
身份证号码：	330722198012l2****	家庭住址：	**市**县**街
原单位及职务：		联系电话：	
定位号码：		判决机关：	
判决书号：		主要罪名：	打架斗殴
判决日期：		犯罪类型：	侵犯公民人身权利、民主权利罪
原判刑种：		曾受何种惩处：	
刑期：	5	附加刑：	
刑期开始：	2012-11-25	刑期变动：	
刑期结束：	2012-12-29	矫正开始日期：	2012-11-25
刑罚执行类别：	缓刑	矫正结束日期：	2012-12-28
护照是否备案：	否	健康状况：	健康
裁定假释（决定、批准暂予监外执行）机关：		裁定假释（决定、批准暂予监外执行）日期：	
原羁押场所：		矫正期限：	
法律文书收到日期：		法律文书种类：	
报到日期：		接收方式：	
是否准时报到：	在规定时限内报到	禁止令期限：	
禁止令开始日期：		禁止令结束日期：	
禁止令内容：			
本次犯罪前的违法犯罪记录：			
犯罪事实、现实表现、社会反应、心理测试情况：			
犯罪事实、现实表现、社会反映、心理测试情况备注：			
备注：			

[打印登记表一] [打印登记表二] [关闭]

图 6-26 社矫对象档案信息

2. 综合查询

综合查询是对部门层级的统计。点击数字可以查看工作人员、社工、志愿者以及社矫对象统计，如图 6-27 所示。显示当前组的下属单位、工作人员以及社区矫正对象人数。

综合查询

单位	下属单位	矫正工作人员	社区矫正人员
**县司法局	4	23	2451
***县司法局	5	36	2389
合计	9	59	4840

图 6-27 综合查询界面

6.3.4 监督管理

1. 监督考察小组

监督考察小组是社矫对象在入矫阶段需要指定的，包括工作站人员、社区民警、治保主任、志愿者和监护人，如图 6-28 所示。

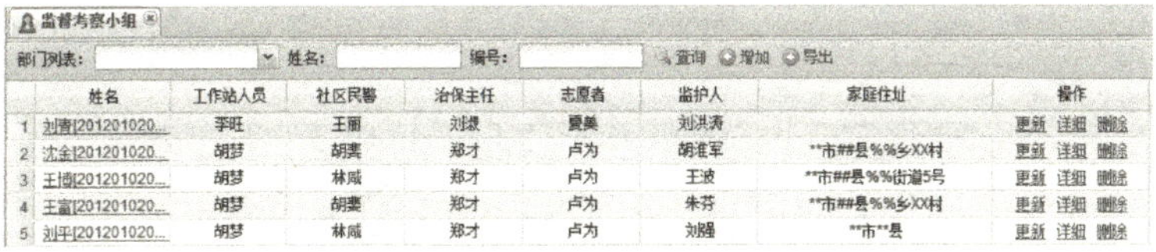
监督考察小组

部门列表：　姓名：　编号：　查询　增加　导出

	姓名	工作站人员	社区民警	治保主任	志愿者	监护人	家庭住址	操作
1	刘青[201201020...	李旺	王丽	刘绿	夏美	刘洪涛		更新 详细 删除
2	沈金[201201020...	胡梦	胡粪	郑才	卢为	胡准军	**市##县%%乡XX村	更新 详细 删除
3	王博[201201020...	胡梦	林威	郑才	卢为	王波	**市##县%%街道5号	更新 详细 删除
4	王富[201201020...	胡梦	胡粪	郑才	卢为	朱芬	**市##县%%乡XX村	更新 详细 删除
5	刘平[201201020...	胡梦	林威	郑才	卢为	刘强	**市**县	更新 详细 删除

图 6-28 监督考察小组界面

[部门列表]：选择要查询的监督考察小组所属的部门。

[姓名]：输入要查询的监督社矫对象的姓名。

[编号]：输入要查询的监督社矫对象的编号。

[查询]：选择部门列表或者输入社矫对象的姓名或者编号，点击进行查询，会以列表的形式展现监督考察小组的社矫对象的姓名、工作站人员、社区民警、治保主任、志愿者监护人和社矫对象家庭住址的信息。

[添加]：新增社矫对象的监督考察小组的信息，如图 6-29 所示。

[社区矫正人员信息]：选择要新增监督考察小组的社矫对象的姓名，社矫对象的性别、编号、原刑期开始、原刑期结束、刑罚执行类别、矫正开始、矫正结束、主要罪名等信息将会自动弹出，不需要输入。

[工作站人员]：输入矫正工作人员的信息。包括工作站人员的姓名、联系电话、性别、工作单位、家庭住址与社区矫正对象的关系。

[社区民警]：输入社矫对象居住地的社区民警。包括社区民警的姓名、联系电话、性别、工作单位、家庭住址与社区矫正对象的关系。

社区矫正信息化

图 6-29 监督考察小组信息

[治保主任]：输入社矫对象居住地管路治安人员的信息。包括治保主任的姓名、联系电话、性别、工作单位、家庭住址与社区矫正对象的关系。

[志愿者]：输入参加监督管理小组的志愿者的信息。包括志愿者的姓名、联系电话、性别、工作单位、家庭住址与社区矫正对象的关系。

[监护人]：输入社矫对象监护人的信息。包括监护人的姓名、联系电话、性别、工作单位、家庭住址、学历。

[保存]：新增信息输入完成，确认无误，点击进行保存。

[关闭]：点击关闭，取消新增监督考察小组的信息。

[导出]：导出符合条件的记录。

[姓名]：社矫对象的姓名和编号并列显示。

[工作站人员]：监督考察小组工作站人员。

[社区民警]：社矫对象居住地的社区民警。

[治保主任]：社矫对象居住地管理治安的人员。

[志愿者]：参加监督管理小组的志愿者姓名。

第 6 章　社区矫正信息系统应用实例

[监护人]：社矫对象的监护人。

[家庭住址]：社矫对象的居住地址。

[更新]：选择社矫对象，点击更新，则将修改社矫对象的监督考察小组的信息，如图 6-30 所示。

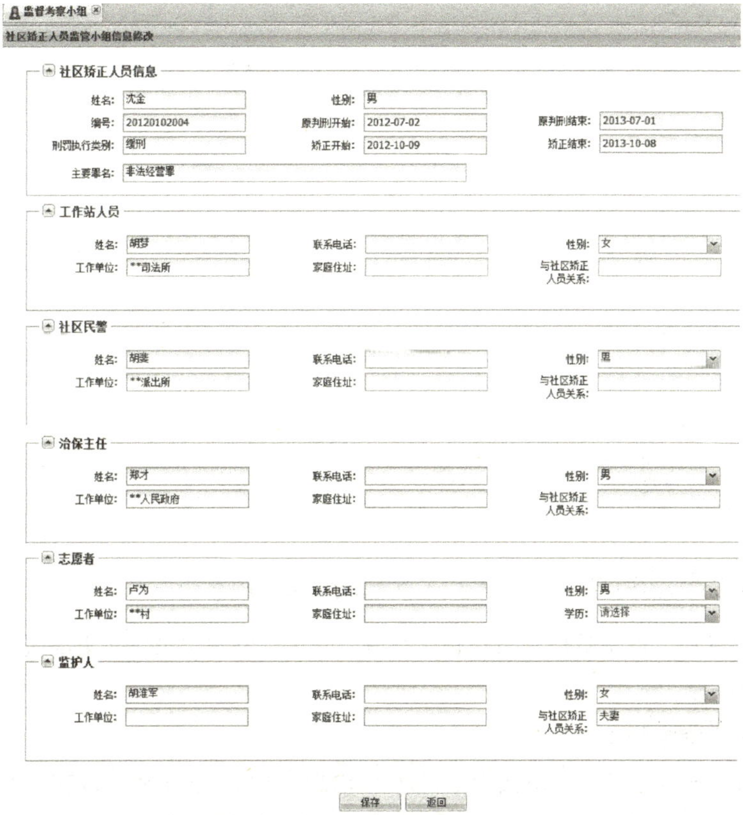

图 6-30 更新监督考察小组

[社区矫正人员信息]：这里的社矫对象的信息不能修改。

注：其他信息的修改与本节增加填写的信息的方法是一致的。

[详细]：选择社矫对象，点击详细，将跳转到详细页面，如图 6-31 所示。

图 6-31 修改监督考察小组信息

[删除]：点击具体记录的删除按钮，确认后删除记录。如果确认删除，记录将不可恢复。

2. 日常报到

日常报到是社矫对象按规定日期到司法所现场当面报到，或在不方便的情况下进行电话报到，报到前一天会有短信通知社矫对象。如在报到时间未进行当面或电话报到时，则由工作人员酌情扣分管理，如图 6-32 所示。

图 6-32 日常报到界面

[姓名（编号）]：输入要查询的社矫对象的姓名或编号。

[查询当天须报到对象]：勾选当天须报到对象，可以查看当天要报到的所有社矫对象。

[特殊属性]：可按女性、未成年或全部社矫对象条件进行查询。

[查询]：输入社矫对象的姓名或编号，选择特殊属性，点击进行查询，会以列表的形式展现要查看的日常报道信息。

[增加]：新增社矫对象的日常报到，点击会显示如图6-33所示信息。

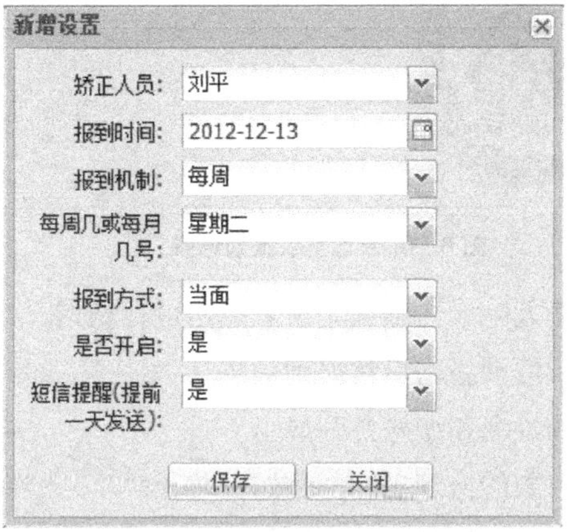

图6-33 新增社矫对象日常报到

[社矫对象]：选择要增加日常报到的社矫对象。

[报到时间]：选择该社矫对象报到的时间。

[报到机制]：选择该社矫对象的报到机制，如不定时、每天、每周、半个月、每月、一个半月、两个月和一季度。

[每周几或每月几号]：当报到机制选择每周或每月时，可选每周几或每月几号进行报到，反之，则不需要选择，例如：报到机制选择每周时，可选择每周二进行报到。

[报到方式]：选择该矫正社矫对象的报到方式，如：当面、电话和其他。

[是否开启]：是否需要该社矫对象进行日常报到。

[短信提醒]：选择是否进行短信提醒，短信发送到该社矫对象的手机上。

[保存]：新增信息输入完成，确认无误，点击进行保存。

[关闭]：点击关闭，取消新增日常报到信息。

[指纹报到]：点击指纹报到，系统显示连接指纹仪。社矫对象按下指纹验证后，弹出对应社矫对象的"新增指纹报到记录"对话框，如图6-34所示。

[报到时间]：选择要增加社矫对象报到记录的时间。

[当面]：选择该社矫对象的报到方式。

[是否按时]：选择该社矫对象是否按时报到。

[备注]：输入该社矫对象报到时的其他信息。

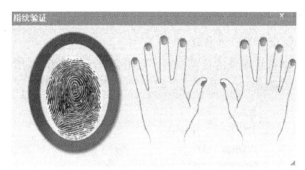

图 6-34 新增指纹报到记录

[新增]：新增信息输入完成，确认无误，点击进行新增。

[关闭]：点击关闭，取消新增日常报到信息。

[姓名]：社矫对象的姓名和编号并列显示。

[报到机制]：社矫对象的报到机制，例如：每天。

[报到方式]：社矫对象的报到方式，例如：当面。

[下一次报到日期]：社矫对象下次报到的时间，格式为：年-月-日。

[短信提醒]：社矫对象日常报到是否开启短信提醒，提前一天发送短信。

[状态]：社矫对象的报到状态。

[报到记录]：可以查看该社矫对象所有报到记录。

[新增记录]：选择社矫对象，点击新增，则对该社矫对象新增报到记录，如图 6-35 所示。

图 6-35 新增报到记录

[报到时间]：选择要增加社矫对象报到记录的时间。

[当面]：选择该社矫对象的报到方式。

[是否按时]：选择该社矫对象是否按时报到。

[备注]：输入该社矫对象报到时的其他信息。

第6章 社区矫正信息系统应用实例

[新增]：新增信息输入完成，确认无误，点击进行新增。

[关闭]：点击关闭，取消新增日常报到信息。

[设置]：选择社矫对象，点击设置，则对社矫对象报到设置进行修改，如图6-36所示。

图6-36 报到设置修改

[矫正人员]：这里的社矫对象的名字不能修改。

注：其他信息的修改与本节增加填写信息的方法是一致的。

[暂停]：选择社矫对象，点击暂停，则将提示框是否确定暂停对该社矫对象的报到。选择是，则将对该社矫对象停止进行日常报到，在列表中，社矫对象的日常报到状态将变成暂停；反之，则不变。

3. 思想汇报

思想汇报是指社矫对象定时或根据社矫工作人员的要求，当面或书面方式向社矫工作人员汇报自己近期的思想或感受，如图6-37所示。

图6-37 思想汇报界面

[姓名（编号）]：输入社区矫正对象的姓名或者编号，姓名前面与各汉字之间不能有空格，姓名为两个汉字时，应连续输入，不能用空格分开。

[汇报形式]：在汇报形式的下拉列表中可选择书面、电话、口头、电邮、当面和其他。

[特殊属性]：特殊属性栏的下拉列表中可以选择全部、女和未成年。

[日期]：输入需要查询的起止时间，格式是"-年-月-日"，如：开始时间：2012-11-21；结束时间：2012-12-7。

[所属]：可选择各个地区的司法所。

[查询]：输入社区矫正对象的姓名或者编号，点击进行查询，会以列表的形式展现要查询的社矫对象的姓名、司法所、汇报形式、汇报日期和操作。

[新增]：增加社矫对象的思想汇报。点击新增，进入新增页面，按要求填入相关数据，如：社区矫正对象（可在下拉列表中选择相应的姓名）、汇报情况（可在下拉列表中选择未交、未准时和准时）、汇报形式（可在下拉列表中选择书面、电话、口头、电邮、当面和其他）、汇报日期（指做思想汇报的日期）、考核人（给社区矫正对象做思想汇报的工作人员）、附件（有附件的可上传附件）和备注。内容填写完成后，点击保存按钮，确定保存。不保存，点击返回按钮。

[详细]：可查看社矫对象的思想汇报信息，如图6-38所示。

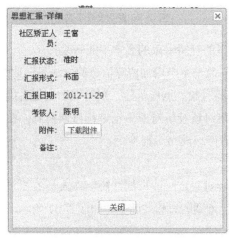

图6-38 思想汇报详细信息

[社区矫正人员]：社区需要矫正的对象。

[汇报状态]：社矫对象有无定时向社矫工作人员汇报自己近期的思想或感受，如：准备汇报、未准时汇报。

[汇报形式]：社矫对象向社矫工作人员汇报自己近期的思想或感受的方式，如：书面、当面。

[汇报日期]：输入需要查询的起止时间，格式是"-年-月-日"，如：2012-11-29。

[考核人]：参加思想汇报考核的工作人员。

[附件]：点击下载附件按钮，会自动弹出对应的新页面。

[备注]：针对思想汇报的详细内容增加注释说明，帮助记录。

[删除]：点击具体记录的删除按钮，确认后删除记录。如果确认删除，记录将不可恢复。

4. 月 / 季度小结

月 / 季度小结是指社矫工作人员对矫正对象某月 / 季度遵守规章制度的情况的总结，可从接受矫正情况、谈话情况、走访情况、遵规守纪情况等方面情况综合性评价，如图 6-39 所示。

图 6-39 月 / 季度小结界面

[姓名（编号）]：输入社矫对象的姓名或编号。

[开始时间]：社矫对象在教育矫正单位矫正学习开始的时间。格式为："- 年 - 月 - 天"，如：2012-11-28。

[结束时间]：输入需要查询的起止时间。格式为："- 年 - 月 - 天"，如：2012-11-28。

[特殊属性]：社矫对象的身份属性，在下拉列表中可选择全部，女和未成年。

[查询]：输入社区矫正对象姓名或者编号，点击进行查询，以列表的形式展现要查询的社矫对象的编号、姓名、月度 / 季度、记录时间、修改时间和操作。

[新增]：点击新增，进入新增页面，按要求填入相关数据，如：姓名（可在下拉列表中选择相应的姓名）、性别、刑罚执行类别、家庭住址、月度 / 季度、附件（可上传附件）和备注。

[详细]：点击详细，弹出详细对话框，如图 6-40 所示。

[社区矫正人员]：需要社区矫正的对象。

[性别]：社矫对象的性别。

[刑罚执行类别]：对社矫对象实施的刑罚种类，如：缓刑、管制、拘役、有期徒刑和无期徒刑。

[家庭住址]：社矫对象的家庭住址，住址一定要详细说明。

[月度 / 季度]：社矫对象在矫正单位教育学习的具体月份和季度。

社区矫正信息化

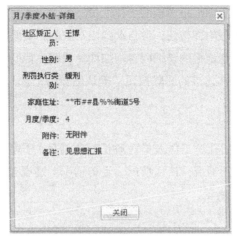

图6-40 月/季度小结详细信息

[附件]：若有附件，点击下载附件按钮，会自动弹出对应的新页面。

[备注]：针对月/季度小结的详细内容增加注释说明，帮助记录。

[修改]：点击修改按钮，得到结果列表如下，修改内容与详细内容一致，具体说明请参考详细列表注释，填写完整后可点击保存予以保存信息，如果未保存，点击返回则所填写的信息将不予保存，如图6-41所示。

图6-41 修改月/季度小结

5. 心理矫正

心理矫正是指社矫工作人员对社矫对象进行心理测试评估及矫正，包括犯罪心理和行为恶习，预防矫正对象重新犯罪。对社区矫正对象运用心理矫正的方法，

第6章 社区矫正信息系统应用实例

可以帮助他们克服心理障碍，消除心理阴影，努力改造自我，恢复矫正对象的自信心，如图6-42所示。

图6-42 心理矫正界面

[姓名（编号）]：输入社矫对象的姓名或编号。

[开始时间]：输入需要查询的起止时间。格式为："-年-月-天"，如：2012-10-28。

[结束时间]：社矫对象在心理矫正期间结束的时间。格式为："-年-月-天"，如：2012-11-28。

[特殊属性]：社矫对象的身份属性，在下拉列表中可选择全部、女和未成年。

[查询]：输入社区矫正对象的姓名或者编号，点击进行查询，会以列表的形式展现要查询的社矫对象的编号、姓名、矫正方式、矫正时间和操作。

[新增]：点击新增，进入新增页面，按要求填入相关数据。

[详细]：点击详细，可得到社区矫正人员信息和心理矫正信息，并得到结果如图6-43所示。

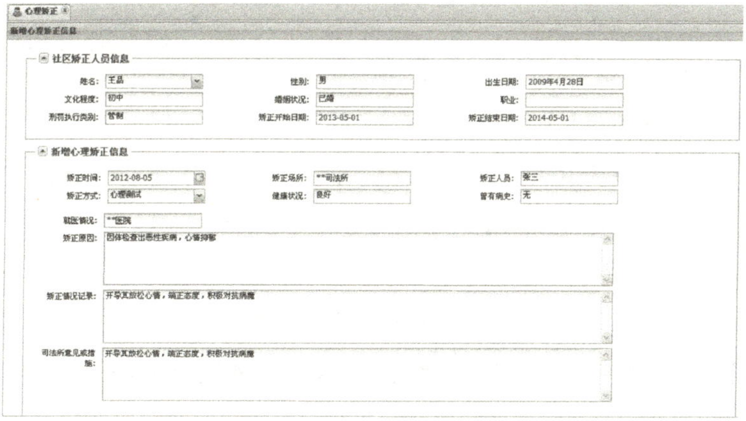

图6-43 新增心理矫正信息界面

[社区矫正人员信息]：包括姓名、性别、出生日期、文化程度、婚姻状况、职业、刑法执行类别、矫正开始日期和矫正结束日期。

[心理矫正信息]：包括矫正时间、矫正场所、矫正人员、矫正方式、健康状况、

曾有病史、就医情况、矫正情况记录、司法所意见或措施。

[矫正时间]：社矫对象参加心理矫正的时间。

[矫正场所]：社矫对象参加心理矫正的单位。

[矫正人员]：需要心理矫正的社区矫正对象。

[矫正方式]：如心理健康教育、心理咨询、心理测试、心理疾病治疗以及其他。

[健康状况]：社矫对象的身体健康状况，如：良好、差。

[曾有病史]：指曾经被诊断出的病史，包括现在是否还患有相应的病，应如实填写，以便心理矫正或就医时做参考。

[就医情况]：在矫正的过程中，如因遇生理上的不适而就医的，因把就医情况如实填写，如就医原因。

[矫正情况记录]：记录矫正过程中遇到的问题，以及矫正过程中矫正对象的言行举止。

[司法所意见或措施]：通过以上各种情况的详细记录，司法所社矫工作人员应针对其具体情况给出相应意见并且实施有力措施加以解决问题。

[修改]：点击修改，得到结果列表如下，修改的内容与详细内容相同，此处不作详解，请参考上面详细列表即可，如图6-44所示。

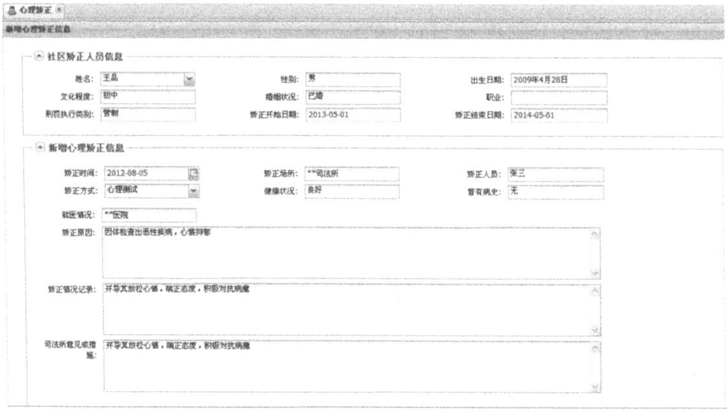

图6-44 修改心理矫正信息

[删除]：点击具体记录的删除按钮予以删除，确认后删除记录，记录将不可恢复。

6. 就业安置

就业安置是指对特殊困难群体争取社会救济等多种安置就业途径，可以为社区矫正对象提供工作岗位和必要生活保障，预防社区矫正对象重新犯罪，如图6-45所示。

第 6 章 社区矫正信息系统应用实例

图 6-45 就业安置界面

[姓名（编号）]：输入社矫对象的姓名或编号。

[开始时间]：输入需要查询的开始时间。格式为："- 年 - 月 - 天"，如：2012-10-28。

[结束时间]：输入需要查询的结束时间。格式为："- 年 - 月 - 天"，如：2012-11-28。

[特殊属性]：社矫对象的身份属性，在下拉列表中可选择全部、女和未成年；

[查询]：输入社区矫正对象的姓名或者编号，点击进行查询，以列表的形式展现要查询的社矫对象的姓名、记录时间、就业单位、就业方式和操作。

[新增]：点击新增，进入新增页面，按要求填入相关数据。

[姓名]：社矫对象的姓名。

[记录时间]：社区工作人员安排社矫对象就业及如何安置的记录时间。

[就业单位]：社矫对象的工作单位，如：化工厂，服装厂等。

[就业方式]：社矫对象以何种方式工作，如：自谋，他人介绍等方式。

[详细]：点击详细，得到结果列表如图 6-46 所示。

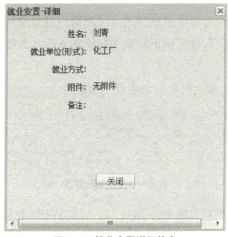

图 6-46 就业安置详细信息

就业安置包括姓名、就业单位、就业方式、附件（有附件的可上传附件）和备注。

[附件]：若有附件，点击下载附件按钮，会自动弹出对应的新页面。

[备注]：针对就业安置的详细内容增加注释说明，帮助记录。

[修改]：点击修改，得到结果列表如下，填写完整后可点击保存按钮予以保存信息，如果未保存，点击返回则所填写的信息将不予保存，如图6-47所示。

[删除]：点击具体记录的删除按钮，确认后删除记录，记录将不可恢复。

图6-47 修改就业安置信息

7. 帮困解难

帮困解难是指社矫工作人员对生活困难的社矫对象进行帮助，司法所社矫工作人员通过家庭走访和与矫正对象沟通，了解矫正对象家庭情况，及时对有困难的家庭伸出援助之手，从社区矫正对象实际困难入手，为矫正对象排忧解难，如图6-48所示。

[姓名（编号）]：输入社矫对象的姓名或编号。

图6-48 帮困解难界面

[特殊属性]：社矫对象的身份属性，在下拉列表中可选择全部、女和未成年。

[时间]：输入需要查询的开始时间。格式为："-年-月-天"，如：2012-10-28。

第 6 章　社区矫正信息系统应用实例

[至]：输入需要查询的结束时间。格式为："-年-月-天"，如：2012-12-12。

[查询]：输入社区矫正对象姓名或者编号，点击进行查询，以列表的形式展现要查询的社矫对象的姓名、监督人、解决单位、解决日期、解决方式、困难说明和操作。

[增加]：点击增加，进入新增页面，按要求填入相关数据。

[更新]：点击更新，得到结果，如图 6-49 所示。

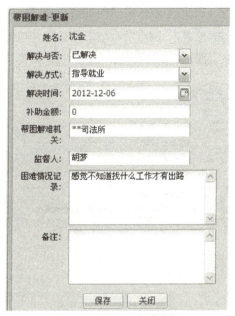

图 6-49 更新帮困解难信息

[姓名]：社矫对象的姓名。

[解决与否]：社矫工作人员是否解决社矫对象生活困难的问题，点击下拉列表，有两项选择，如：已解决和未解决。

[解决方式]：帮助解决困难所实行的方式，如：落实责任田等。

[解决时间]：帮助解决困难的实行日期，时间格式为："年-月-日"，如：2012-11-28。

[补助金额]：司法行政单位对生活困难的社矫对象进行资金补助，这里需要注明补助金额的大小。

[帮困解难机关]：帮助解决困难的所属单位或机关，如：**市司法所、**县司法所。

[监督人]：给予社矫对象监督的工作人员。

[困难情况记录]：记录帮困解难过程中遇到的问题，以及矫正对象的基本家庭情况。

[备注]：说明社矫对象为何需要帮助，具体困难有哪些，将内容做简要的说明即可。

填写完整后可点击保存按钮予以保存信息，如果未保存，点击返回则所填写的信息将不予保存。

[详细]：点击详细，得到结果如下，详细内容有姓名、解决与否、解决方式、解决时间、帮困解难机关、监督人、困难情况记录和备注，详细内容与更新内容一致，此处不作解释，请参照上面更新内容即可，如图6-50所示。

图6-50 帮困解难详细信息

[删除]：点击具体记录的删除按钮，确认后删除记录，记录将不可恢复。

8、走访登记

走访登记是指社矫工作人员对社矫对象的工作情况、生活情况、家庭情况和思想情况进行走访，详细了解及时掌握社矫对象近期动态，帮助社矫对象解决面临的困难，积极推动社区矫正对象提高遵纪守法意识，争做知法、懂法、守法的公民，如图6-51所示。

图6-51 走访登记界面

[社矫人员或编号]：输入社区矫正对象的姓名或者编号，姓名前面与各汉字之间不能有空格，姓名为两个汉字时，应连续输入，不能用空格分隔。

[所属街道]：矫正对象户口所在地或现居住地的街道。

[开始时间]：矫正工作人员走访登记的开始时间。

[结束时间]：矫正工作人员走访登记的结束时间。

[查询]：输入社区矫正对象的姓名或者编号，点击进行查询，会以列表的形式展现要查询的社矫对象的姓名、所属编号、走访人、走访地点、走访时间和操作。

[新增]：点击新增，进入新增页面，按要求填入相关数据。

[详细]：点击详细，可得到走访登记的具体情况，如图6-52所示。

图6-52 走访登记详细信息

[社区矫正人员]：社矫对象姓名。

[性别]：社矫对象的性别。

[刑罚执行类别]：对社矫对象实施的刑罚种类，如：缓刑、管制、拘役、有期徒刑和无期徒刑。

[走访时间]：对社矫对象进行家庭走访的具体时间，时间格式为："-年-月-日"，如：2012-11-28。

[走访地点]：对社矫对象进行走访登记的具体地点，如：家庭、学校、工作单位等。

[所属街道]：社矫对象的家庭详细地址。

[走访人]：此次走访登记工作的社矫工作人员姓名。

[公文附件]：若有附件，点击下载附件按钮，会自动弹出对应的新页面。

[走访理由]：通过走访活动，司法工作人员对外出的社矫对象的就业和生活状况进行全面调查登记，制作走访记录，建立健全矫正对象档案，以便为个案矫

正提供依据。

[走访情况]：对社矫对象的工作情况、生活情况、家庭情况和思想情况了解后做出的简要说明，确认走访登记详细信息无误，点击"打印《社区矫正对象走访登记表》"按钮即可打印以上信息表的详细信息。

[修改]：点击修改，得到结果如图 6-53 所示，修改列表的信息与详细列表的信息一致，此处不作详细解释，请参照详细列表即可。

[删除]：点击具体记录的删除按钮，确认后删除记录，记录将不可恢复。

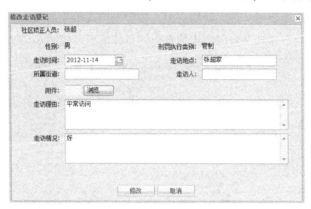

图 6-53 修改走访登记信息

6.3.5 考核奖惩

1. 加扣分管理

加扣分管理是指社矫工作人员对社矫对象在矫正期间考核积分达到一定分值，给予表扬，考核中减分的，给予惩罚处理，如图 6-54 所示。

图 6-54 加扣分管理界面

[姓名（编号）]：输入社区矫正对象的姓名或者编号，姓名前面与各汉字之间不能有空格，姓名为两个汉字时，应连续输入，不能用空格分隔。

[加扣分类型]：有三种类型，可在下拉列表中选择全部、加分和扣分。

[扣分分值]：按照日常加扣分计算总分值。

[加扣分时间]：分为起始时间和结束时间，格式为：-年-月-日，如：2012-11-22。

[查询]：输入社区矫正对象的姓名或者编号，点击进行查询，以列表的形式展现要查询的社矫对象的姓名、手机号码、加扣分类型、加扣分分值、加扣分时间和操作。

[新增]：点击新增，进入新增页面，按要求填入相关数据。

填写完整后可点击保存予以保存信息，如果未保存，点击返回则所填写的信息将不予保存。

[更新]：点击更新，得到结果，如图6-55所示。

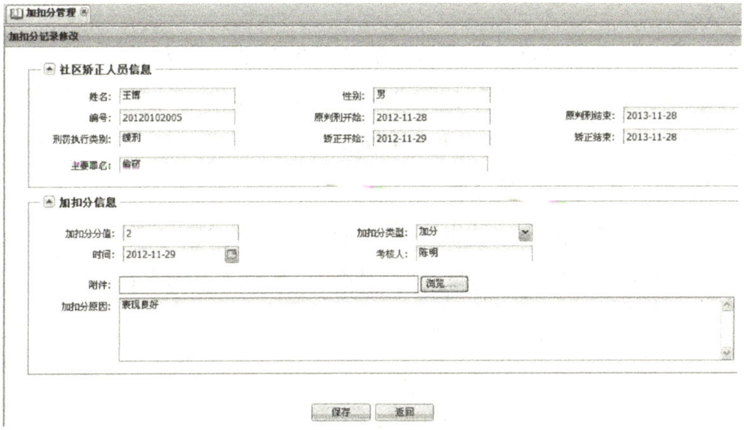

图 6-55 加扣分记录修改

[社区矫正人员信息]包括姓名、性别、编号、原判刑开始、原判刑结束、刑罚执行类别、矫正开始、矫正结束、主要罪名等。

[姓名]：社区矫正对象的姓名。

[性别]：社区矫正对象的性别。

[编号]：社区矫正对象入矫时所产生的号码，作为识别社矫对象的一个方法。

[原判刑开始]：对社矫对象原判刑期执行开始的日期，日期格式为：- 年 - 月 - 日，如：2012-10-22。

[原判刑结束]：对社矫对象原判刑期执行结束的日期，日期格式为：- 年 - 月 - 日，如：2012-11-22。

[刑罚执行类别]：对社矫对象实施的刑罚种类，如：缓刑、管制、拘役、有期徒刑和无期徒刑。

[矫正开始]：社矫对象自入矫开始的日期，日期格式为：- 年 - 月 - 日，如：2012-10-22。

[矫正结束]：社矫对象自入矫结束的日期，日期格式为：- 年 - 月 - 日，如：

2012-10-22。

[主要罪名]：社矫对象的犯罪类型，具体犯罪名称如偷窃、抢劫、故意伤人罪等。

[加扣分信息] 包括加扣分分值、加扣分类型、时间、考核人、附件、加扣分原因、详细、删除等。

[加扣分分值]：社矫对象在矫正期间考核积分达到的分值。

[加扣分类型]：社矫对象在矫正期间考核有加分或减分两种类型。

[时间]：社矫对象参加考核加扣分的日期，日期格式为：- 年 - 月 - 日，如：2012-10-22。

[考核人]：对社矫对象进行考核分数核算的司法工作人员。

[附件]：若有附件，点击下载附件按钮，会自动弹出对应的新页面。

[加扣分原因]：社矫对象在参加考核期间，加分或减分需注明其具体原因，如：表现良好的加分，表现差的减分等。

[详细]：点击详细，得到结果列表，详细列表的信息与修改列表的信息一致，此处不作详细解释，请参照上面修改列表即可，如图 6-56 所示。

图 6-56

[删除]：点击具体记录的删除按钮，确认后删除记录，记录将不可恢复。

2. 月度考核管理

月度考核管理是指社矫工作人员对社矫对象开展月度考核，矫正期间考核积分达到一定分值，给予表扬，考核中减分的，给予惩罚处理，如图 6-57 所示。

图 6-57 月度考核管理界面

[姓名（编号）]：输入社区矫正对象的姓名或者编号，姓名前面与各汉字之间不能有空格，姓名为两个汉字时，应连续输入，不能用空格分隔。

[开始时间]：输入需要查询的开始时间，时间格式为：- 年 - 月 - 日，如：2012-10-22。

[结束时间]：输入需要查询的结束时间，时间格式为：- 年 - 月 - 日，如：2012-11-22。

[查询]：输入姓名、开始时间和结束时间，点击查询进行查询，查询的内容为月度考核管理的详细信息。

[年度考核加（扣）分汇总表]：点击"年度考核加（扣）分汇总表"按钮，选择日期，可以将表格导出。

[月考核加（扣）分汇总表]：点击"月度考核加（扣）分汇总表"按钮，选择日期，可以将表格导出。

[详细]：点击详细，得到结果，如图 6-58 所示。

社区矫正人员:张超 [2012-11] 考核明细			
类型	分数	时间	备注
其他	2	2012-11-22 16:08:49	

图 6-58 月度考核明细

[类型]：社矫对象在矫正期间月度考核有加分或减分两种类型。

[分数]：社矫对象在矫正期间月度考核积分达到的分值。

[时间]：社矫对象参加月度考核加扣分的日期，日期格式为：- 年 - 月 - 日，如：2012-10-22。

[备注]：针对月度考核管理的详细内容增加注释说明，帮助记录。

3. 年度积极分子

年度积极分子是指社区矫正对象认真遵守监督管理规定，接受教育矫正；自觉参加思想、文化、技术学习；积极参加公益劳动，完成劳动任务并被评为本年度积极分子的社矫对象，如图 6-59 所示；

[社区矫正人员]：输入社矫对象的姓名。

[起始时间]：输入需要查询的开始和结束时间，时间格式为：- 年 - 月 - 日，如：2012-11-22。

图 6-59 年度积极分子界面

[查询]：输入社区矫正对象姓名，点击进行查询，会以列表的形式展现要查询的社矫对象的姓名、手机号码、加扣分类型、加扣分分值、加扣分时间和操作。

[新增]：点击新增，进入新增页面，按要求填入相关数据。

[详细]：点击详细，显示社矫对象的信息和年度积极分子的信息，如图6-60所示。

图 6-60 年度积极分子详细信息

[社区矫正人员信息] 包括姓名、性别、编号、原判刑开始、原判刑结束、刑罚执行类别、矫正开始、矫正结束、主要罪名等。

[姓名]：社区矫正对象的姓名。

[性别]：社区矫正对象的性别。

[编号]：社区矫正对象入矫时所产生的号码，作为识别社矫对象的一个方法;

[原判刑开始]：输入需要查询的开始日期，日期格式为：- 年 - 月 - 日，如：2012-10-22。

[原判刑结束]：输入需要查询的结束日期，日期格式为：- 年 - 月 - 日，如：2012-11-22。

[刑罚执行类别]：对社矫对象实施的刑罚种类，如：缓刑、管制、拘役、有期徒刑和无期徒刑。

[矫正开始]：社矫对象自入矫开始的日期，日期格式为：- 年 - 月 - 日，如：2012-10-22。

[矫正结束]：社矫对象自入矫结束的日期，日期格式为：- 年 - 月 - 日，如：2012-10-22。

[主要罪名]: 社矫对象的犯罪类型,具体犯罪名称如偷窃、抢劫、故意伤人罪等。

[年度积极分子信息] 包括评审年度、呈报等级、评选时间、附件、备注等。

[评审年度]: 社矫对象参加评选年度积极分子的具体年份,格式为:-年,如:2010。

[呈报等级]: 呈报的年度积极分子等级。

[评选时间]: 社矫对象参加评选年度积极分子的时间,时间格式为:-年-月-日,如:2012-10-22。

[附件]: 若有附件,点击下载附件按钮,会自动弹出对应的新页面。

[备注]: 针对年度积极分子的详细内容增加注释说明,帮助记录。如:社矫对象在参加考核期间,加分或减分注明其具体原因。

[修改]: 修改社区矫正对象的信息和年度积极分子的信息,修改列表的信息与详细列表的信息一致,此处不作详细解释,请参照详细列表即可。

[删除]: 删除本条记录,删除记录后不可恢复,记录将不可恢复。

4. 行政奖惩

行政奖惩是指社矫工作人员对社矫对象奖励与惩罚,对于社区服刑罪犯确有悔改表现的,根据日常考核评比结果,区县司法局给予综合奖励,包括给予社区矫正表扬、社区矫正积极分子。对于社区服刑罪犯表现恶劣的,给予惩罚处理,如图 6-61 所示。

图 6-61 行政奖惩界面

[社区矫正人员]: 输入社矫对象的名字。

[起始时间]: 输入需要查询的开始和结束时间,时间格式为:-年-月-日,如:2012-10-22。

[查询]: 输入社区矫正对象的姓名或者编号,点击进行查询,以列表的形式展现要查询的社矫对象的姓名、奖惩类型、记录时间和操作。

[新增]: 点击新增,进入新增页面,按要求填入相关数据,如图 6-62 所示。

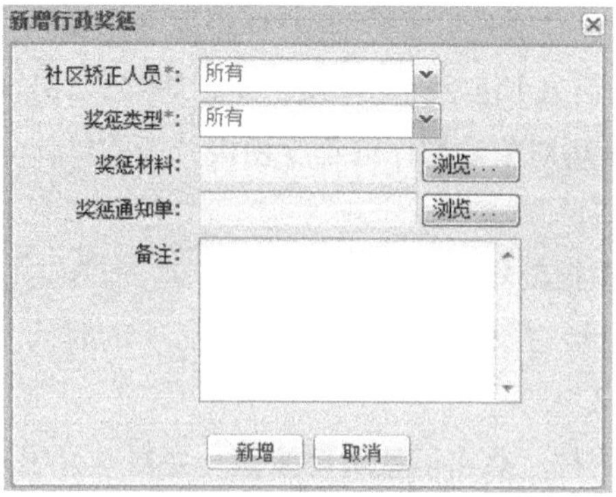

社区矫正信息化

图 6-62 新增行政奖惩信息

[社区矫正人员]：下拉列表框，选择已经评审过的社矫对象。

[奖惩类型]：下拉列表框，选择列表中社矫对象接受奖励和惩罚对应的类型。

[奖惩材料]：若有附件，点击下载浏览按钮，会自动弹出对应的新页面。

[奖惩通知单]：若有附件，点击下载浏览按钮，会自动弹出对应的新页面。

[备注]：针对行政奖罚的详细内容增加注释说明，帮助记录。

[详细]：点击详细，显示如图 6-63 所示。

图 6-63 行政奖惩详细信息

[社区矫正人员信息]包括姓名、性别、编号、原判刑开始、原判刑结束、刑罚执行类别、矫正开始、矫正结束、主要罪名等。

[姓名]：社区矫正对象的姓名。

[性别]：社区矫正对象的性别。

[编号]：社区矫正对象入矫时所产生的号码，作为识别社矫对象的一个方法。

[原判刑开始]：对社矫对象原判刑期执行开始的日期，日期格式为：-年-月-日，如：-2012-10-22。

[原判刑结束]：对社矫对象原判刑期执行结束的日期，日期格式为：-年-月-日，如：-2012-11-22。

[刑罚执行类别]：对社矫对象实施的刑罚种类，如：缓刑、管制、拘役、有期徒刑和无期徒刑。

[矫正开始]：社矫对象自入矫开始的日期，日期格式为：-年-月-日，如：-2012-10-22。

[矫正结束]：社矫对象自入矫结束的日期，日期格式为：-年-月-日，如：-2012-10-22。

[主要罪名]：社矫对象的犯罪类型，具体犯罪名称如偷窃、抢劫、故意伤人罪、交通肇事等。

[加扣分信息]包括奖惩类型、奖惩材料、奖惩通知书、备注等。

[奖惩类型]：社矫对象在矫正期间考核积分达到的分值。

[奖惩材料]：若有附件，直接点击下载，会自动弹出对应的新页面。

[奖惩通知书]：若有附件，直接点击下载，会自动弹出对应的新页面。

[备注]：针对行政奖罚的详细内容增加注释说明，帮助记录。

[修改]：点击修改，得到结果列表如图6-64所示，修改列表的信息与详细列表的信息一致，此处不作详细解释，请参照详细列表即可。

[删除]：点击具体记录的删除按钮，确认后删除记录，记录将不可恢复。

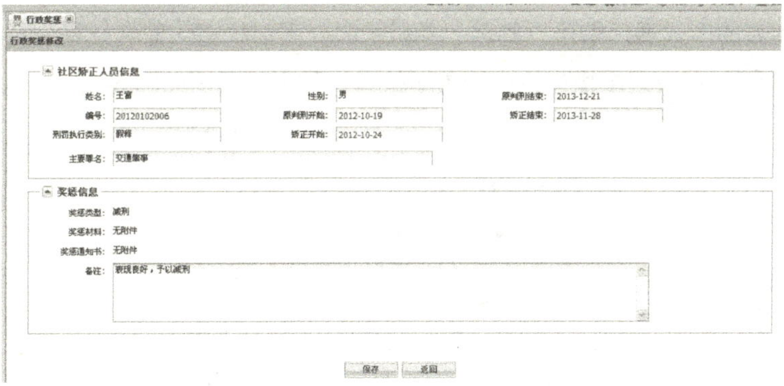

图6-64 行政奖惩记录修改

6.3.6 矫正状态变更

矫正状态变更是指社矫对象矫正状态的改变，包括正常解矫、下落不明、死亡、重新收监等几种状态，社矫对象的状态改变后均不再属于正常的矫正管理，均视为矫正终止，如图 6-65 所示。

[编号]：社矫对象的编号。

图 6-65 矫正状态变更界面

[姓名]：社矫对象的姓名。

[矫正状态]：社矫对象的当前状态，包括矫正中、正常解矫、重新犯罪、下落不明、脱管或漏管、监外执行、其他、死亡、已接收未入矫 9 种状态。

[查询]：可以根据编号、姓名以及矫正状态查询符合相应条件的社矫对象信息，结果以列表的形式展示编号、姓名、手机号码、当前状态、罪名及操作。

[更新]：点击记录操作栏中的更新按钮，弹出对话框如图 6-66 所示。

图 6-66 矫正对象状态变更

第 6 章　社区矫正信息系统应用实例

[变更日期]：变更状态的时间。

[变更状态]：社矫对象新状态，有矫正中、正常解矫、重新犯罪、下落不明、脱管或漏管、监外执行、其他、死亡、已接收未入矫 9 种状态。

[主要情况]：改变该社矫对象状态的原因以及主要的事实依据。

[采取措施]：对于社矫对象变更状态的结果，司法所或相关机关所做的相应的处理措施。

[备注]：司法所或相关机关应该填入的其他内容或建议。

[修改]：保存输入的信息。

[取消]：返回矫正状态变更列表页面。

[详细]：点击记录操作栏中的详细按钮，弹出社矫对象详细列表，如图 6-67 所示。

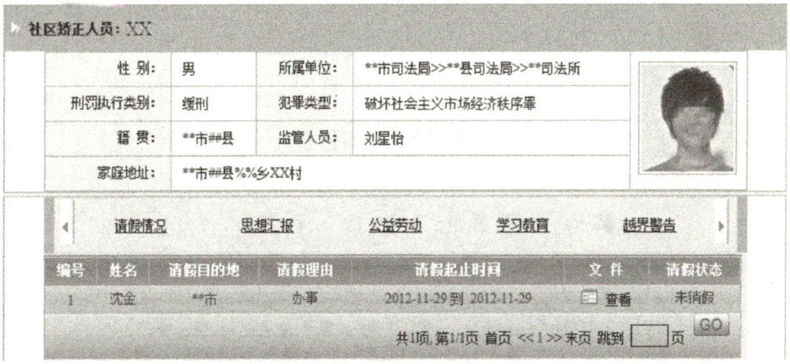

图 6-67 社矫对象详细列表

除了社矫对象基础信息和照片，中间滑动栏可以选择查看矫正期间的各种情况，如请假情况、思想情况、公益劳动、学习教育、越界警告、日常报到、其他加扣分、月度考核统计、月/季度小结，点击后出现相应情况的记录并显示在对话框下方。

[解矫宣告书]：社矫对象正常解矫时，由司法所管理人员填写鉴定意见并加盖司法所公章后出具的的宣告书，宣告此社矫对象正式解矫。点击记录操作栏中的解矫宣告书按钮，弹出对话框，提供填写资料和打印，图 6-68 所示。

[解矫证明书]：社矫对象正常解矫时，由司法所管理人员填写鉴定意见并加盖司法所公章后出具的证明书，证明该社矫对象正式解矫。点击记录操作栏中的解矫证明书按钮，弹出对话框，可以填写资料和打印，如图 6-69 所示。

[解矫通知书]：社矫对象正常解矫时，由司法所社区矫正工作人员填写鉴定意见并加盖司法所公章后出具通知书，通知其他司法相关部门关于此社矫对象解

解除社区矫正宣告书

社区矫正人员 <u>沈金</u> ：

根据《中华人民共和国刑法》、《中华人民共和国刑事诉讼法》及《社区矫正实施办法》之规定，依据人民法院（公安局、监狱管理局）<u>（2012）XXXX号</u>判决书（裁定书、决定书），在 <u>缓刑</u> 期间，对你依法实行社区矫正。矫正期限自 <u>2012年10月09日</u> 起至 <u>2013年10月08日</u> 止。现矫正期满，依法解除社区矫正。

现向你宣告以下事项：

1、对你接受社区矫正期间表现的鉴定意见：＿＿＿＿＿＿＿＿＿＿＿＿＿＿＿
＿＿＿＿＿＿＿＿＿＿＿＿＿＿＿＿＿＿＿＿＿＿＿＿＿＿＿＿＿＿＿＿＿＿＿

2、管制期满，依法解除管制（缓刑考验期满，原判刑罚不再执行；假释考验期满，原判刑罚执行完毕）。

（公章）

＿＿＿＿年＿＿＿月＿＿＿日

社区矫正人员签字：

图 6-68 解矫宣告书

解除社区矫正证明书（存根）

（　）　　　　　字　　　号

社区矫正人员 <u>沈金</u>，居住地 <u>**市##县%%乡XX村</u>，户籍地 <u>**市##县</u>，身份证号码 <u>3307221984********</u>，因犯 <u>非法经营罪</u> 于 <u>2012年09月18日</u> 被 <u>**法院</u> 判处 <u>3</u>，依据 <u>**法院</u> <u>（2012）XXXX号</u>判决书（裁定书、决定书），<u>缓刑</u> 期间，被依法实行社区矫正。于 <u>2013年10月08日</u> 矫正期满，依法解除社区矫正。

（公章）

＿＿＿年＿＿月＿＿日

解除社区矫正证明书

（　）　　　　　字　　　号

社区矫正人员 <u>沈金</u>，居住地 <u>**市##县%%乡XX村</u>，户籍地 <u>**市##县</u>，身份证号码 <u>3307221984********</u>，因犯 <u>非法经营罪</u> 于 <u>2012年09月18日</u> 被 <u>**法院</u> 判处 <u>3</u>，依据 <u>**法院</u> <u>（2012）XXXX号</u>判决书（裁定书、决定书），<u>缓刑</u> 期间，被依法实行社区矫正。于 <u>2013年10月08日</u> 矫正期满，依法解除社区矫正。

特此证明。

＿＿＿年＿＿月＿＿日

图 6-69 解矫证明书

矫情况。点击记录操作栏中的解矫通知书按钮,弹出对话框,可以填写资料和打印,如图 6-70 所示。

[其他报表]:除了解矫宣告书、证明书、通知书之外的其他相关报表。点击记录操作栏中的其他报表按钮,弹出对话框,提供社矫对象的各种表格的导出和打印服务,如图 6-71 所示。

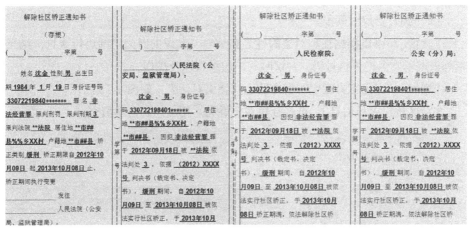

图 6-70 解矫证明书

图 6-71 其他报表

1. 期满合议表处理

期满合议表是在社矫对象解矫日期临近的时候,矫正工作人员(如监督考察小组)举行关于该社矫对象是否能正常解矫的会议后而填写的报表。点击功能菜单栏中的期满合议表,显示如图 6-72 所示。

[姓名 (编号)]:社矫对象的姓名(可以进行模糊查询)或编号。

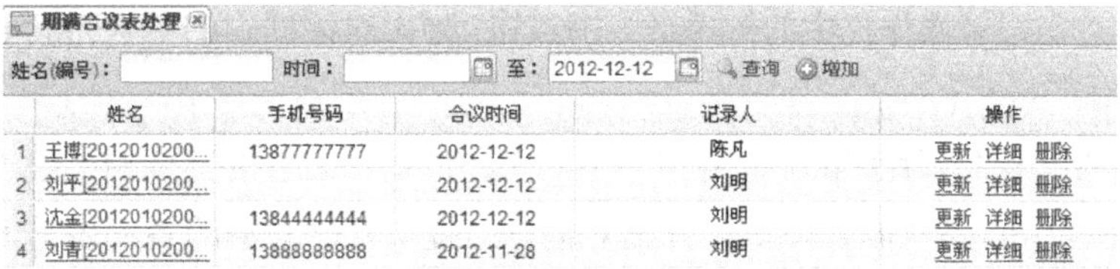

	姓名	手机号码	合议时间	记录人	操作
1	王博[2012010200...	13877777777	2012-12-12	陈凡	更新 详细 删除
2	刘平[2012010200...		2012-12-12	刘明	更新 详细 删除
3	沈金[2012010200...	13844444444	2012-12-12	刘明	更新 详细 删除
4	刘青[2012010200...	13888888888	2012-11-28	刘明	更新 详细 删除

图 6-72 期满合议表

[时间]：合议时间段。

[查询]：可以根据社矫对象的姓名和编号、合议的时间范围进行查询，结果以列表展示姓名、手机号码、合议时间、记录人以及操作。

[增加]：点击工具栏中的增加按钮，弹出对话框，如图 6-73 所示。

[社区矫正人员信息]：选择社矫对象姓名后相应内容自动填充。

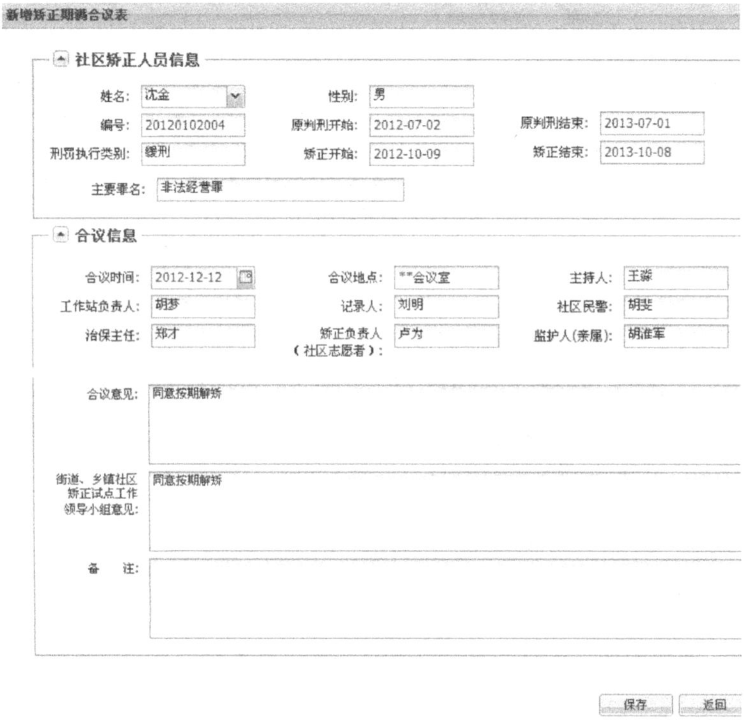

图 6-73 新增矫正期满合议表

[合议时间]：合议举行的时间。

[合议地点]：合议举行的地方。

[主持人]：合议的主持人。

[工作站负责人]：监督考察小组中负责该社矫对象的工作站负责人。

第 6 章　社区矫正信息系统应用实例

[记录人]：合议中负责记录的人。

[社区民警]：监督考察小组中负责该社矫对象的社区民警。

[治保主任]：监督考察小组中负责该社矫对象的治保主任。

[矫正负责人]：监督考察小组中负责该社矫对象的社区志愿者。

[监护人]：监督考察小组中负责该社矫对象的监护人或亲属。

[合议意见]：合议之后大家得出的共同的结论。

[备注]：司法所或相关机关应该填入的其他内容或建议。

[保存]：保存所填写的内容，并在期满合议列表中显示。

[返回]：返回到期满合议列表。

[更新]：点击记录操作栏中的更新按钮，弹出对话框，可以对信息进行修改，如图 6-74 所示。

[社区矫正人员信息]：社矫对象的基本信息。

[合议时间]：合议举行的时间。

[合议地点]：合议举行的地方。

图 6-74 矫正期满合议表修改

[主持人]：合议的主持人。

[工作站负责人]：监督考察小组中负责该社矫对象的工作站负责人。

[记录人]：合议中负责记录的人。

[社区民警]：监督考察小组中负责该社矫对象的社区民警。

[治保主任]：监督考察小组中负责该社矫对象的治保主任。

[矫正负责人]：监督考察小组中负责该社矫对象的社区志愿者。

[监护人]：监督考察小组中负责该社矫对象的监护人或亲属。

[合议意见]：合议之后大家得出的共同的结论。

[备注]：司法所或相关机关应该填入的其他内容或建议。

[保存]：保存所填写的内容。

[返回]：返回到期满合议列表。

[详细]：点击记录操作栏中的详细按钮，弹出详细对话框，如图 6-75 所示。

图 6-75 矫正期满合议表详细

第6章 社区矫正信息系统应用实例

[社区矫正人员信息]：社矫对象的基本信息。

[合议时间]：合议举行的时间。

[合议地点]：合议举行的地方。

[主持人]：合议的主持人。

[工作站负责人]：监督考察小组中负责该社矫对象的工作站负责人。

[记录人]：合议中负责记录的人。

[社区民警]：监督考察小组中负责该社矫对象的社区民警。

[治保主任]：监督考察小组中负责该社矫对象的治保主任。

[矫正负责人]：监督考察小组中负责该社矫对象的社区志愿者。

[监护人]：监督考察小组中负责该社矫对象的监护人或亲属。

[合议意见]：合议之后大家得出的共同的结论。

[备注]：司法所或相关机关应该填入的其他内容或建议。

[返回]：返回到期满合议列表。

[打印《社区矫正对象期满合议表》]：点击对话框下方的打印按钮，弹出合议表提供打印，如图 6-76 所示。

社区矫正人员矫正期满合议表

姓名	性别	罪名	刑罚类别	原判刑期	
沈金	男	非法经营罪	缓刑	自 2012年07月02日 起	
				至 2013年07月01日 止	
合议时间	合议地点	主持人	记录人	社区矫正期限	
2012年12月12日	**会议室	王淼	刘明	自 2012年10月09日 起	
				至 2013年10月08日 止	
合议参加人签名	工作站负责人	社区民警	治保主任	矫正负责人（社区志愿者）	监护人（亲属）
	胡梦	胡斐	郑才	卢为	胡淮军
合议意见	可以按期解矫				
街道、乡镇社区矫正试点工作领导小组意见	可以按期解矫 （公章） 负责人签字： 年 月 日				
备注					

注：此表存入社区服刑人员个人档案。

图 6-76 社区矫正对象期满合议表

[删除]：点击记录操作栏中的删除按钮，弹出图 6-77 所示提示对话框。

图 6-77 删除记录操作

2. 期满鉴定表处理

期满鉴定表是在社矫对象的解矫日期快到时，矫正工作人员对该社矫对象是否能正常解矫进行鉴定而填写的报表。

点击功能菜单栏中的期满鉴定表，显示如图 6-78 所示列表。

图 6-78 期满鉴定表

[姓名(编号)]：社矫对象的姓名（可以进行模糊查询）或编号。

[开始时间,结束时间]：记录添加的时间。

[查询]：根据社矫对象的姓名(可以模糊查询)或编号和时间进行查询，结果以列表的形式展现姓名，记录时间以及操作。

[姓名]：社矫对象的姓名。

[记录时间]：添加期满鉴定表的时间。

[新增]：点击工具栏中的新增按钮弹出新增对话框，如图 6-79 所示。

[社区矫正人员]：可以手工输入，也可以根据下拉框选择社矫对象。

[司法所意见]：社矫对象所属的司法所的意见。

[公安派出所意见]：当地公安派出所的意见。

图 6-79 新增期满鉴定表

第6章 社区矫正信息系统应用实例

[街道试点工作领导小组意见]：社矫对象所在社区街道的工作小组意见。

[县司法局意见]：社矫对象所在县司法局的意见。

[县公安局意见]：社矫对象所在县公安局的意见。

[自我小结]：社矫对象在矫正期间对自己做出的总结。

[备注]：司法所或相关机关应该填入的其他内容或建议。

[保存]：点击保存所有输入的信息，并返回期满鉴定列表。

[关闭]：点击关闭当前新增窗口，返回期满鉴定列表。

[详细]：点击记录操作栏中的详细按钮，跳转到详细页面，如图 6-80 所示。

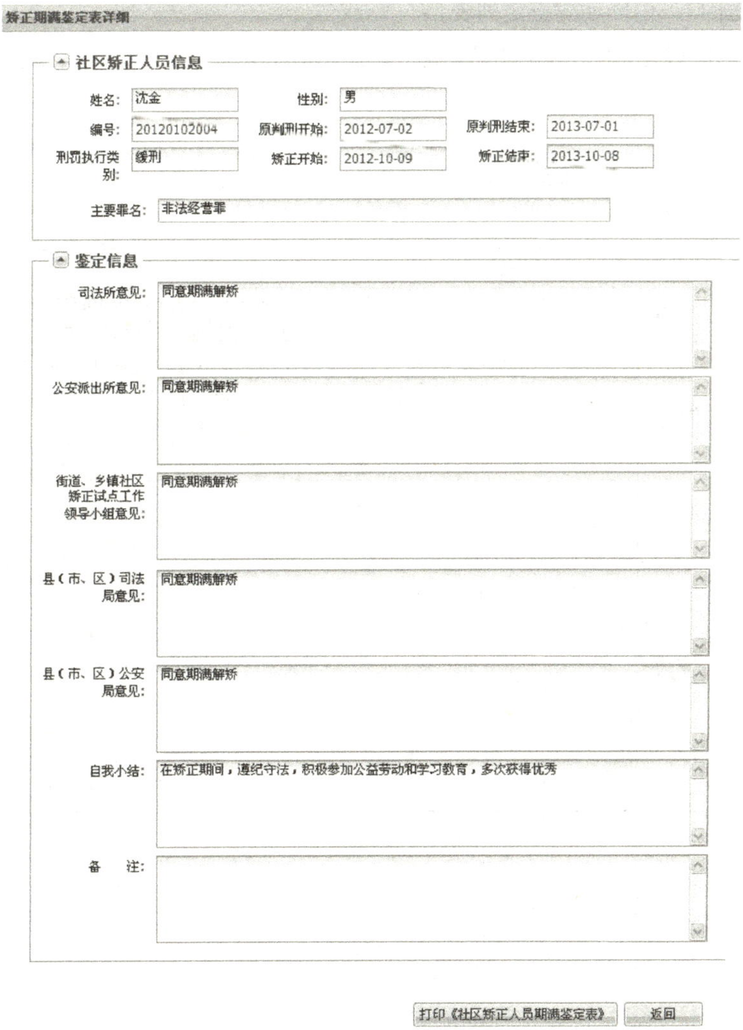

图 6-80 期满鉴定表详细信息

社区矫正信息化

[社区矫正人员信息]：社矫对象的基本信息。

[司法所意见]：社矫对象所属的司法所的意见。

[公安派出所意见]：当地公安派出所的意见。

[街道试点工作领导小组意见]：社矫对象所在社区街道的工作小组意见。

[县司法局意见]：社矫对象所在县司法局的意见。

[县公安局意见]：社矫对象所在县公安局的意见。

[自我小结]：社矫对象在矫正期间对自己做出的总结。

[备注]：司法所或相关机关应该填入的其他内容或建议。

[返回]：返回期满鉴定列表。

[打印《社区矫正对象期满鉴定表》]：点击打印按钮，弹出打印鉴定表页面，如图 6-81 所示。

姓名	沈金	性别	男	出生年月	1984年1月19日
居住地	**市##县%%乡XX村	户籍地	**市		
罪名	非法经营罪	原判刑期	3		
矫正类别	缓刑	矫正期限	起止日	自2012年10月09日 至2013年10月08日	
禁止令内容		禁止期限 起止	自 年 月 日 至 年 月 日		
司法所鉴定意见及安置帮教建议				（签名、盖章） 年 月 日	
备注					

图 6-81 打印社区矫正对象期满鉴定表

第 6 章　社区矫正信息系统应用实例

[修改]：点击记录操作栏中的修改按钮，跳转到修改页面，如图 6-82 所示。

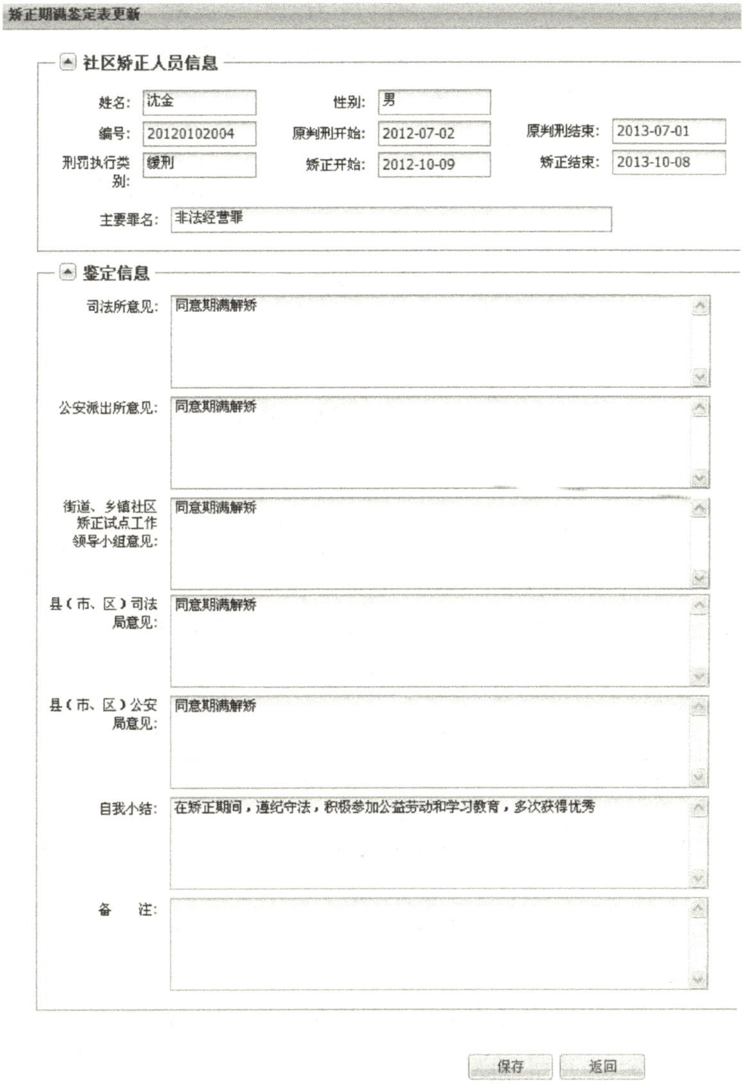

图 6-82 修改社区矫正对象期满鉴定表

[社区矫正人员信息]：社矫对象的基本信息。

[司法所意见]：社矫对象所属的司法所的意见。

[公安派出所意见]：当地公安派出所的意见。

[街道试点工作领导小组意见]：社矫对象所在社区街道的工作小组意见。

[县司法局意见]：社矫对象所在县司法局的意见。

[县公安局意见]：社矫对象所在县公安局的意见。
[自我小结]：社矫对象在矫正期间对自己做出的总结。
[备注]：司法所或相关机关应该填入的其他内容或建议。
[保存]：点击保存所修改的信息。
[返回]：点击返回期满鉴定列表。
[删除]：点击记录操作栏中的删除按钮，弹出图6-83所示提示对话框。

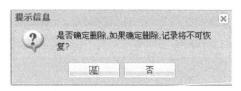

图6-83 删除记录操作2

3. 异常情况登记

社矫对象在矫正期间出现异常情况(逃脱或下落不明或死亡)，矫正工作人员对此情况进行登记的记录。

点击功能菜单的异常情况登记，跳转页面，如图6-84所示。

图6-84 异常情况登记

[姓名(编号)]：社矫对象的姓名（可以进行模糊查询）或编号。
[开始时间，结束时间]：登记记录的时间段。
[查询]：可以根据社矫对象的姓名或编号以及时间段进行查询，结果以列表的形式展现姓名，上传时间以及操作。
[姓名]：社矫对象的名字。
[上传时间]：添加异常情况记录的时间。
[新增]：点击工具栏中的新增按钮，跳转新增页面，如图6-85所示。
[社区矫正人员信息]：社矫对象的基本信息，选择姓名后，其他信息自动填充。
[逃脱或下落不明或死亡时间]：社矫对象逃脱或下落不明或死亡的时间。
[逃脱或下落不明或死亡原因]：社矫对象逃脱或下落不明或死亡的具体原因。

第6章 社区矫正信息系统应用实例

图 6-85 新增异常情况登记

[采取的措施和处理的结果]：司法所或相关机构对于社矫对象的逃脱或下落不明或死亡所做的处理。

[保存]：点击保存信息，并在记录列表中显示。

[返回]：点击返回异常情况记录列表。

点击打印《社区矫正对象脱逃、下落不明及死亡情况登记表》，弹出登记表页面提供打印，如图 6-86 所示。

[删除]：点击记录操作栏中的删除按钮，弹出图 6-87 所示提示对话框。

社区矫正信息化

姓名	沈金	曾用名		性别	男	身份证号	3307221984********	
民族	汉	出生日期	1984.1.19	文化程度	初中	婚姻状况	已婚	
职业			原政治面貌		群众			
籍贯	**市	户籍所在地	**市##县					
现居住地	**市##县%%乡XX村							
原判罪名	非法经营罪	刑期	3	刑期起止时间	自 2012年07月02日 起			
					至 2013年07月01日 止			
附加刑		刑期变动						
社区矫正期限	自 2012年10月09日 起			刑罚执行类别	缓刑			
	至 2013年10月08日 止							
脱逃或下落不明或死亡时间	2013-01-25							
脱逃或下落不明或死亡原因	矫正期间心脏病突然，抢救无效后死亡							
采取何种措施及处理结果						年 月 日 (签名、盖章)		

注：此表存入社区矫正人员个人档案。

图 6-86 社区矫正对象脱逃、下落不明及死亡情况登记表

图 6-87 删除记录操作 3

4. 矫正终止到期警示

矫正终止到期警示显示矫正即将到期的社矫对象的有关信息，方便矫正工作人员知道哪些社矫对象即将期满并进行解矫操作。

点击功能菜单的矫正终止到期警示，跳转页面，如图 6-88 所示。

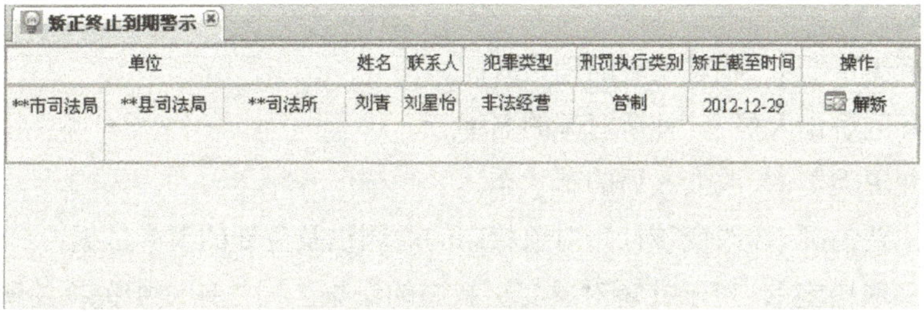

单位			姓名	联系人	犯罪类型	刑罚执行类别	矫正截至时间	操作
**市司法局	**县司法局	**司法所	刘害	刘星怡	非法经营	管制	2012-12-29	解矫

图 6-88 矫正终止到期警示

[单位]：社矫对象所在的司法行政机构（从登录账号所属的司法行政机构开始显示）。

[姓名]：社矫对象的姓名。

[联系人]：社矫对象所在司法所的联系人名字。

[犯罪类型]：社矫对象所犯的罪行，包括危害国家安全罪，危害公共安全罪，破坏社会主义市场经济秩序罪，侵犯公民人身权利、民主权利罪，侵犯财产罪，妨害社会管理秩序罪，贪污受贿罪，渎职罪，其他。

[刑罚执行类别]：包括管制、缓刑、假释、暂予监外执行、剥夺政治权利。

[矫正截止时间]：社矫对象矫正期满的时间。

[解矫]：点击解矫按钮，跳转到矫正状态变更页面。

5. 矫正状态变更记录

矫正状态变更记录就是社矫对象状态改变的操作历史记录，便于查看在某时间段内哪些社矫对象的状态被改变过。

点击功能菜单的矫正状态变更记录，跳转页面，如图 6-89 所示。

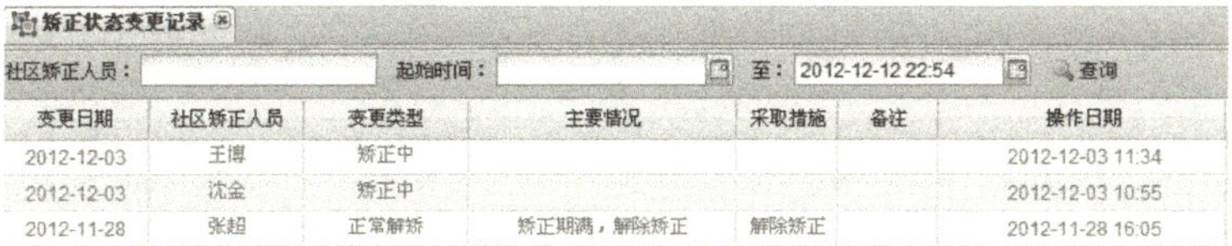

变更日期	社区矫正人员	变更类型	主要情况	采取措施	备注	操作日期
2012-12-03	王博	矫正中				2012-12-03 11:34
2012-12-03	沈金	矫正中				2012-12-03 10:55
2012-11-28	张超	正常解矫	矫正期满，解除矫正	解除矫正		2012-11-28 16:05

图 6-89 矫正状态变更记录

[社区矫正人员]：社矫对象的名字。

[起始时间]：记录的操作时间段。

[查询]：可以根据社矫对象的名字和起始时间段进行查询，结果以列表的形式展现变更日期、社区矫正对象、变更类型、主要情况、采取措施、备注以及操作日期。

[变更日期]：状态变更的理论时间。

[社区矫正人员]：社矫对象的名字。

[变更类型]：改变之后的新状态。

[主要情况]：改变该社矫对象状态的原因以及主要的事实依据。

[采取措施]：对于社矫对象变更状态的结果，司法所或相关机关所做的相应的处理措施。

[备注]：司法所或相关机关应该填入的其他内容或建议。

[操作日期]：状态变更的实际操作时间。

6.3.7 对象短信群发

1. 社矫对象短信下发

短信群发可以按照各种条件来确定接收对象，这里的接收对象为社矫对象。选中收件对象里的"按部门发送"选项，如图6-90所示。

[按对象发送]：选中收件对象里的"按对象发送"选项，如图6-91所示。

[按对象类型发送]：选中收件对象里的"按对象类型发送"选项，如图6-92所示。

[按矫正状态发送]：选中收件对象里的"按矫正状态发送"选项，如图6-93所示。

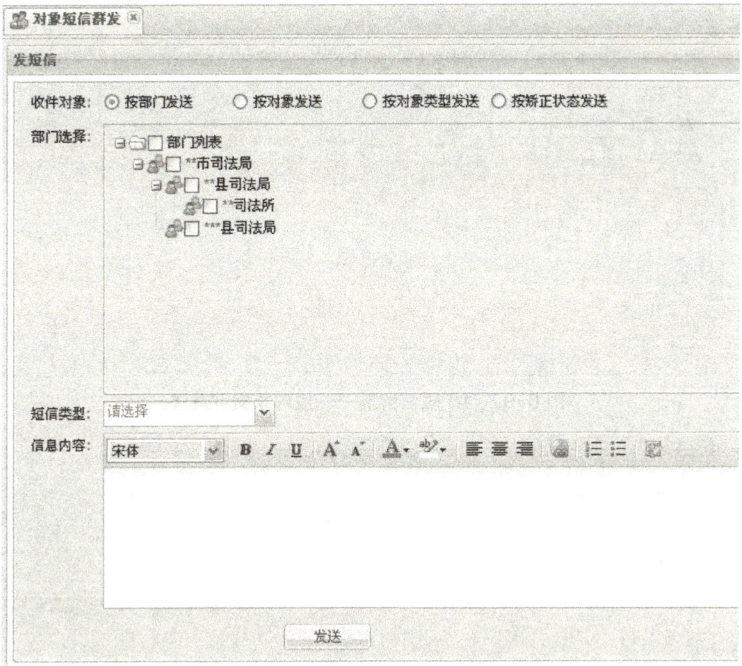

图 6-90 对象短信群发——按部门发送

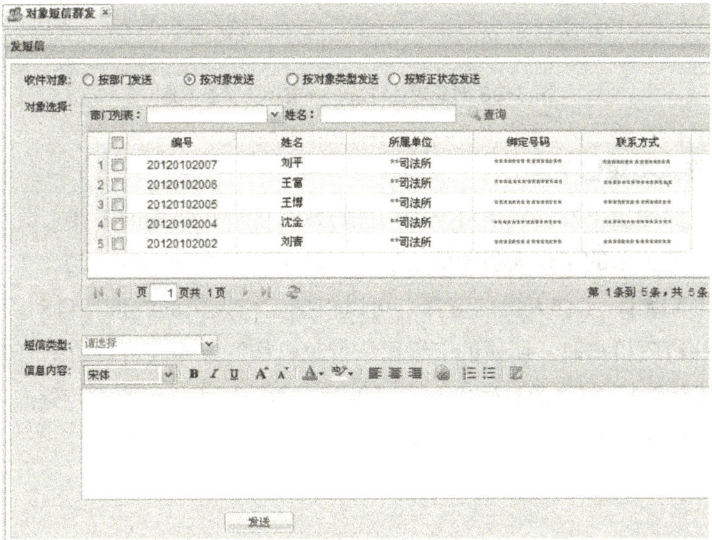

图 6-91 对象短信群发——按对象发送

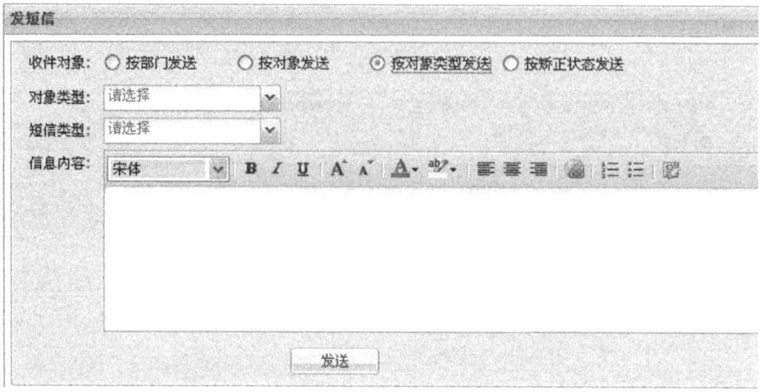

图 6-92 对象短信群发——按对象类型发送

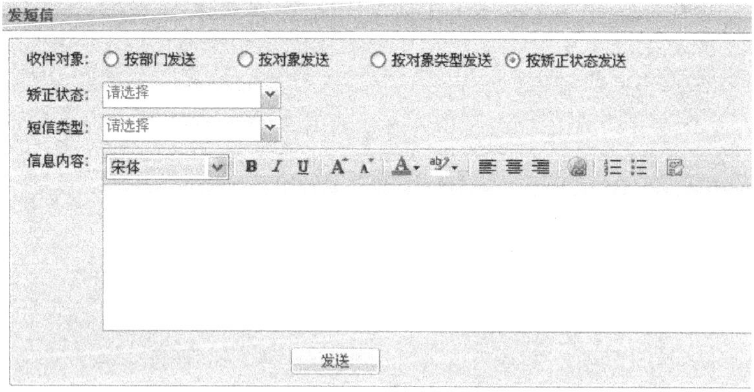

图 6-93 对象短信群发——按矫正状态发送

2. 工作人员短信下发

工作人员短信下发的发送对象为司法行政社区矫正机构的工作人员。

点击功能菜单的工作人员短信下发，跳转页面，如图 6-94 所示。

[对象选择]：工作人员的选择，可以根据工作人员的姓进行自动筛选。当选择上级司法行政机构时，所属的下级司法行政机构的工作人员自动全部选中。

[信息内容]：短信的具体内容，可以对字体和格式的排版进行修改。

[提交]：点击提交按钮，短信发送。

第 6 章　社区矫正信息系统应用实例

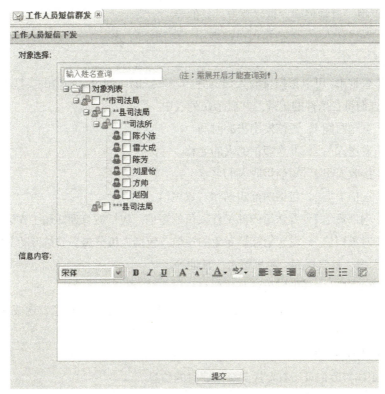

图 6-94 工作人员短信下发

3. 记录查询

记录查询提供所有短信下发的记录查询。

点击功能菜单的记录查询，跳转页面，如图 6-95 所示。

[姓名]：短信接收人员的姓名。

[时间]：短信发送的时间段。

[短信类型]：包括内部短信和对象短信。

[内部短信]：发送给内部工作人员的短信，包括教育通知和工作通知。

[对象短信]：发送给社矫对象的短信，包括人机分离、公益劳动、集中学习、

图 6-95 短信下发记录查询

· 171 ·

思想汇报、日常报到、越界警告、其他等。

[发送状态]：短信是否已经发出，包括短信发送中、短信发送成功、短信发送失败。

[查询]：可以根据接收人员的姓名、发送的时间段、短信的类型以及发送状态来查询符合条件的记录，并显示在列表中。

[发送时间]：短信发出去的时间。

[发送人员]：发送短信的人的名称。

[接收人员]：短信接收人的名字。

[短信类型]：包括内部短信和对象短信。

[内部短信]：发送给内部工作人员的短信，包括教育通知和工作通知。

[对象短信]：发送给社矫对象的短信，包括人机分离、公益劳动、集中学习、思想汇报、日常报到、越界警告、其他等。

[内容]：发送的短信的具体信息。

[发送状态]：短信是否已经发出，包括短信发送中、短信发送成功、短信发送失败。

4. 短信接收

短信接收记录所有发送到登录账号的信息。

点击功能菜单的短信接收，跳转页面，如图 6-96 所示。

	接收时间	发送人员	所属司法所	内容
1	2012-10-23 09:28	王博	**司法所	一定准时报到
2	2012-10-23 09:28	沈金	**司法所	好的
3	2012-10-23 09:28	刘青	**司法所	短信已收到

图 6-96 短信接收

[姓名]：发送短信的人的姓名。

[所属司法所]：发送短信的人所在的司法所。

[查询]：可以根据发送人员的姓名、发送人员所属单位进行查询，结果显示在列表中。

[接收时间]：短信收到的时间。

[发送人员]：列表显示发送短信的人的名称。

[所属司法所]：列表显示发送短信的人所在的司法所。

[内容]：短信的具体内容。

6.4 统计分析

6.4.1 社区矫正对象地区统计

社区矫正对象地区是按照下属不同地区司法局或司法所中矫正中人数、已接受未入矫、解矫等社矫对象的分项统计和合计统计，如图 6-97 所示。

[单位名称]：下属司法局或司法所。

[矫正中人数]：当前正处于矫正管理中的社矫对象数量统计。

[解矫人数]：历史上所有解矫的社矫对象数量统计。

[已接受未入矫人数]：当前已接受但未办理首次入矫的社矫对象数量统计。

[其他人数]：重新犯罪、下落不明、脱管、漏管、监外执行、死亡等状态的社矫对象数量统计。

[全部人数]：以上描述的四种社矫对象数量统计。

单位名称	矫正中人数	解矫人数	已接受未入矫人数	其他人数	全部人数
**县司法局	4451	250	2	0	4703
***县司法局	4012	340	0	0	4352
合计	8463	590	2	0	9055

其他人数包括：重新犯罪，下落不明，脱管，漏管，监外执行，死亡的人数

图 6-97 社区矫正对象地区统计

6.4.2 社区矫正对象层级统计

社区矫正对象层级统计是统计下属不同司法局或司法所的包括刑罚执行类别、年龄、性别、户口类型和犯罪类型这五种类型的分项统计，如图 6-98 所示。

[所属单位]：选择要查看的某个司法局或司法所。

[查询]：选择司法局或者司法所，点击查询刑罚执行类别、年龄段、性别、户口类型和犯罪类型的分类统计。

· 刑罚执行类别分为管制、缓刑、假释、暂予监外执行、剥夺政治权利。

· 年龄段分为 18 岁以下、18 以上 ~45 以下、45 以上 ~60 以下、大于 60 岁。

· 性别分为男、女。

· 户口类型分为城镇户口、农村户口、待定。

· 犯罪类型分为危害国家安全罪、危害公共安全罪、破坏社会主义市场经济秩序罪、侵犯公民人身权利民主权利罪、侵犯财产罪、妨害社会管理秩序罪、贪污受贿罪、渎职罪、其他。

社区矫正信息化

图 6-98 社区矫正对象层级统计

6.4.3 社区矫正对象动态统计

社区矫正对象动态统计是统计下属不同司法局或司法所现有社区矫正对象、查询时间区域内接收社区矫正对象、查询时间区域内正常解矫和查询时间区域内非正常解矫的社矫对象数量，如图 6-99 所示。

[开始时间]：选择需查询的开始日期。

图 6-99 社区矫正对象动态统计

第 6 章 社区矫正信息系统应用实例

[结束时间]：选择需查询的结束日期。

[查询]：输入起止时间，查询下属不同司法局或司法所现有社区矫正对象、查询区间接收社区矫正对象、查询区间正常解矫和查询区间非正常解矫的数量。

6.4.4 社区矫正对象越界统计

社区矫正对象越界统计是下属不同司法局或司法所社矫对象未请假而离开电子围墙设定的区域的次数，如图 6-100 所示。

[所属单位]：选择司法局或者司法所。

[开始时间]：选择需查询的开始日期。

[结束时间]：选择需查询的结束日期。

[查询]：输入所属单位和起止时间，查询下属司法局或司法所所有社矫对象越界的次数。

图 6-100 社区矫正对象越界统计

6.4.5 告警短信统计

短信统计是本系统向在矫正管理期间下属司法局或司法所所有社矫对象发送越界警告、学习教育、日常汇报、思想汇报、公益劳动和人机分离的短信的次数，如图 6-101 所示。

[所属单位]：选择司法局或者司法所。

[开始时间]：选择需查询的开始日期。

[结束时间]：选择需查询的结束日期。

[查询]：输入所属单位和起止时间，查询下属司法局或司法所所有社矫对象的越界警告、学习教育、日常汇报、思想汇报、公益劳动和人机分离的次数。

图 6-101 社区矫正对象告警短信统计

6.4.6 定位情况统计

定位情况统计是统计司法局或下属司法局、司法所当天所有社矫对象的终端总数、发起定位终端总数、成功、关机、通信错误、未注册、欠费、超时和其他的数量，如图6-102所示。

[所属单位]：选择司法局或者司法所。

[查询]：输入所属单位，查询司法局或下属司法局、司法所所有社矫对象的终端总数、发起定位终端总数、成功、关机、通信错误、未注册、欠费、超时和其他的数量。

图 6-102 社区矫正人员定位情况统计

6.4.7 相关工作统计

社区矫正对象相关工作统计是统计下属司法局、司法所所有社矫对象学习教育、日常报到、公益劳动、心理矫正和个别谈话的次数，如图6-103所示。

[所属单位]：选择司法局或者司法所。

[查询开始时间]：选择需查询的开始日期。

[查询结束时间]：选择需查询的结束日期。

[查询]：输入所属单位和起止时间，查询下属司法局或司法所所有社矫对象学习教育、日常报到、公益劳动、心理矫正和个别谈话等次数。

图 6-103 社区矫正对象相关工作统计

6.4.8 志愿者花名册

志愿者花名册是记录所有基层司法所里社矫志愿者的详细信息，包括志愿者的姓名、联系电话、所属单位和学历，如图6-104所示。

[姓名]：输入志愿者的姓名。

[所属单位]：选择志愿者参加的司法局或司法所、选择某个司法局或司法所。

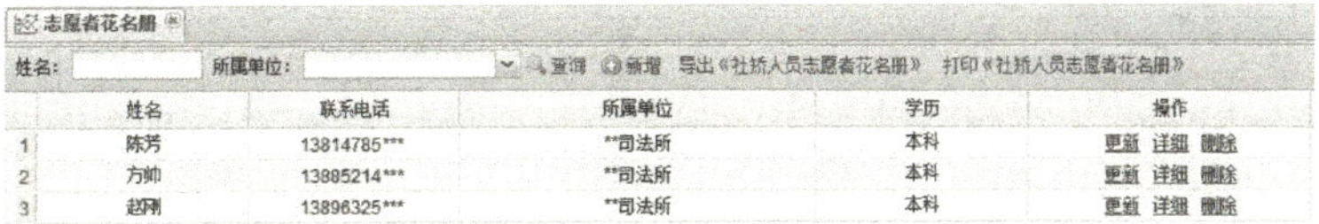

第 6 章　社区矫正信息系统应用实例

图 6-104 社区矫正对象相关工作统计

[查询]：输入志愿者的姓名和选择某个司法所，点击进行查询，以列表的形式展现志愿者的姓名、联系电话、所属单位、学历和操作。

[导出《社矫人员志愿者花名册》]：将花名册生成 EXCEL 表格。

[打印《社矫人员志愿者花名册》]：连接打印机，可以打印花名册。

[增加]：点击新增，弹出志愿者新增对话框，如图 6-105 所示。

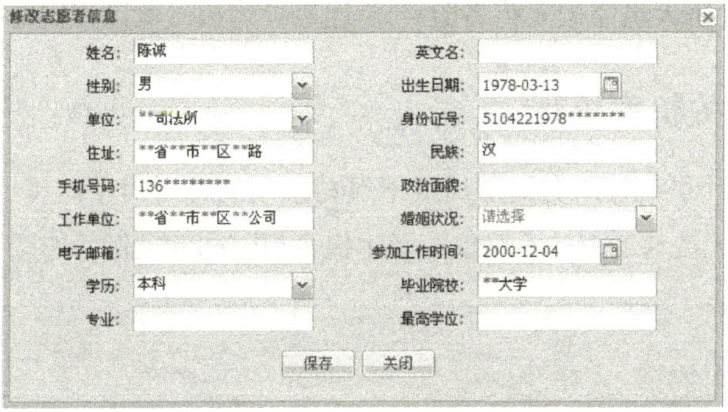

图 6-105 新增志愿者对话框

[新增]：点击按钮后，记录新增成功。

[关闭]：点击按钮后，对话框关闭。

[更新]：点击更新，弹出修改对话框。

[保存]：点击按钮后，记录修改成功。

[关闭]：点击按钮后，对话框关闭。

[详细]：点击详细，弹出详细对话框。

[返回]：点击按钮后，对话框关闭。

[删除]：点击记录操作栏中的删除按钮，弹出删除提示对话框。

6.4.9 监护人花名册

监护人花名册是记录所有基层司法所里的监护人的详细信息，包括监护人的姓名、性别、联系电话、与社矫对象的关系、所属单位和社矫对象的姓名，如图 6-106 所示。

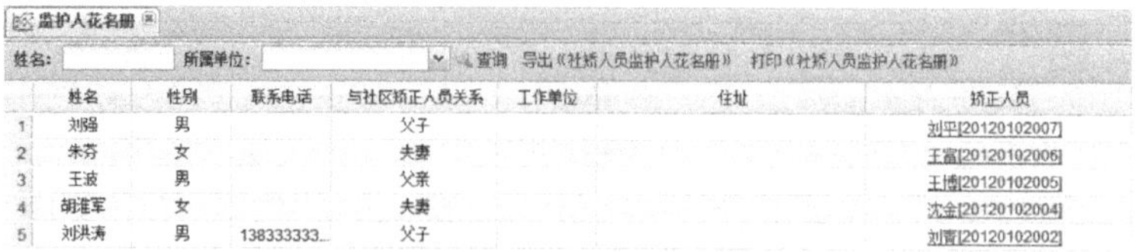

	姓名	性别	联系电话	与社区矫正人员关系	工作单位	住址	矫正人员
1	刘强	男		父子			刘平[20120102007]
2	朱芬	女		夫妻			王富[20120102006]
3	王波	男		父亲			王博[20120102005]
4	胡淮军	女		夫妻			沈金[20120102004]
5	刘洪涛	男	138333333...	父子			刘营[20120102002]

图 6-106 监护人花名册

[姓名]：输入监护人或社矫对象的姓名。

[所属单位]：选择社矫对象的所属的司法所，选择某个司法局或司法所。

[查询]：输入姓名、所属单位，查询监护人的详细信息与社矫对象的关系。

[导出《社矫人员监护人花名册》]：将花名册生成 EXCEL 表格。

[打印《社矫人员监护人花名册》]：连接打印机，可以打印花名册。

6.4.10 关机率统计

关机率统计是统计所有司法局或下属司法所的社矫对象监管手机在所查询时间段内关机的天数与所有社矫对象监管手机开机时间的比例，如图 6-107 所示。

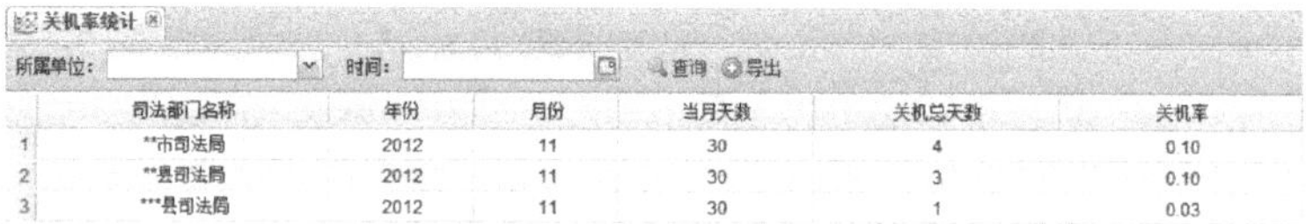

	司法部门名称	年份	月份	当月天数	关机总天数	关机率
1	**市司法局	2012	11	30	4	0.10
2	**县司法局	2012	11	30	3	0.10
3	***县司法局	2012	11	30	1	0.03

图 6-107 关机率统计

[所属单位]：选择司法局或司法所。

[时间]：选择需查看的年份和月份。

[查询]：点击查询，下方列表显示符合条件的记录。

[导出]：以 EXCEL 形式导出，格式与列表相同。

[司法行政部门名称]：下属司法局或司法所。

[年份]：当前查看关机率统计的年份。

[月份]：当前查看关机率统计的月份。

[当月天数]：当前查看关机率统计的月份的天数。

[关机总天数]：当前查询范围内所有社矫对象监管手机关机天数的总和。

[关机率]：当前查看范围内所有社矫对象监管手机关机的天数与所有社矫对象监管手机开机时间的比例。

6.4.11 欠费率统计

欠费率统计是统计所有司法局或下属司法所的社矫对象监管手机在所查询时间段内欠费的天数与所有社矫对象监管手机正常使用状态的比例，如图 6-108 所示。

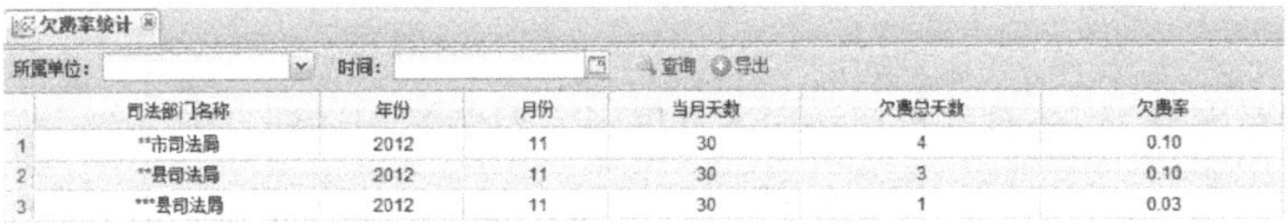

	司法部门名称	年份	月份	当月天数	欠费总天数	欠费率
1	**市司法局	2012	11	30	4	0.10
2	**县司法局	2012	11	30	3	0.10
3	***县司法局	2012	11	30	1	0.03

图 6-108 欠费率统计

[所属单位]：选择司法局或司法所。

[时间]：选择需查看的年份和月份。

[查询]：点击查询，下方列表显示符合条件的记录。

[导出]：以 EXCEL 形式导出，格式与列表相同。

[司法行政部门名称]：下属司法局或司法所。

[年份]：当前查看关机率统计的年份。

[月份]：当前查看关机率统计的月份。

[当月天数]：当前查看关机率统计的月份的天数。

[关机总天数]：当前查询范围内所有社矫对象监管手机关机天数的总和。

[关机率]：当前查看范围内所有社矫对象监管手机欠费的天数与所有社矫对象监管手机正常使用状态的比例。

6.5　报表管理

6.5.1 社区矫正对象情况统计（月表）

社区矫正对象情况统计（月表）是由各司法所月末上报给区县司法局，再由区县司法局汇总后上报给地市司法局，地市司法局汇总后上报给省司法厅，最后由省司法厅汇总后上报司法部，如图 6-109 所示。

[填表单位]：下拉列表项，点击下拉列表按钮，展开当月上报社区矫正对象情况统计数据的司法行政单位。

[时间]：输入需要查询的开始和结束时间，时间格式为：“- 年 - 月 - 日”，如：2012-10-22。

社区矫正信息化

图 6-109 社区矫正人员情况统计表

[查询]：输入填表单位和起止时间，查询司法局的社区矫正对象情况统计月表。

[查看当月]：查看本月司法局的社区矫正对象情况统计月表。

[归档]：点击归档，得到结果列表如图 6-110 所示，把本月社区矫正对象情况归入档案，归档后不能编辑。

[退回]：下级上报的社区矫正对象情况统计月表有误，退回到上报部门重新核对数据上报。

[查看]：查看本月司法局的社区矫正对象情况统计月表。

[导出]：将月报表出成 excel 报表。

图 6-110 社区矫正对象情况统计（月表）

6.5.2 社区矫正工作统计（季表）

社区矫正工作统计（季表）是由各司法所季末上报给区县司法局，再由区县司法局汇总后上报给地市司法局，地市司法局汇总后上报给省司法厅，最后由省司法厅汇总后上报司法部，如图 6-111 所示。

[查询]：输入填表单位和起止时间，查询司法局的社区矫正对象情况统计季表。

[查看当月]：查看本季度司法局的社区矫正对象情况统计季表。

[退回]：下级上报的社区矫正对象情况统计季表有误，退回到上报部门重新

第 6 章 社区矫正信息系统应用实例

图 6-111 社区矫正对象工作统计（季表）

核对数据上报。

[导出]：将季表导出成 excel 报表。

6.5.3 工作综合统计（月表）

社区矫正工作综合统计（月表）是由各司法所季末上报给区县司法局，再由区县司法局汇总后上报给地市司法局，地市司法局汇总后上报给省司法厅，如图 6-112 所示。

图 6-112 社区矫正工作综合统计（月表）

[查询]：输入填表单位和起止时间，查询司法局的工作综合统计月表。

[查看当月]：查看本月司法局的工作综合统计月表。

[归档]：把本月工作综合统计归入档案，归档后不能编辑。

[退回]：下级上报的工作综合统计月表有误，退回到上报部门重新核对数据上报。

[查看]：查看本月司法局的工作综合统计月表。

[导出]：将月报表出成 excel 报表。

6.5.4 试点工作统计（季表）

社区矫正试点工作统计（季表）是由各司法所季末上报给区县司法局，再由区县司法局汇总后上报给地市司法局，地市司法局汇总后上报给省司法厅，最后由省司法厅汇总后上报司法部，如图 6-113 所示。

图 6-113 社区矫正试点工作统计（季表）

[选择单位]：编码项，点击下拉按钮，会弹出下拉列表，按照所需条件选择单位。

[查询]：输入填表单位和起止时间，查询司法局的工作综合统计季表。

[季度]：查看本季司法局的工作综合统计季表。

[归档]：点击归档，得到结果列表如图 6-114 所示，把本季工作综合统计归入档案，归档后不能编辑。

[退回]：下级上报的工作综合统计季表有误，退回到上报部门重新核对数据上报。

[查看]：查看本季司法局的工作综合统计月表。

[导出]：将季报表生成 excel 报表。

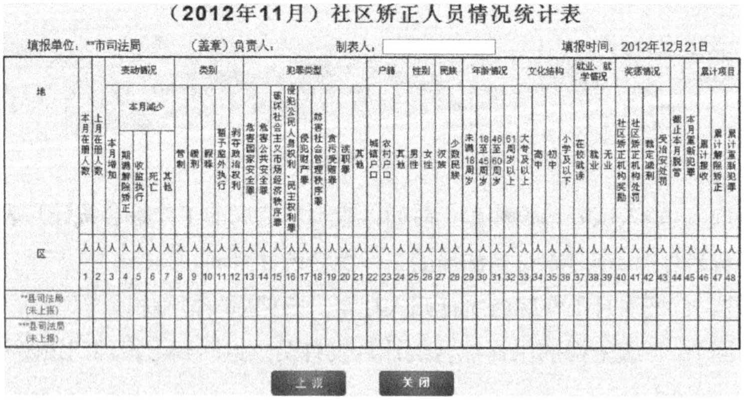

图 6-114 社区矫正对象情况统计（季表）

6.6 工作管理

6.6.1 公文处理

公文处理是上级单位给下级单位发送文件、通知等信息，下级单位向上级单位报送工作信息、工作汇报等材料的一个通道，主要实现社区矫正日常工作的上传下达功能。

1. 收件箱

收件箱用于接收发送到当前登录账号的公文。

第 6 章 社区矫正信息系统应用实例

点击功能菜单栏中的收件箱,弹出页面,如图 6-115 所示。

图 6-115 收件箱

[公文状态]:公文的阅读状态,包括已读和未读。

[时间]:公文发送的时间段。

[查询]:点击可以根据公文状态以及发送公文的时间段进行查询,结果以列表的形式展现收件单位、发件单位、公文标题、发件时间、状态以及操作。

[收件单位]:接收公文的单位名称。

[发件单位]:发送公文的单位名称。

[公文标题]:所发送公文的题目名称。

[发件时间]:公文发送的具体时间。

[状态]:公文的阅读状态,包括已读和未读。

[详细]:点击记录操作栏的详细按钮,弹出详细对话框,如图 6-116 所示。

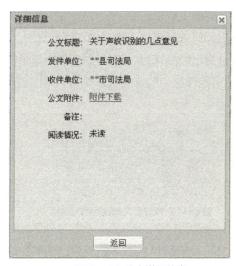

图 6-116 公文详细信息

[公文标题]：所发送公文的题目。

[收件单位]：接收公文的单位名称。

[发件单位]：发送公文的单位名称。

[公文附件]：如果公文发送的时候没有上传附件，那么这里显示"无附件"，否则对话框上有"附件下载"的链接，点击后弹出对话框，如图6-117所示。

图6-117 附件下载对话框

[附件]：点击链接，弹出下载框。

[备注]：司法所或相关机关应该填入的其他内容或说明。

[阅读情况]：公文是否已经阅读过，包括已读和未读。

[修改状态]：点击记录操作栏中的修改状态按钮，弹出提示对话框，如图6-118所示。

图6-118 修改公文阅读状态对话框

[是]：改变当前公文记录的阅读状态，如果为已读则变成未读，如果未读则变成已读。

[否]：取消修改，对话框关闭。

2. 发件箱

发件箱发送公文，并记录从当前登录账号发出的所有公文记录。

点击功能菜单的发件箱，弹出页面，如图 6-119 所示。

图 6-119 发件箱

[公文状态]：公文的阅读状态，包括已读和未读。

[时间]：公文发送的时间段。

[查询]：点击可以根据公文状态以及发送公文的时间段进行查询，结果以列表的形式展现收件单位、发件单位、公文标题、发件时间、状态以及操作。

[收件单位]：接收公文的单位名称。

[发件单位]：发送公文的单位名称。

[公文标题]：所发送公文的题目。

[发件时间]：公文发送的具体时间。

[状态]：公文的阅读状态，包括已读和未读。

[新增]：点击工具栏中的新增按钮，弹出新增对话框，如图 6-120 所示。

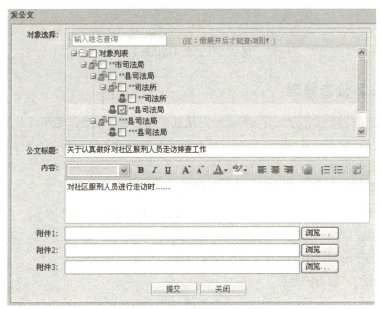

图 6-120 发公文对话框

[对象选择]：对象为当前登录账号下的各个司法行政部门的账号，可以选择多个，在列表上方的输入框内输入账号名称，可以自动筛选。

[公文标题]：公文的题目。

[内容]：公文的具体内容，可以对字体和格式的排版进行修改。

[附件]：可以上传相关文件。

[提交]：点击后公文发送。

[关闭]：点击后对话框关闭，公文不发送。

[详细]：点击记录操作栏的详细按钮，弹出详细对话框，如图 6-121 所示。

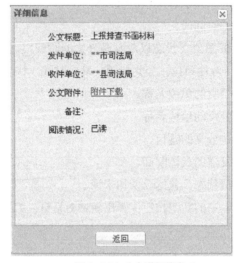

图 6-121 公文详细信息 2

6.6.2 公告管理

公告是行政公文的主要文种之一，是宣布重要事项或者法定事项时使用的公文。

1. 公告列表

公告列表显示当前登录账号所发的所有公告记录。

点击功能菜单中的公告列表，弹出页面，如图，如图 6-122 所示。

[起始时间]：查询公告发送的开始时间。

[结束时间]：查询公告发送的结束时间。

[标题]：公告的题目。

[查询]：点击后可以根据公告发送的时间段和标题进行查询，结果以列表的

第 6 章 社区矫正信息系统应用实例

图 6-122 公告列表

形式展现发布人、所在单位、公告标题、发布日期以及操作。

[发布人]：发布公告人员的名称。

[所在单位]：发布公告人员所在的司法行政机构。

[公告标题]：公告的题目。

[发布日期]：公告发布的具体时间。

[增加]：点击工具栏中的增加按钮，弹出增加对话框，如图 6-123 所示。

图 6-123 新增公告

[对象选择]：对象为当前登录账号下的各个司法行政部门的账号，可以选择多个。在列表上方的输入框内输入账号名称，可以自动筛选。

[公告标题]：公告的题目。

[公告内容]：公告的具体内容，可以对字体和格式的排版进行修改。

[附件]：可以上传相关文件。
[提交]：点击后公告发送。
[关闭]：点击后对话框关闭，公告不发送。
[详细]：点击记录操作栏的详细按钮，弹出详细信息对话框，如图6-124所示。

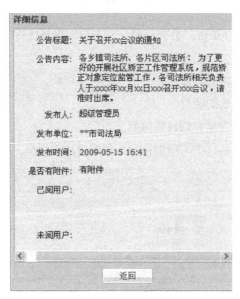

图 6-124 公告详细信息

6.6.3 即时通信

即时通信指各个登录系统的账号之间可以即时收发信息。

点击功能菜单的即时通信，跳转到即时通信页面，如图6-125所示。

[通信对象列表]：对象为当前登录账号下的各个司法行政部门的账号，只能选择单个。在列表上方的输入框内输入账号名称，可以自动筛选。

[通信内容]：显示通信的历史记录。

[内容输入]：可以输入通信的内容。

[提交]：点击后把内容输入框中的信息发送到通信对象列表中选中的账号。

[重置]：点击后清空内容输入框中的信息。

[清屏]：点击后清空通信内容中显示的记录。

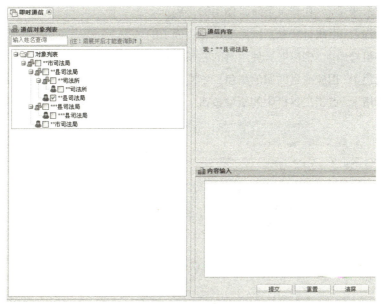

图 6-125 即时通信

6.7 系统管理

6.7.1 账号管理

账号管理用于管理登录账号下属机构的所有账号信息。

点击功能菜单栏中的账号管理，跳转到账号管理页面，如图 6-126 所示。

图 6-126 账号管理

[登录账号]：在登录系统时使用的号码。

[名称]：用账号登录系统后显示在页面上的名称。

[查询]：点击可以根据登录的账号和名称查询相应记录，结果以列表的形式展现登录账号、名称、手机号码、角色以及操作。

[登录账号]：在登录系统时使用的号码。
[名称]：用账号登录系统后显示在页面上的名称。
[手机号码]：相应账号使用者的联系方式。
[角色]：相应账号所属的角色，不同的角色有不同的访问权限。
[新增]：点击工具栏中的新增按钮，弹出新增窗口，如图6-127所示。

图6-127 新增账号对话框

[账号名称]：在登录系统时使用的号码。
[昵称]：用账号登录系统后显示在页面上的名称。
[所在部门]：要添加的账号所在的司法行政机构。
[角色]：添加账号所属的角色，不同的角色有不同的操作权限，包括超级管理员、普通管理员、查询人员、司法局管理员、法律援助分管领导、检察院及派出所核查员、检察院核查核对人员、测试基层人员、省厅管理员。
[手机号码]：相应账号使用者的联系方式。
[备注]：司法所或相关机关应该填入的其他内容或说明。
[保存]：保存所输入的信息，并在账号列表中显示新记录。
[关闭]：取消新增，返回账号列表。
[修改]：修改账户信息。

6.7.2 部门设置

部门设置用于管理当前账号所属部门的下属部门。
点击功能菜单栏中的部门设置，跳转到部门设置页面，如图6-128所示。
[部门列表]：提供部门的选择。

第 6 章 社区矫正信息系统应用实例

图 6-128 部门设置

[部门名称]：司法行政机构的名称。

[查询]：点击后可以根据部门列表和部门名称进行选择，结果以列表的形式展现部门名称、联系人、编号、上级部门以及操作。

[部门名称]：司法行政机构的名称。

[联系人]：司法行政机构的负责人。

[编号]：司法行政机构中规定的号码。

[上级部门]：管理相应司法行政部门的司法行政机构。

[新增]：点击工具栏中的新增弹出新增对话框，如图 6-129 所示。

图 6-129 新增部门

[部门名称]：新增部门的名字。

[上级部门]：管理新增司法行政部门的司法行政机构。

[联系人]：新增司法行政机构的负责人。

[联系号码]：新增司法行政机构的负责人的电话。

[地址]：新增司法行政机构的地点位置。

[编码]：司法行政机构中规定的号码。

[备注]：司法所或相关机关应该填入的其他内容或说明。

[新增]：点击后保存输入的内容，并返回部门列表，新增记录显示在列表中。

[取消]：点击后取消新增，返回部门列表。

[详细]：点击记录操作栏中的详细按钮，弹出部门详细信息对话框，如图 6-130 所示。

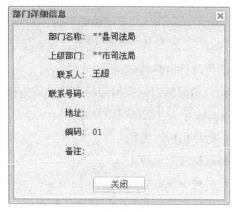

图 6-130 部门详细信息对话框

6.7.3 角色设置

角色设置可以管理不同角色的不同操作权限。

点击功能菜单栏中的角色设置，跳转到角色设置页面，如图 6-131 所示。

	角色名称	描述	操作
1	超级管理员		更新 删除
2	普通管理员		更新 删除
3	查询人员		更新 删除
4	司法局管理员		更新 删除
5	法律援助分管领导		更新 删除
6	检察院及派出所核查员		更新 删除
7	检察院核查核对人员		更新 删除
8	测试基层人员		更新 删除
9	省厅管理员	省厅管理员	更新 删除

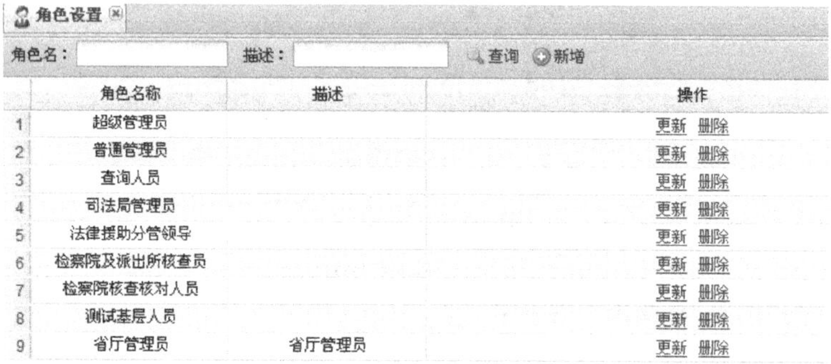

图 6-131 角色设置

[角色名]：角色的名称。

[描述]：对某个角色权限或者其他的说明。

[查询]：点击后可以根据角色名和描述进行查询，结果以列表的形式展现角色名称、描述以及操作。

[新增]：点击工具栏中的新增按钮后弹出添加角色的对话框，如图 6-132 所示。

第 6 章 社区矫正信息系统应用实例

图 6-132 新增角色

[角色名称]：新增加的角色的名字。
[描述]：对新增加的角色的权限说明或者其他。
[权限]：可以根据需要勾选新增加的角色的访问和操作权限。
[新增]：点击后保存所输入的信息，新增的结果显示在列表中。
[取消]：点击后新增取消，返回角色列表。
[更新]：点击记录操作栏中的更新按钮，弹出更新对话框，如图 6-133 所示。

图 6-133 角色更新

6.7.4 用户组管理

用户组管理用于管理和组织矫正工作人员，把有共同特点或有需要的工作人员放到同一个用户组下，操作时只要选中用户组就可选中用户组下的所有工作人员。

点击功能菜单栏中的用户组管理，跳转到用户组管理页面，如图6-134所示。

图 6-134 用户组管理

[用户组名称]：用户组的名字。

[查询]：点击后可以根据用户组的名称进行模糊查询，结果以列表的形式展现用户组名称、创建人、描述、创建日期以及操作。

[用户组名称]：用户组的名字。

[创建人]：创建相应用户组的账号的名称。

[描述]：对用户组的一些说明。

[创建日期]：对应用户组创建的时间。

[新增]：点击工具栏中的新增按钮后弹出用户组新增对话框，如图6-135所示。

图 6-135 新增用户组

[用户组名称]：新增加的用户组的名字。

[对象选择]：系统列出当前登录系统的账号所在司法行政机构下矫正工作人

员提供选择，选中的工作人员为新增用户组的成员。

[描述]：对新增用户组的一些说明。

[提交]：点击后保存输入的信息，结果显示在列表中。

[关闭]：取消新增，返回用户组列表。

[详细]：点击记录操作栏中的详细按钮，弹出详细信息对话框。

6.7.5 人员管理

人员列表记录所有工作人员的信息。

点击功能菜单栏中的人员列表，跳转到人员列表页面，如图 6-136 所示。

	名称	所属单位	所属编制	手机号码	操作		
1	陈小洁	**司法所	聘用人员	13887654***	详细	修改	删除
2	雷大成	**司法所	地方行政编制	13811223***	详细	修改	删除
3	陈芳	**司法所	社会志愿者	13814785***	详细	修改	删除
4	刘星怡	**司法所	聘用人员	13812345***	详细	修改	删除
5	方帅	**司法所	社会志愿者	13885214***	详细	修改	删除
6	赵刚	**司法所	社会志愿者	13896325***	详细	修改	删除

图 6-136 人员列表

[单位]：工作人员所在的工作单位。

[编制类型]：工作人员在工作单位中的配置或职务，包含司法行政编制、地方行政编制、事业编制、聘用人员、专职社会工作者、社会志愿者、其他。

[姓名]：工作人员的名字。

[查询]：可以根据单位、编制类型、工作人员姓名来查询，结果以列表的形式展现名称、所属单位、所属编制、手机号码以及操作。

[名称]：列表显示工作人员的名字。

[所属单位]：列表显示工作人员所在的工作单位。

[所属编制]：列表显示工作人员在工作单位中的配置或职务，包含司法行政编制、地方行政编制、事业编制、聘用人员、专职社会工作者、社会志愿者、其他。

[手机号码]：工作人员的联系号码。

[新增]：点击工具栏中的新增按钮后弹出新增对话框，如图 6-137 所示。

[姓名]：工作人员的姓名。

[性别]：工作人员的性别。

[编制类型]：工作人员在工作单位中的配置或职务，包含司法行政编制、地

社区矫正信息化

图 6-137 新增人员

方行政编制、事业编制、聘用人员、专职社会工作者、社会志愿者、其他。

[接收越界短信]：当该工作人员所在机构下有社矫对象越出电子围墙后，是否短信提示工作人员。

[单位]：工作人员所在司法行政机构。

[住址]：工作人员的家庭地址。

[手机号码]：工作人员的手机号。

[工作单位]：社会志愿者的工作单位。

[电子邮箱]：工作人员的电子邮箱。

[登录账号]：工作人员登录系统使用的号码。

[学历]：工作人员的学历，包括文盲、小学、初中、高中、专科、本科、硕士、博士、待定。

[英文名]：工作人员的英文名。

[出生日期]：工作人员的出生日期。

[身份证号]：工作人员的身份证号。

[职务]：工作人员在司法行政机构中的位置。

[民族]：工作人员所属的民族。

[政治面貌]：工作人员在政治上的归属。

[婚姻状况]：工作人员的结婚情况，包括未婚、已婚、离异、丧偶、待定。

[参加工作时间]：工作人员到司法行政机构工作的时间。

[毕业院校]：工作人员毕业时候的学校名称。

[最高学位]：工作人员受教育和学术水平的最高程度。

[专业]：工作人员在读书时的学业门类。

[详细]：点击记录操作栏中的详细按钮，弹出详细信息对话框。

6.7.6 日志管理

日志管理记录所有的操作事项。

点击功能菜单栏中的日志管理，跳转到日志管理页面，如图 6-138 所示。

[起始时间、结束时间]：操作进行的时间段。

[账号名称]：登录的账号的名字。

[查询]：可以根据操作的时间段和操作的账号来查询，结果以列表的形式展现账号名称、操作时间、事件内容以及操作类型。

[账号名称]：登录的账号的名字。

[操作时间]：操作人员执行操作的时间。

[事件内容]：操作人员所做动作的具体信息。

[操作类型]：操作人员所做的动作。

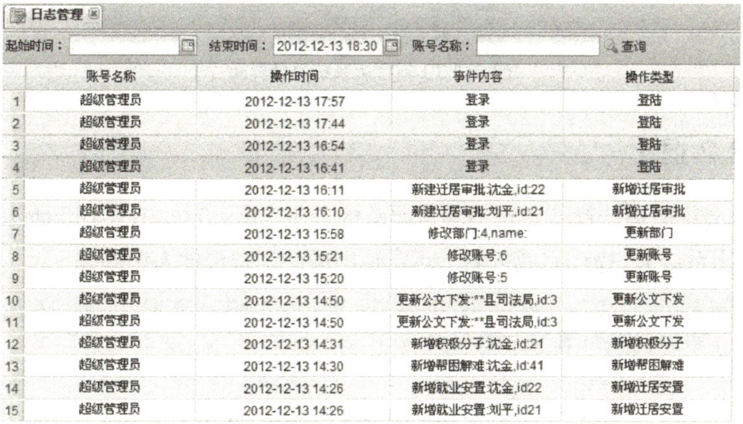

	账号名称	操作时间	事件内容	操作类型
1	超级管理员	2012-12-13 17:57	登录	登陆
2	超级管理员	2012-12-13 17:44	登录	登陆
3	超级管理员	2012-12-13 16:54	登录	登陆
4	超级管理员	2012-12-13 16:41	登录	登陆
5	超级管理员	2012-12-13 16:11	新建迁居审批:沈金,id:22	新增迁居审批
6	超级管理员	2012-12-13 16:10	新建迁居审批:刘平,id:21	新增迁居审批
7	超级管理员	2012-12-13 15:58	修改部门:4,name:	更新部门
8	超级管理员	2012-12-13 15:21	修改账号:6	更新账号
9	超级管理员	2012-12-13 15:20	修改账号:5	更新账号
10	超级管理员	2012-12-13 14:50	更新公文下发:**县司法局,id:3	更新公文下发
11	超级管理员	2012-12-13 14:50	更新公文下发:**县司法局,id:3	更新公文下发
12	超级管理员	2012-12-13 14:31	新增积极分子:沈金,id:21	新增积极分子
13	超级管理员	2012-12-13 14:30	新增帮困解难:沈金,id:41	新增帮困解难
14	超级管理员	2012-12-13 14:26	新增就业安置:沈金,id22	新增迁居安置
15	超级管理员	2012-12-13 14:26	新增就业安置:刘平,id21	新增迁居安置

图 6-138 日志管理

6.8 省厅版登录、退出及主页

6.8.1 登录

在地址栏输入有效的地址，打开页面，如图 6-139 所示。

用户名和密码，由系统管理员分配，验证码由系统随机给出；用户名、密码和验证码输入完成后，点击登入，即可登录省厅版司法社区矫正信息管理系统。

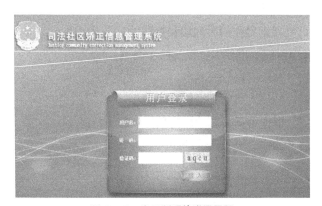

图 6-139 省厅版系统登录界面

6.8.2 退出

登录省厅版司法社区矫正信息管理系统，在首页会有如图 6-140 所示信息。
[退出系统]：操作完成之后，点击退出系统，防止他人误操作。

图 6-140 省厅版系统退出按钮

6.8.3 修改密码

首先点击修改密码按钮，如图 6-141 所示。
[修改密码]：修改密码，防止他人操作，新密码需要重新登录才能生效。

图 6-141 省厅版系统登录界面

6.8.4 省厅版首页

省厅版首页如图 6-142 所示。

[公告栏]：上级账号发出的公告通知，公告栏采用循环滚动。

[工作管理]：上级账号发出的公文，提醒司法矫正工作人员有没有阅读的公文。

[地市在矫情况]：可以查看各个司法局或者司法所所包含的在矫、待矫、解矫的人数。

[基本情况]：上级司法局或者司法所下属单位、管辖社区矫正对象、已接收未入矫社区矫正对象、累计成功解矫人员和累计社区矫正对象人数。

图 6-142 省厅版系统首页

6.8.5 省厅版电子地图

省厅版电子地图界面与地市版相似，主要展示下属地市司法局、区县司法局和基层司法所的社矫对象在矫、解矫、待入矫情况，让省厅社区矫正工作人员能够准确地掌握下属地市、区县等不同区域社矫对象人数。

[地图工具]：包含拉框放大、拉框缩小、移动和测距等功能。

[放大]：点击地图上 [+] 按钮，或者移动地图上 [+] 和 [-] 按钮之间的缩放条往加号方向移动，或在地图上直接把鼠标放在地图区域内，往前滑动滑轮。

[缩小]：点击地图上 [+] 按钮，或者移动地图上 [-] 和 [+] 按钮之间的缩放条往减号方向移动，或在地图上直接把鼠标放在地图区域内，往后滑动滑轮。

[移动]：鼠标放在地图上，可任意拖动地图。

[测距]：点击地图工具的 [测距] 按钮，在地图上任一位置点击鼠标左键，拖动鼠标，地图上显示一条红色直线，将可测量地图上任意几点间的距离，或者点击地图 [标尺] 按钮，也可测距。

6.9 统计分析

6.9.1 社区矫正对象地区统计

社区矫正对象地区统计是统计下属不同地市司法局或区县司法局矫正中、入矫、解矫等社矫对象人数，如图6-143所示。

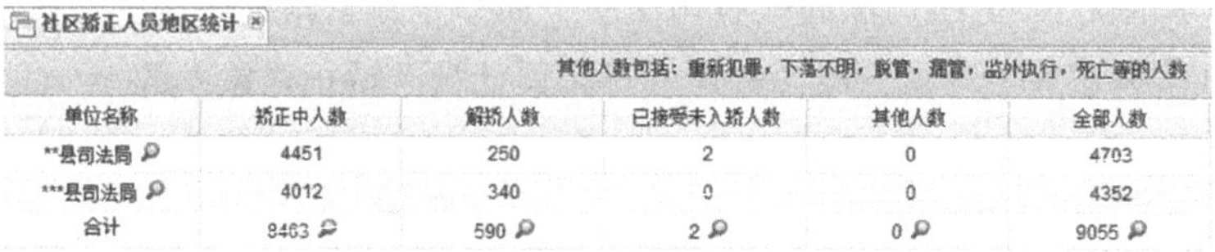

单位名称	矫正中人数	解矫人数	已接受未入矫人数	其他人数	全部人数
**县司法局	4451	250	2	0	4703
***县司法局	4012	340	0	0	4352
合计	8463	590	2	0	9055

其他人数包括：重新犯罪，下落不明，脱管，漏管，监外执行，死亡等的人数

图6-143 社区矫正对象地区统计

6.9.2 社区矫正对象层级统计

社区矫正对象层级统计是统计下属不同地市司法局或区县司法局包括刑罚执行类别、年龄、性别、户口类型和犯罪类型这五种类型社矫对象人数的分项统计，如图6-144所示。

[所属单位]：选择要查看的某个司法局或司法所。

[查询]：选择下属地市司法局或区县司法局，点击查询刑罚执行类别、年龄段、性别、户口类型和犯罪类型的分类统计。

6.9.3 社区矫正对象动态统计

社区矫正对象动态统计是统计下属不同地市司法局或区县司法局现有社区矫正对象、查询区间接收社区矫正对象、查询区间正常解矫和查询区间非正常解矫的数量，如图6-145所示。

[开始时间]：选择动态统计的开始日期。

[结束时间]：选择动态统计的结束日期。

[查询]：输入起止时间，查询下属不同地市司法局或区县司法局现有社区矫正对象、查询区间接收社区矫正对象、查询区间正常解矫和查询区间非正常解矫的数量。

社区矫正人员层级统计

所属单位：　查询（其他人数包括：重新犯罪，下落不明，脱管、漏管，监外执行，死亡等的人数）

类别名称	矫正中人数	解矫人数	已接收未入矫人数	其他人数	全部人数
类别：刑罚执行类别					
管制	1	1	1	0	3
缓刑	3	0	1	0	4
假释	0	1	1	0	2
暂予监外执行	0	0	1	0	1
剥夺政治权利	0	0	1	0	1
小计	4	2	5	0	11
类别：年龄					
18以下	0	0	0	0	0
18以上-45以下	4	2	5	0	11
45以上-60以下	0	0	0	0	0
大于60岁	0	0	0	0	0
小计	4	2	5	0	11
类别：性别					
男	4	2	5	0	11
女	0	0	0	0	0
小计	4	2	5	0	11
类别：户口类型					
城镇户口	0	0	0	0	0
农村户口	0	0	0	0	0
待定	4	2	5	0	11
小计	4	2	5	0	11
类别：犯罪类型					
危害国家安全罪	1	1	1	0	3
危害公共安全罪	0	1	1	0	2
破坏社会主义市场经济秩序罪	1	0	0	0	1
侵犯公民人身权利、民主权利罪	1	0	2	0	3
侵犯财产罪	1	0	0	0	1
妨害社会管理秩序罪	0	0	0	0	0
贪污受贿罪	0	0	1	0	1
渎职罪	0	0	0	0	0
其他	0	0	0	0	0
小计	4	2	5	0	11

图 6-144 社区矫正对象地区统计

社区矫正人员动态统计

开始时间：2012-11-13　结束时间：2012-12-13　查询（非正常解矫包括：重新犯罪，下落不明，脱管、漏管，监外执行，死亡等引起的解矫）

	单位名称	现有社区矫正人员	查询区间接收社区矫正人员	查询区间正常解矫	查询区间非正常解矫
1	**县司法局	241	0	22	0
2	***县司法局	186	0	16	0
3	合计	427	0	38	0

图 6-145 社区矫正对象动态统计

6.10 报表管理

报表统计功能为社区矫正管理系统的核心功能之一，省厅版和地市版功能类似，自动生成各类统计报表，方便查询使用。

6.10.1 社区矫正对象情况统计（月表）

社区矫正对象情况统计（月表）如图 6-146 所示。

[查询]：输入填表单位和起止时间，查询下属不同地市司法局或区县司法局社区矫正对象情况统计月表。

[查看当月]：查看本月下属不同地市司法局或区县司法局社区矫正对象情况统计月表。

[归档]：把本月社区矫正对象情况归入档案，归档后不能编辑。

[退回]：下级上报的社区矫正对象情况统计月表有误，退回到上报部门重新核对数据上报。

[查看]：查看本月下属不同地市司法局或区县司法局的社区矫正对象情况统计月表。

[导出]：将月报表出成 excel 报表。

图 6-146 社区矫正对象情况统计（月表）

6.10.2 社区矫正工作统计（季表）

社区矫正工作统计（季表）如图 6-147 所示。

[查询]：输入填表单位和起止时间，查询下属不同地市司法局或区县司法局社区矫正对象情况统计季表。

[查看当月]：查看本季度下属不同地市司法局或区县司法局的社区矫正对象情况统计季表。

图 6-147 社区矫正工作统计（季表）

[退回]：下级上报的社区矫正对象情况统计季表有误，退回到上报部门重新核对数据上报。

[导出]：将季表导出成 excel 报表。

6.10.3 工作综合统计（月表）

社区矫正工作综合统计（月表）如图 6-148 所示。

[查询]：输入填表单位和起止时间，查询下属不同地市司法局或区县司法局工作综合统计月表。

[查看当月]：查看本月下属不同地市司法局或区县司法局工作综合统计月表。

[归档]：把本月工作综合统计归入档案，归档后不能编辑。

[退回]：下级上报的工作综合统计月表有误，退回到上报部门重新核对数据上报。

[查看]：查看本月下属不同地市司法局或区县司法局的工作综合统计月表。

[导出]：将月报表出成 excel 报表。

图 6-148 社区矫正工作综合统计（月表）

6.11 工作管理

6.11.1 公文处理

1．收件箱

收件箱界面如图 6-149 所示。

[查询]：输入公文状态和起止时间，查询收件箱。

[状态—已读]：表示已读该公文，点击具体记录的已读按钮，可改变状态。

[状态—未读]：表示未读该公文，点击具体记录的未读按钮，可改变状态。

图 6-149 收件箱

2．发件箱

发件箱界面如图 6-150 所示。

[查询]：输入公文状态和起止时间，查询发件箱。

[新增]：点击新增按钮，进入新增公文发件界面。

[删除]：点击具体记录的删除按钮，可删除该公文。

图 6-150 发件箱

6.11.2 公告管理

公告列表如图 6-151 所示。

[查询]：输入起始时间和结束时间，点击查询按钮。

[增加]：选择和输入相关项目，点击新增按钮，完成新增公告列表。

[详细]：点击详细，得到结果列表如图 6-152 所示。详细的内容具体有公告标题、公告内容、发布人、发布单位、发布时间、是否有附件、已阅用户、未阅用户，点击返回按钮即可返回上一步操作。

图 6-151 公告列表

图 6-152 公告详细信息

6.11.3 短信管理

1．记录查询

短信记录查询界面如图 6-153 所示。

[查询]：输入要查询的条件，如：姓名、起始时间、日期、短信类型和发送状态。

[短信类型]：分为"所有""内部短信""对象短信"。

[发送状态]：分为"所有""短信发送中""短信发送成功""短信发送失败"。

图 6-153 短信记录查询

2．短信下发

短信下发界面如图 6-154 所示。

[短信下发] 包括对象选择和信息内容，首先输入姓名，对象列表是一个下拉列表，列表下包含:** 省司法厅、** 市司法局、** 县司法局、** 司法所。信息内容填写完成后点击提交按钮，短信将会自动下发到所指定的对象手机上。

图 6-154 短信下发

3. 即时通信

即时通信界面如图 6-155 所示。

[查询]：输入账号名称，选择对象，进行通信互动。

[提交]：输入内容，点击提交，通信对象会看到你发送的内容。

[重置]：输入的内容全部删除，请重新输入要提交的内容。

[清屏]：清理通信内容里的信息。

图 6-155 即时通信

6.12 系统管理

1. 账号管理

登录系统管理员账号后，进入新增账号界面，如图 6-156 所示。

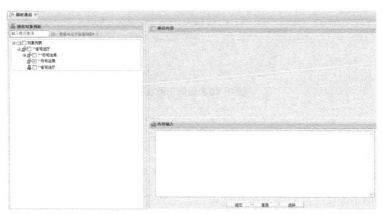

图 6-156 新增账号对话框

2. 部门设置

登录系统管理员账号后,进入新增部门界面,如图 6-157 所示。

图 6-157 新增部门对话框

3. 角色设置

登录系统管理员账号后,进入新增角色界面,如图 6-158 所示。

图 6-158 新增角色对话框

4．用户组管理

登录系统管理员账号后，进入新增用户组界面，如图 6-159 所示。

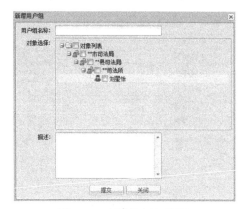

图 6-159 新增用户组对话框

5．人员管理

登录系统管理员账号后，进入新增人员界面，如图 6-160 所示。

图 6-160 新增人员对话框

第 6 章 社区矫正信息系统应用实例

6．日志管理

点击功能菜单栏中的日志管理，跳转到日志管理页面，如图 6-161 所示。

图 6-161 日志管理

6.13 公检司法接口

公检法司接口界面如图 6-162 所示。

[公检法司接口]：向公安、检察院、法院、监狱、看守所等部门提供标准数据接口。

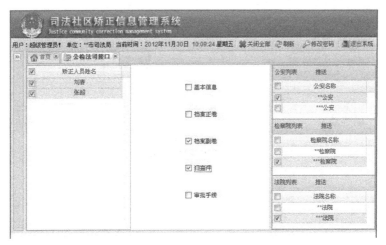

图 6-162 公检法司接口

6.14 涉矫舆情分析

涉矫舆情分析界面如图 6-163 所示。

[舆情采集]：根据用户预先设定的搜索范围和关键词，通过互联网采集涉矫相关新闻信息，并统一加工过滤、自动分类，保存新闻的标题、出处、发布时间、正文、新闻相关图片等信息，用户可以定义自己感兴趣的主题。

[事件聚焦]：可以根据新闻出处的权威度、发言时间密集程度等参数，识别出给定时间段内的热门话题和事件。对重要的热点新闻事件进行分析和追踪，对于突发事件引起的网络舆情，可以及时掌握舆情爆发点和事态。

[主题跟踪]：分析新发表文章、帖子的话题是否与已有主题相同。

[正/负面舆情发现]：正/负面舆情的浏览（按时间排序、选择时间段）、正/负面舆情要素识别与抽取（时间、地点、人物、机构组织等）、正/负面舆情查看原文及其快照、转载时间及转载网站群、正/负面舆情的热度分析、转载数（总量、日增量）、舆情分布及点击数（总量、日增量）、回复跟帖数（总量、日增量）。

[舆情趋势分析]：趋势分析分为 24 小时趋势与一周趋势，24 小时趋势有助于对未知舆情的走势进行分析，一周趋势主要用于对已知舆情进行分析。

[舆情风险评估]：对可能出现的舆情风险先期预测、评估和化解。

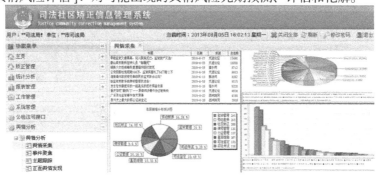

图 6-163 涉矫舆情分析

6.15 数据挖掘

数据挖掘界面如图 6-164 所示。

[数据挖掘]：对一定时期内的社区矫正业务数据进行汇总、统计，从统计结果来判断各个业务环节是否都正常运行。在对数据进行统计分析的基础上，提取出其中的关键绩效指标（Key Performance Indicator，KPI），并进行可视化处理，分不同专题呈现，实现辅助决策的目的。

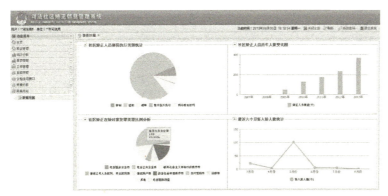

图 6-164 数据挖掘

第三篇

社区矫正人员定位的应用

第 7 章 物联网定位技术概述

7.1 物联网

7.1.1 物联网介绍

"物联网"一词实际是中国人的发明,整合了美国 CPS(Cyber Physical Systems)、欧盟 IoT (Internet of Things) 和日本 U-Japan 等概念,是一个基于因特网、传统电信网等信息载体,让所有能被独立寻址的普通物理对象实现互联互通的网络。普通对象设备化、自治终端互联化和普适服务智能化是它的三个重要特征。直言之,"物联网就是物物相连的因特网",有两层含义:第一,物联网的核心和基础仍然是因特网,是在因特网基础上的延伸和扩展的网络;第二,其用户端延伸和扩展到了任何物品与物品之间,进行信息交换和通信。因此,物联网是通过射频识别(RFID)、传感器、全球定位系统和激光条码扫描器等信息感知设备,按约定的协议把任何物品与因特网相连接,进行信息交换和通信,以实现对物品的智能化识别、定位、跟踪、监控和管理的一种网络。

物联网的"物"要入网,必须具备以下 9 个条件: (1) 要有相应信息的接收器; (2) 要有数据传输通路; (3) 要有一定的存储功能; (4) 要有 CPU; (5) 要有操作系统; (6) 要有专门的应用程序; (7) 要有数据发送器; (8) 要遵循物联网的通信协议; (9) 要在世界网络中有可被识别的唯一编号。

物联网的核心技术是 RFID 和传感器,核心功能是识别和感知。识别和感知是物联网区别于其他网络的显著特征。RFID 技术用于标识物,给每个物品一个识别码;传感器技术用于感知物,包括实时数据采集(如温度、速度)、执行与控制(如电器开关闭合)等。

7.1.2 物联网技术架构与体系框架

从技术架构上来看，物联网可分为三层：感知层、网络层和应用层。如图 7-1 所示。

感知层由大量具有感知和识别功能的设备组成，包括视频传感器、音频传感器、振动传感器、二氧化碳浓度传感器、温度传感器、湿度传感器、二维码标签、RFID 标签和读写器、GPS 等感知终端。感知层的作用相当于人的眼耳鼻喉和皮肤等神经末梢，它是物联网识别物体、采集信息的来源，其主要功能是识别物体，采集信息。

网络层由各种自组织网络、因特网、有线和无线通信网、网络管理系统和云计算平台等组成，相当于人的神经中枢和大脑，负责传递和处理感知层获取的信息。应用层是物联网和用户（包括人、组织和其他系统）的接口，它与行业需求结合，实现物联网的智能应用。物联网的行业特性主要体现在其应用领域内，目前智能物流、电网管理、绿色农业、工业监控、公共安全、城市管理、远程医疗、智能家居、智能交通和环境监测等各个行业均有物联网应用的尝试，表现出诱人的应用前景。

1、感知与识别技术

感知与识别技术是实现对物质与能量全面感知的基础。

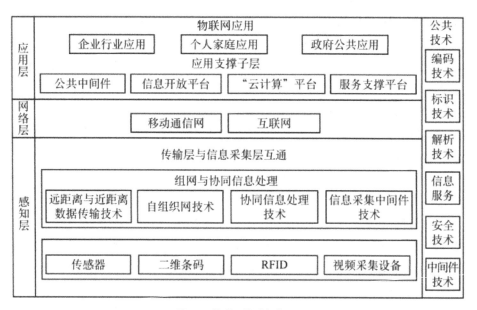

图 7-1 物联网技术架构图

(1) 感知技术

感知技术主要是指传感器，它是获取物理信息的关键器件，是物联网底层的基础单位。根据国际 GB7665-87 的定义，传感器是能感受规定的被测量，并按照一定的规律将其转换成可用输出信号的器件或装置，通常由敏感元件和转换元件组成。传感器种类繁多，按传感对象可分为温度、湿度、压力、位移、速度、加速度、角速度、力、浓度和气体成分等；按外界输入信号变换为电信号时采用的效应可分成物理传感器、化学传感器和生物传感器；按工作原理可分为电容式、电阻式、电感式、压电式、热电式、光敏和光电等。传感器技术是测量技术、半导体技术、信息处理技术、计算机技术、纳米技术、微电子学、光学、声学、材料科学、仿生学和精密机械等众多学科相互交叉的综合性和高新技术密集型的前沿研究领域，它与通信技术、计算机技术构成信息产业的三大支柱。现代科技拓展的新领域高度依赖传感技术的进步，大到上千光年的茫茫宇宙空间，小到粒子的超微世界，无论是超高温、超高压、超强磁场、超高真空，还是超低温、超弱磁场，都离不开传感器，传感器几乎已经渗透到所有的高新技术空间，成为高新技术的神经末梢。

(2) 识别技术

识别技术涵盖物体识别、位置识别和地理识别。

物体识别以 RFID 技术为代表，配之以电子产品编码技术 EPC（Electronic Product Code）标准。RFID 集成了无线通信、芯片设计与制造、无线设计与制造、标签封装、系统集成和信息安全等技术。目前 RFID 应用以低频和中高频标签技术为主，超高频技术具有更远距离识别和低成本的优势，将成为未来主流。作为物联网发展的排头兵，射频识别技术成了人们最为关注的技术。以简单 RFID 系统为基础，结合已有的网络技术、数据库技术和中间件技术等，构筑一个由大量联网的阅读器和无数移动的标签组成的，比 Internet 更为庞大的物联网已成为 RFID 技术发展的趋势。RFID 是能够让物品"开口说话"的一种技术。在"物联网"的构想中，RFID 标签中存储着规范而具有互用性的信息，通过无线数据通信网络把它们自动采集到中央信息系统，实现物品(商品)的识别，进而通过开放性的计算机网络实现信息交换和共享，实现对物品的"透明"管理。RFID 系统很大程度上离不开电子产品编码技术的支撑。全球电子产品编码是新一代的编码标准，是全球统一标识系统的发展与重要构成，也是识别技术的关键环节。EPC 标准能提供感知对象的全球唯一标识，一个 EPC 编码分配给一个且只有一个物品使用，构成本质上的在线数据，AUTO-ID 中心的对象名称解释服务 ONS（Object

Name Service）直接将 EPC 编码翻译成 IP 地址，IP 地址对应的主机储存相关的物品信息。目前，EPC 编码具有先进科学、全面合理、国际兼容的特点，是最与 RFID 匹配的编码技术。

位置识别以我国的北斗卫星导航系统 BDS（BeiDou Navigation Satellite System）和美国 GPS（Global Positioning System）、俄罗斯 GLONASS（Global Navigation Satellite System）、欧盟 GALILEO（Galileo satellite navigation system）为代表。另外，小范围或室内、复杂环境定位技术也在近几年获得了较大的发展，尤其是实时定位系统 RTLS（RealTime Location Systems），这些技术都将为物联网在不同环境条件下的位置识别提供支持。

地理识别以地理信息系统 GIS（Geographic Information System）为代表，运用系统和信息的科学理论，对空间数据进行科学管理和综合分析。GIS 集合了地图学、地理学、测绘学、卫星遥感、计算机科学、信息管理系统、定位系统等学科和技术的发展成果。计算机大容量存储介质、多媒体技术和可视化技术为 GIS 的发展提供了新的手段和方法。

2、感知层的信息采集、组网与协同信息处理技术

通过 RFID、传感器、EPC 和其他多媒体信息自动识别技术采集到的信息需要向上端传输，就要用到组网技术和协同信息处理技术，包括信息采集中间件技术、自组织组网技术、远距离或近距离数据传输技术和协同信息处理技术。

（1）自组织组网技术。该技术起源于 ALOHA 网络和无线分组数据网 PRNET，其特点是网络具有自组织性，拓扑结构动态变化，分布式控制方式，多跳通信，节点的处理能力和能源受限，信道质量较差。以传感器网络为代表，它是一种典型的固定传感器节点自组网技术，利用传感器形成多跳自组织网络，协作地感知、采集网络覆盖区域中感知对象的信息。我国在传感网网络结构与协议、覆盖控制、定位算法、操作系统和仿真工具等方面取得了阶段性成果。

（2）无线传输技术。该技术分为近距离传输和远距离传输，距离的长短是指信息采集设备到传输节点的距离远近。感知层节点通常是利用短距离无线通信技术相互连接。具体主要有 Wi-Fi、Bluetooth 蓝牙、ZigBee 紫蜂和 UWB（UltraWideband）超宽带等无线传输技术。

（3）协同信息采集技术。该技术是将系统协同相关理论运用到物联网的信息采集环节，按协同的原则将所需的控制信息存储在不同的数据库表，并得到有效调用。

（4）信息采集中间件技术。通过标准的程序接口和协议，针对不同的操作设备和硬件接收平台，中间件可以有符合接口和协议规范的多种实现。感知层在地址协议、移动性管理、远程维护与管理等方面都与因特网 TCP/IP 不同，需要网关进行有效转换后实现互联。在不同的应用场景下有着不同的产品形态和差异化的性能指标，包括硬件技术和软件技术。在硬件技术方面，主要包括面向物联网应用的各种通用及专用核心芯片、系统设备，以完成传感、处理与通信等工作。由于实现工艺的差异，主要包括嵌入式系统、SoC（System on Chip）片上系统、MEMS 微机电系统等，这些芯片和设备是物联网核心知识产权的集中地，也是物联网产业的必争高地。在软件技术方面，主要包括了面向不同行业应用的操作系统、行业中间件和各种控制软件等，这些系统软件可以有效地完成多网融合，是物联网的重要组成部分。

3、网络层技术

物联网的网络层搭建物联网的网络平台，建立在现有的移动通信网、因特网和其他专网的基础上，通过各种接入设备与物联网感知层相连接。网关结点是连接感知层和网络层的关键设备，实现异种异构网络的互联互通。网络层一般基于移动通信网或因特网，采用 TCP/IP。

物联网接入技术包括有线（同轴电缆、双绞线、光纤等）接入和无线（3G/4G/5G、卫星通信以及蓝牙、Wi-Fi、ZigBee、WiMAX 等）两大接入类型。接入网及其后的核心网与现有的末梢网络完全不同，它并不是为承载物联网应用设计的。为了实现异构信息之间的互联、互通与互操作，未来的物联网需要以一个开放的、分层的、可扩展的网络体系结构为框架来实现异种异构网络与骨干网络无缝连接，并提供相应的服务质量保证。

4、应用层技术

应用层利用经过分析处理的感知数据为用户提供丰富的特定服务，以实现智能化识别、定位、跟踪、监控和管理。应用层主要包含应用支撑平台子层和应用服务子层。其中应用支撑平台子层用于支撑跨行业应用、跨系统之间的信息协同、共享、互通的功能，主要包括公共中间件、信息开放平台、云计算平台和服务支撑平台。应用服务子层包括精确农业、智能交通、智能物流、智能家居和公共安全等行业应用。

（1）大规模的感知信息处理技术。物联网的应用服务建立在真实世界的数据采集之上，产生的数据量会比因特网的数据量提升几个量级，海量信息需要运用多粒度存储、数据挖掘、知识发现和并行处理等技术进行处置管理。一方面，海量数据汇聚到应用业务平台后，需要对数据进行存储管理，以便为以后的应用服务提供足够的原始数据。另一方面，需要根据应用的行业特点对原始数据进行相应的建模、挖掘，以得到所需要的结果。

（2）智能分析和信息处理技术。物联网是一个智能的网络，传感器仅仅提供了对物理变量、状态及其变化的探测和测量所必需的手段，而对物理世界由"感"而"知"的过程则由智能分析和信息处理技术来实现。信息处理技术贯穿由"感"而"知"的全过程，它基于多个物联网感知层节点或设备所采集的传感数据，实现对物理世界及其变化的全面、透彻感知，以及智能反馈、决策的过程，是实现物联网应用系统物物互联、物人互联的关键技术之一。

（3）云计算技术。大规模感知信息处理是物联网的核心支撑，是确保物联网跨行业运用、安全可靠运行的中心枢纽，必须依靠云计算技术。"云计算（Cloud Computing）"的概念是由 Google 提出的，这是一个网络应用模式。狭义云计算是指 IT 基础设施的交互和使用模式，指通过网络以按需、易扩展的方式获得所需的资源；广义云计算是指服务的交互和使用模式，通过网络以按需、易扩展的方式获得所需的服务，它具有超大规模、虚拟化和可靠安全等独特功效。云计算是分布式计算技术的一种，其最基本的概念是通过网络将庞大的计算处理程序自动分拆成无数个较小的子程序，再交由多部服务器所组成的庞大系统经搜寻、计算分析之后将处理结果回传给用户，网络服务提供者可以在数秒之内达到处理数千万甚至数亿的信息，形成"超级计算机"那样强大效能的网络服务。云计算为存储和管理数据提供了无限多的空间，也为我们完成各类应用提供了无限的技术能力。物联网基于云计算平台和智能网络，可以为通过传感器网络所获取的数据进行计算、控制、管理和决策。

7.2 物联网定位技术

鉴于社区矫正物联网定位应用（社区矫正人员定位）主要涉及的是无线定位技术，本章将主要讨论无线定位技术在社区矫正管理中的应用前景。无线定位技术可以广泛应用于重要物品或危险品管理、人员和车辆定位管理等。

7.2.1 无线网络概述

物联网的出现使得各种物体之间的无缝连接成为可能，也标志着更加全面的互联互通成为可能。可以想象，在物联网中能够随时随地查询各种物体的状态，甚至还能够对这些物体进行观测、调整、控制，而实现这些功能的前提就是将它们连接起来。无线网络技术的发展使其成为可能，无线网络消除了有线网络对接入设备的位置限制，节省了相应的线缆，降低了信号传输设施的成本。这就意味着人们可以以相对低廉的价格，非常方便地使用各种移动设备在任何有无线信号覆盖的地方上网浏览、获取信息。物联网世界中，大到飞机、火车和轮船，小到微处理器、微控制器和传感器，都将被连成一个整体。因此，无线网络是实现物联网的互联互通的重要前提。

无线网络由无线连接、无线网络用户和基站等基本元素组成。无线连接是指无线网络用户与基站或者无线网络用户之间用以传输数据的通路（如无线电波、光波、微波等），不同的无线连接技术具有不同的数据传输速率和传输距离。无线网络用户是指具备无线通信能力，并可将无线通信信号转化为有效信息的终端设备（如手机、PDA、笔记本电脑等）。基站是负责在无线网络用户和它所属的上层网络之间进行信息传递的无线收发设备（如手机基站、Wi-Fi 的接入点等）。

基于采用不同技术和协议的无线连接的传输范围，可以将无线网络分为无线个域网、无线局域网、无线城域网和无线广域网 4 类，如图 7-2 所示。此外，无线网络还包含了一系列无线通信协议。例如无线广域网中的 3G/4G/5G、无线城域网中的 WiMax（IEEE802.16）、无线局域网中的 Wi-Fi（802.11）和无线个域网中的蓝牙等。

1、无线广域网

无线广域网 (Wireless Wide Area Networks, WWAN) 的连接信号可以覆盖整个城市甚至整个国家，其信号传播途径主要有两种：一种是通过多个相邻的地面基站接力来传播信号，另一种是通过通信卫星系统来传播信号。无线广域网

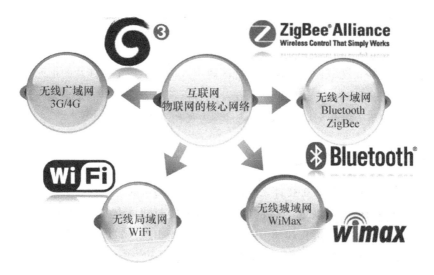

图 7-2 无线网络分类

包括 2G、2.5G、3G、4G 系统。

2G 系统的带宽约为 10Kbps，其核心技术包括全球移动通信系统 (Global System for Mobile Communications，GSM) 和码分多址数字无线技术（Code Division Multiple Access，CDMA）。

2.5G 系统的带宽为 100～400Kbps，在 2G 系统的基本架构上，增加了对文字、文件及图片等多媒体数据传输的支持，它的核心技术包括通用分组无线业务 (General Packet Radio Service，GPRS) 和增强型数据速率 GSM 演进技术 (Enhanced Data Rates for GSME volution，EDGE)。

3G 系统是指将无线通信与国际互联网等多媒体通信结合的新一代移动通信系统。带宽约为 2Mbps，其核心技术包括 2000 型 CDMA（CDMA-2000）、时分同步码分多址数字无线技术 (Time Division Synchronous Code Division Multiple Access，TD-SCDMA) 和通用移动通信系统 (Universal Mobile Telecommunications System，UMTS)。

4G 系统是第四代的移动信息系统，将 WLAN 技术和 3G 通信技术进行了很好地结合，使图像的传输速度更快，让传输图像的质量更高，图像看起来更加清晰。在智能通信设备中应用 4G 通信技术让用户的上网速度更加迅速，速度可以高达 100Mbps。

2、无线城域网

无线城域网（Wireless Metropolitan Area Networks，WMAN）基站的信号可以覆盖整个城市区域，覆盖范围从几千米到几十千米，主要为城市区域内的一些大楼、分散的社区提供无线通信手段以便接入互联网。除了提供固定的无线接入外，还提供具有移动性的接入能力，在无线信号覆盖区域内的用户可通过基站访问互联网等上层网络。

IEEE802.16 标准的全称是固定宽带无线访问系统空间接口（Air Interface for Fixed Broadband Wireless Access System），也称为无线城域网或无线本地环路标准。IEEE802 委员会于 1999 年成立了 802.16 工作组来专门为宽带无线接入的无线接口及其相关功能制定标准，它由三个小工作组组成，每个小工作组分别负责不同的方面：IEEE802.16.1 负责制定频率为 10～60GHz 的无线接口标准；IEEE802.16.2 负责制定宽带无线接入系统共存方面的标准；IEEE802.16.3 负责制定频率范围在 2～10GHz 间获得频率使用许可的应用的无线接口标准。802.16 标准提供两个物理层标准 802.16d 和 802.16e。802.16d 主要针对固定的无线网络部署，802.16e 主要针对火车、汽车等移动物体的无线通信标准问题。

全球微波互联接入技术(World wide Interoperability for Microwave Access，WiMax) 采用 IEEE802.16 系列标准，特别是 802.16a，能提供面向互联网的高速连接，基站的视线(Line of Sight，LoS)覆盖范围可达到 112.6kM，所谓"LoS"是指无线电波在相对空旷的区域以直线传播，但在建筑相对密集的城市中，无线电波会以非视线(None Line of Sight，NLoS)方式传输，802.16a 支持基站的非视线覆盖范围为 40kM，WiMax 基站的传输带宽可达到 75Mbps。此外，WiMax 还具有服务质量（Quality of Service，QoS）保障、业务丰富多样等优点。当前，WiMax 正在成为继 Wi-Fi 之后最受业界关注的宽带无线接入技术。

3、无线局域网

无线局域网(Wireless Locate Area Networks，WLAN) 是一种利用射频(Radio Frequency，RF) 技术，在一个局部区域内为用户提供可访问互联网等上层网络的无线连接。无线局域网的出现不是用来取代有线局域网，而是用来弥补有线局域网络的不足，以达到网络延伸的目的，使得用户可以在一个区域内随时随地访问互联网。无线局域网有两种工作模式，第一种基于基站（无线接入点 AP）的 Infrastructure 模式，无线设备（手机、笔记本电脑等）通过接入点访问上层网络；第二种基于自组织的 Ad-hoc 模式，这是一种特殊的自组织对等式多跳移动通信方式，网络中所有结点的地位平等，无需设置任何的中心控制结点，结点不仅具有普通无线终端所需的功能，而且具有报文转发能力。结点间的通信可能要经过多个中间结点的转发，即经过多跳（MultiHop）。

为了使无线局域网协议区域标准化，在 1990 年，IEEE 启动了 802.11 项目，正式开始了无线局域网的标准化工作。802.11 主要用于解决办公室局域网和校园网中用户与用户终端的无线接入，业务主要限于数据存取，速率最高可以达到 2Mbps。由于 802.11 在速率和传输距离上都不能满足人们的需要，因此，IEEE 工作组又相继推出了 IEEE802.11a、IEEE802.11b、IEEE802.11e、IEEE802.11g、IEEE802.11n 等标准。大多数 802.11 协议标准的接入点覆盖范围在一百米以内，802.11a 标准使用 5GHz 频段，支持的最大速度为 54Mbps，而 802.11b 和 802.11g 标准使用 2.4GHz 频段，分别支持最大 11Mbps 和 54Mbps 的速度。

无线局域网常用的各种无线网络协议标准如下：

802.11a：高速 WLAN 协议，使用 5GHZ 频段。最高传输速率 54Mbps，实际使用速率约为 22～26Mbps。缺点是与 802.11b 不兼容。

802.11b：目前最流行的 WLAN 协议，使用 2.4G 赫兹频段。最高传输速率 11Mbps，实际使用速率根据距离和信号强度可变（50 米内可达到 11Mbps，150 米内 1～2Mbps）。

802.11g：是 802.11b 在同一频段上的扩展，最高传输速率可达到 54Mbps 的，兼容 802.11b。该标准已经战胜了 802.11a 成为下一步无线数据网的标准。

802.11n：使用 2.4GHz 频段和 5GHz 频段，传输速度 300Mbps，最高可达 600Mbps，可向下兼容 802.11b、802.11g。

Wi-Fi(Wireless Fidelity) 是一个基于 IEEE802.11 系列标准的无线网络通信技术的品牌，目的是改善基于 IEEE802.11 标准的无线网络产品之间的互通性，由 Wi-Fi 联盟 (Wi-Fi Alliance) 所持有，简单来说 Wi-Fi 就是一种可以将个人电脑、移动设备（如 PDA、手机）等终端以无线方式互相连接的技术。Wi-Fi 的覆盖范围则可达 90 米左右，完全能够覆盖一间普通的办公室，甚至在小型楼宇中也可使用。因此，企业在实现自己的无线局域网时，Wi-Fi 是最受青睐的技术。

4、无线个域网

无线个域网（Wireless Personal Area Networks，WPAN）也称为无线个人局域网，是为了实现活动半径小（工作范围一般在 10 米以内）、业务类型丰富、面向特定群体、无线无缝的连接而提出的新兴无线通信网络技术。在网络构成上，无线个域网位于整个网络链的末端，用于实现同一地点终端与终端间的连接，其主要采用红外、蓝牙、ZigBee 和 UWB 等技术。无线个域网能够有效地解决"最后的几米电缆"问题，进而将无线联网进行到底。

802.15 是由 IEEE 制定的一种应用于无线个域网的规范标准，具有距离短、能耗小、成本低、适用于小型网络及通信设备等特征。802.15 工作组内有四个任务组，分别制定适合不同应用的标准。这四个标准如下：

802.15.1：是蓝牙低层协议的一个正式标准化版本。原始的 802.15.1 标准基于蓝牙 1.1，在目前大多数蓝牙器件中采用的都是这一版本。

802.15.2：是对蓝牙和 802.15.1 的一些改变，其目的是减轻与 802.11b 和 802.11g 的无线网络之间的干扰。这些网络都使用 2.4GHz 频段，如果想同时使用蓝牙和 Wi-Fi 的话，就需要使用 802.15.2。

802.15.3：其目的在于实现高速率。最初它瞄准的是消费类器件，如电视机和数码照相机等。其原始版本规定的速率高达 55Mbps，使用基于 802.11 但不兼容的物理层。

802.15.4：属于短距离低速率的无线个人域网。它的设计目标是低功耗（长电池寿命）、低成本和低速率。

无线个域网采用的主要技术如下：

（1）红外传输技术

红外（Infrared, IR）传输技术是以红外线作为载波来进行数据传递的技术，传输过程中不需要实体连线，简单易用且实现成本较低，因而广泛应用于小型移动设备之间交换数据和电器设备的控制中，例如手机、笔记本电脑、PDA 等设备之间进行数据交换；电视机、空调等家用电器的遥控，它是一种比较早的无线传输技术，其覆盖范围仅为 1 米左右。

红外传输技术按照其传输速率可以分为低速红外（Slow IR）和高速红外（Fast IR），低速红外的传输速率为 115.2Kbps，它适用于传送简短的信息、文字或是图片。高速红外的传输速率在 1～4Mbps。红外传输技术具有设备体积小、成本低、功耗低和不需要频率申请等优势，但是由于其传输距离短，且只能进行直线传输的缺点，目前已经逐渐被蓝牙技术所取代。

（2）蓝牙传输技术

蓝牙（Bluetooth）传输技术是以无线电波作为载波来进行数据传递的技术，也是目前普遍使用的短距离通信技术，能够在手机、PDA、笔记本电脑、无线耳机、计算机相关外设等众多设备之间进行无线信息交换。它使用分散式网络结构以及快跳频和短包技术，支持点对点和点对多点通信，采用时分双工传输方案实现全双工传输，工作在全球通用的 2.4GHz 频段，覆盖范围约为 10m，传输速率可以达到 1Mbps 左右，新的蓝牙 3.0 标准可以达到 24Mb/s 的速率。

　　蓝牙技术从诞生至今一共出现过 5 个版本，通信半径从几米到上百米不等。通信半径越大，需要的发送功率也越大，能耗也会相应变大。在蓝牙通信中，一个蓝牙设备可以扮演两种角色，分别为主设备和从设备。同一个蓝牙设备可以在这两种角色之间转换。一个主蓝牙设备可以最多同时和七个从设备通信。在任意时刻，主设备单元可以向从设备单元中的任何一个发送信息，也可以用广播的方式实现同时向多个从设备发送信息。利用蓝牙传输技术，能够有效地简化各种移动终端设备之间的通信以及设备与互联网之间的通信，从而使数据传输变得更加迅速高效，为无线传输拓宽道路。

　　（3）ZigBee 技术

　　在无线网络的使用过程中，人们发现蓝牙技术尽管有许多优点，但仍存在许多缺陷（如功耗大、距离短、组网规模小等）。在实际应用中，特别是工业自动化控制应用中，需要一种高可靠的，并能抵抗工业现场的各种电磁干扰进行无线数据传输的技术。在此需求下，ZigBee 技术应运而生。

　　ZigBee 技术是一种新兴的近距离、低速率、低功耗、低成本、自组网、低复杂度、安全可靠、扩展性好的双向无线通信技术，工作在 2.4GHz 频段，传输速率为 250Kbps，传输距离为 10～75 米。主要适用于自动控制和远程控制领域，支持定位功能。它依据 IEEE802.15.4 标准，在数千个微小的传感器之间相互协调实现通信。这些传感器只需要很少的能量，以接力的方式通过无线电波将数据从一个传感器传到另一个传感器，所以它们的通信效率非常高。由于 ZigBee 低功耗的特点，使得配置的电源体积很小。ZigBee 的无线数据模块，集成化程度高，体积也很小，便于安装和携带。

　　虽然 ZigBee 是一种短距离的通信技术，理论上通信距离是 75 米，一般不超过 150 米 (视具体环境条件而定)，其数据模块与子节点之间可以相互通信，且模块与模块之间、子节点与子节点之间也能相互通信。ZigBee 具有很强的扩展能力，模块之间可以随时随地自行组网，使得网络具有很大的伸缩性，一个无线传感网络（WSN）可以容纳 254 个子节点的无线数据模块和 1 个作为协调器的无线数据模块，一个区域内同时可以存在 254 个 WSN，即同时允许 65000 多个无线数据模块。ZigBee 可以随时随地与局域网 (LAN) 或广域网 (WAN) 相连，实现各种远程控制能力。ZigBee 的投入成本和维护费用都比较低，使用 868MHz、915MHz 和 2.4GHz 的开放性频段。ZigBee 设计的初衷，就是为了能够实现测距、测向、定位的要求，这是其他无线网络技术无法具备的。

(4) UWB 技术

超宽带 (Ultra Wide band, UWB) 是利用纳秒级的非正弦波窄脉冲进行传输数据的通信技术。与蓝牙和 Wi-Fi 等带宽相对较窄的传统无线技术不同，UWB 通过在较宽的频谱上传送极低功率的信号。能在 10 米左右的范围内实现 100Mbps～1Gbps 的数据传输速率。UWB 具有抗干扰性能强、传输速率高、带宽极宽、能耗低、发送功率小等诸多优势，主要应用于室内通信、高速无线局域网、无绳电话、安全检测、精确定位、雷达等领域。有人称它为无线通信技术领域的一次革命性进展，认为它将成为未来短距离无线通信的主流技术。

UWB 技术虽然被看作一种新技术，但这项技术已经有几十年的历史了。UWB 最初的定义是来自 20 世纪 60 年代兴起的脉冲通信技术，又称为脉冲无线电（Impulse Radio）技术。与在当今通信系统中广泛采用的载波调制技术不同，这种技术用上升沿和下降沿都很陡的基带脉冲直接通信，所以又称为基带传输（Baseband Transmission）或无载波（Carrierless）技术。

脉冲 UWB 技术的脉冲长度通常在亚纳秒量级，信号带宽经常达数千兆赫兹，比现有的无线通信技术的带宽都大得多，所以最终在 1989 年被美国国防部称为超宽带技术。UWB 设备的平均发射功率很低，可以与其他无线通信系统"和谐地共存"。同时也有低能耗、低成本、保密性好、抗多径干扰等优点。但同时，脉冲 UWB 系统频谱利用率较低，不适合高数据率传输。另外，早期脉冲 UWB 技术的专利多掌握在一些小公司手中。因此，当近几年 Intel、TI、Motorola 等大公司开发高速 UWB 技术时，不约而同地摒弃了脉冲方法，转而对传统的载波调制技术进行改造，使其具有 UWB 技术的特点。目前在 IEEE802.15.3a 工作组中形成了多频带 MB-OFDM 和 DS-CDMA 两大方案竞争的格局。这两种方案都是在对传统技术进行改进后用于满足 UWB 技术特征的。

同时，脉冲 UWB 成为无线个域网标准 IEEE802.15.4a 的重要候选技术。这个标准旨在提供低速率但覆盖范围较大、具有精确定位功能的近距离无线通信业务。

由于采用 UWB 技术能够方便地将定位与通信合二为一，因此可以用于人员的精确定位。目前的一些人员定位技术定位精度低，只能实现区域定位，GPS 定位系统也只能工作在 GPS 定位卫星的可视范围之内。而 UWB 具有较强的穿透能力，可在室内和地下进行精确定位，与 GPS 提供绝对地理位置不同，它可以给出相对位置,其定位精度可达厘米级。

7.2.2 定位技术概述

在实际应用中,无线定位节点必须知道自己的位置才能详细说明在什么地点或什么区域发生了特定事件,实现对目标物体的定位。对于移动目标而言,连续不断的定位就是跟踪。

根据无线定位节点获取信息的不同方式,可以分为距离相关(range-based)的定位方法和距离无关(range-free)的定位方法两大类。距离相关的定位方法通过测量节点间点到点的距离或角度信息,使用三边测量法、三角测量法或极大似然估计法计算节点位置;距离无关的定位方法则无须距离和角度信息,仅根据网络连通性等信息来判断实现。距离相关的定位方法常用的测距技术有TOA、TDOA、RSSI和AOA等。距离无关的常用算法有质心算法、DV-Hop算法、Amorphous算法和APIT算法等方法。还可以使用各种算法来减小测距误差对定位的影响,例如多次测量和循环定位求精等算法,但这些都要耗费大量计算和通信开销,对于低功耗、低成本的应用领域是一个挑战。

7.2.3 定位技术的基本原理和方法

目前,国内外各种无线定位技术层出不穷,但其中的基本原理都是相同的。要对一个物体作出定位,有两个关键:一是必须有一个或多个已知坐标的信标节点,二是必须要得到待定位物体与已知信标节点之间的空间关系。

无线定位一般由以下三个步骤组成:

(1)测量无线信号的电参量(振幅、频率、相位、传播时间),根据信号的传播特性把测量的电参量转换为距离、距离差以及到达角度等,用来表示位置关系;

(2)运用各种算法或技术来计算目标的位置;

(3)对估计值进行优化,使目标的位置更准确。

在定位过程中,未知节点在获取对于邻近信标节点的距离,或获得邻近的信标节点与未知节点之间的相对角度后,可以使用下列几种方法计算节点的位置。

1. 三边测量法

三边测量法如图7-3所示。

已知A、B、C三个节点的坐标分别为(x_a, y_a)、(x_b, y_b)、(x_c, y_c)以及它们到未知节点D的距离为d_a、d_b、d_c,假设节点D的坐标为(x, y)。

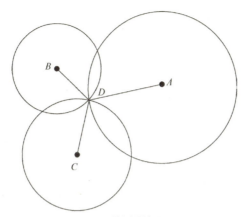

图 7-3 三边测量法图示

那么，存在下列公式：

$$\begin{cases} \sqrt{(x-x_a)^2+(y-y_a)^2}=d_a \\ \sqrt{(x-x_b)^2+(y-y_b)^2}=d_b \\ \sqrt{(x-x_c)^2+(y-y_c)^2}=d_c \end{cases} \quad (7\text{-}1)$$

由公式（7-1）可以得到节点 D 的坐标为：

$$\begin{bmatrix} x \\ y \end{bmatrix} = \begin{bmatrix} 2(x_a-x_c) & 2(y_a-y_c) \\ 2(x_b-x_c) & 2(y_b-y_c) \end{bmatrix}^{-1} \begin{bmatrix} x_a^2-x_c^2+y_a^2-y_c^2+d_c^2-d_a^2 \\ x_b^2-x_c^2+y_b^2-y_c^2+d_c^2-d_b^2 \end{bmatrix} \quad (7\text{-}2)$$

2. 三角测量法

三角测量法如图 7-4 所示，已知 A，B，C 三个节点的坐标为 (x_a, y_a)、(x_b, y_b)、(x_c, y_c)，节点 D 相对于节点 A，B，C 的角度分别为 $\angle ABD$、$\angle ADC$、$\angle DBC$，假设节点 D 的坐标为 (x, y)。

对于节点 A，C 和角 $\angle ADC$，如果弧段 AC 在 $\angle ABC$ 内，那么能够唯一确定一个圆，设圆心 $O_1(x_{o1}, y_{o1})$，半径为 r_1，那么 $\angle AO_1C = (2\pi - 2\angle ADC)$，并存在下列公式：

$$\begin{cases} \sqrt{(x_{O1}-x_a)^2+(y_{O1}-y_a)^2}=r_1 \\ \sqrt{(x_{O1}-x_b)^2+(y_{O1}-y_b)^2}=r_1 \\ (x_a-x_c)^2+(y_a-y_c)^2=2r_1^2-2r_1^2\cos\alpha \end{cases} \quad (7\text{-}3)$$

由上述公式就能够确定圆心 O_1 点的坐标和半径 r_1。同理对 A，B，$\angle ADB$ 和 B，

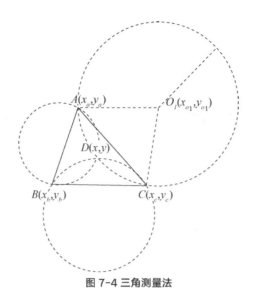

图 7-4 三角测量法

C，$\angle BDC$ 分别确定相应的圆心 O_2 (x_{o2}, y_{o2})、半径 r_2，圆心 O_3 (x_{o3}, y_{o3})、半径 r_3。

最后利用三边测量法，由点 D (x, y)，O_1 (x_{o1}, y_{o1})，O_2 (x_{o2}, y_{o2})，O_3 (x_{o3}, y_{o3}) 确定 D 点坐标。

3、极大似然估计法

极大似然估计法如图 7-5 所示，已知 1, 2, 3 等 n 个节点的坐标分别为 (x_1, y_1)，(x_2, y_2)，(x_3, y_3)，…(x_n, y_n)，它们到节点 D 的距离分别为 d_1, d_2, d_3, …, d_n 假设节点 D 的坐标为 (x, y)。

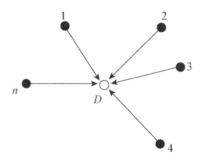

图 7-5 极大似然估计法

那么，存在下列公式：

$$\begin{cases}(x_1-x)^2+(y_1-y)^2=d_1^2\\ M\\ (x_n-x)^2+(y_n-y)^2=d_n^2\end{cases} \quad (7\text{-}4)$$

从第一个方程开始分别减去最后一个方程，得

$$\begin{cases}x_1^2-x_n^2-2(x_1-x_n)x+y_1^2-y_n^2-2(y_1-y_n)y=d_1^2-d_n^2\\ M\\ x_{n-1}^2-x_n^2-2(x_{n-1}-x_n)x+y_{n-1}^2-y_n^2-2(y_{n-1}-y_n)y=d_{n-1}^2-d_n^2\end{cases} \quad (7\text{-}5)$$

上述公式的线性方程表示方式为：$AX=B$，其中

$$A=\begin{bmatrix}2(x_1-x_n) & 2(y_1-y_n)\\ M & M\\ 2(x_{n-1}-x_n) & 2(y_{n-1}-y_n)\end{bmatrix}, b=\begin{bmatrix}x_1^2-x_n^2+y_1^2-y_n^2+d_n^2-d_1^2\\ M\\ x_{n-1}^2-x_n^2+y_{n-1}^2-y_n^2+d_n^2-d_{n-1}^2\end{bmatrix},$$

$$x=\begin{bmatrix}x\\ y\end{bmatrix} \quad (7\text{-}6)$$

使用标准的最小均方差估计方法可以得到节点 D 的坐标为
$X=(A^\mathrm{T}A)^{-1}A^\mathrm{T}b$。

7.2.4 定位技术的分类

根据无线定位过程中是否测量实际节点间的距离，把无线定位算法分为距离相关的 (range-based) 定位和距离无关的 (range-free) 定位。前者需要测量相邻节点间的绝对距离或方位，并利用节点间的实际距离来计算未知节点的位置；后者无需测量节点间的绝对距离或方位，而是利用节点间的估计距离计算节点位置。

1. 距离相关的定位

距离相关的定位算法通过实际测量节点间的距离或角度，得到数据通过数学公式计算得出位置值，定位精度相对较高。常用的定位方法有 TOA、TDOA、RSSI 和 AOA 等。

（1）基于 TOA 的定位

基于到达时间 (Time of Arrival, TOA) 的定位方法的基本原理是已知信号的传播速度，根据信号的传播时间来计算节点间的距离，最后利用已有算法计算出未知节点的位置。采用 TOA 定位技术确定一个未知节点的坐标，前提是必须保

证每个信标节点之间的时间同步,且至少有三个已知的信标节点。以这三个信标节点为圆心,信号传输的距离为半径,所有圆弧的交接点就是未知节点定位计算的位置。TOA 测量法要求已知点与待测点时间严格同步,否则会带来很大的定位误差,若收发两端节点并未同步,但是参考节点间存在同步,可采用 TDOA 方案来定位。

信号传输的距离可以通过下列方法得出:例如从信标节点向未知节点发出一道波(可以是声波,也可以是电磁波),这道波从信标节点发出的时间为 t_0,波被未知节点接收到的时间为 t,波传播的速度为 v,那么信号传输的距离就是 $v(t-t_0)$。

(2) 基于 TDOA 的定位

基于到达时间差(Time Difference of Arrival,TDOA)的定位方法的基本原理:首先必须保证信标节点之间的时间同步。信标节点同时发射两种不同传播速度的无线信号,由于距离信标节点的距离差异,当未知节点的测量信号到达的时候,具有不同的时间戳,便可以求得未知节点和信标节点之间的距离,最后利用已有算法计算出未知节点的位置。

TDOA 在 TOA 的研究上作出了改进。TDOA 定位技术不需要参考站和待测点间的绝对同步。每两个信标节点被未知节点进行协同监听,并测出同一测量信号到达这两个信标节点的时间差。每两个信标节点形成一个双曲线,若干组信标节点同时得到一组双曲线,通过定位算法计算就可以得到移动终端的位置,其实现相对简单,理论上得出的测量值误差也会比 TOA 小,TDOA 方式是广泛采用的定位方案。

(3) 基于 RSSI 的定位

TOA 和 TDOA 两种方法都有一个共同的不足之处:它们都需要在设备上安装特殊的装置(定位信号发射、接收装置)才能对这个设备进行定位。这无形之中制约了这些定位方法的应用范围。换个角度想,可以直接利用这些无线通信的射频信号来进行定位,这样也就不需要再额外安装定位专用硬件了,这就是基于信号特征(Received Signal Strength Indication,RSSI)的定位。RSSI 方法是待测点通过测出接收信号的场强值,由已知信道衰落模型及发射信号场强值估算出发射端到接收端间的距离,进而求出接收端的位置。用 RSSI 方法测距时,必须对信道的特性准确掌握,但实际中对信号传播模型的建模是相当复杂的,如反射、多径传播、非视距(Non Line Of Sight,NLOS)、天线增益等问题都有相当的不确定性和时变性;发射功率和参考功率之间存在偏差将会引起距离估计上的系统性偏差，所有这些因素都会给基于此方法的测距定位带来误差。因此，基于 RSSI 的定位方案精度非常有限。

（4）基于 AOA 的定位

基于到达角度（Angle Of Arrival，AOA）的定位方法的基本原理：根据信标节点发送信号到达未知节点接收信号的角度，确定未知节点和信标节点的角度关系实现定位。角度达到这种定位技术的重要前提是信标节点需安装阵列天线。理论上未知节点只需要接收两组带角度到达信号，确定两组未知节点与两个信标节点角度之间的交点，就可以得到定位结果。AOA 定位过程可分为三个阶段：首先测定两个相邻节点之间的方位角，然后测量未知节点相对信标节点的方位角，最后利用方位信息计算未知节点的位置。AOA 定位技术所需阵列天线成本较高，由于存在覆盖盲点，有的区域无法同时得到两组移动终端与两个信标节点的角度到达信号。AOA 定位精度取决于波达角度的估计，超宽带信道极其复杂，在密集多径的情况下，AOA 定位方案很难达到较高精度，所以它一般作为其他定位方法的辅助方案。

2. 距离无关的定位

距离无关的定位算法倾向于大面积撒布网络节点，通过极低成本的大规模投放，在区域形成均匀分布的无线传感网络。常用的定位方法有质心算法、DV-Hop 算法、Amorphous 算法和 APIT 算法等方法。

（1）质心算法

质心算法的基本原理是未知节点以所有在其通信范围内的信标节点的几何质心作为自己的估计位置。在质心算法中，信标节点周期性地向邻近节点广播信标节点分组，这个分组包含信标节点的标识号和位置信息。当未知节点接收到来自不同信标节点的分组数量超过某一个门限 k 或接收一定时间后，就确定自身位置为这些锚节点组成的多边形的质心。该方法的优点是简单和易于实现，缺点是精确度不高。估计的精确度与锚节点的密度以及分布有很大关系，密度越大，分布越均匀，定位精度越高。

（2）DV-Hop 算法

DV-Hop 算法的基本原理是将未知节点到信标节点之间的距离用网络平均每跳距离和两者之间的跳数乘积表示。未知节点首选计算与信标节点的最小跳数，然后估算平均每跳的距离，利用最小跳数乘以平均每跳距离，得到未知节点与信标节点之间的估计距离，再利用三边测量法或极大似然法计算未知节点的坐标。DV-Hop 算法的定位过程分为三个阶段：首先计算未知节点与每个信标节点的最小跳数，然后计算未知节点与信标节点的实际跳段距离，最后利用三边测量法或极大似然法计算未知节点的坐标。

(3) Amorphous 算法

Amorphous 算法的基本原理是利用两个节点之间跳段距离代表二者之间的直线距离，大致分为三个阶段。第一个阶段，与 DV-Hop 定位算法相同，未知节点计算与每个信标节点之间的最小跳数；第二个阶段，假设网络中节点的通信半径相同，平均每跳距离为节点的通信半径，未知节点计算到每个信标节点的跳段距离；第三阶段，利用三边测量法或极大似然算法，计算未知节点的位置。Amorphous 算法将节点的通信半径作为平均每跳段距离，所以定位误差大。

(4) APIT 算法

APIT 使用一个新的基于区域的方法来执行定位估测。其基本原理为未知节点侦听所有听得见的信标节点，再从这些信标节点中任选 3 个不共线的信标节点构成一个三角形，通过近似三角形内点测试法确定未知节点是否在三角形中，测试所有的三角形组合，就可确定多个包含未知节点的三角形区域。这些三角形区域的交集是一个多边形，它确定了更小的包含未知节点的区域。假设集合中有 n 个节点，那么共有 C_N^3 种不同的选取方法，确定 C_N^3 个不同的三角形，逐一测试未知节点是否位于每个三角形内部，直至穷尽所有的组合，最后计算包含未知节点所有三角形的重叠区域，将重叠区域的质心作为未知节点的位置。

7.3 地理信息系统

7.3.1 GIS 基本概念

物联网的核心思想是通过感知设备对感知对象进行识别、定位、跟踪、监控和管理，在这种需求下，物联网就需要一种统一的能进行空间定位、空间分析的可视化地理信息平台，而 GIS 正好满足了这种需求。地理信息系统 (Geography Information System, GIS) 是在计算机软、硬件支持下，把各种地理信息按照空间分布及属性，以一定的格式输入、存储、检索、更新、显示、制图、综合分析和应用的技术系统。它是一门综合性的技术，涉及地理学、测绘学、计算机技术、大气科学、城市科学、管理科学等多门学科，其概念和基础来自地理学和测绘学，其支撑是计算机技术。

作为 GIS 物理外壳的计算机技术，它又由若干个相互关联的子系统构成，如数据采集子系统、数据管理子系统、数据处理和分析子系统、图像处理子系统、数据产品输出子系统等。这些子系统的优劣和结构直接影响着 GIS 的硬件平台、功能、效率、数据处理的方式和产品输出的类型。

GIS 的操作对象是空间数据和属性数据，即点、线、面、体这类具有三维要素的地理实体。空间数据的最根本特点是每一个数据都按统一的地理坐标进行编码，实现对其定位、定性和定量的描述，这是 GIS 区别于其他类型信息系统的根本标志，也是其技术难点之所在。

GIS 的技术优势在于它的数据综合、模拟与分析评价能力，可以得到常规方法或普通信息系统难以得到的重要信息，实现地理空间过程演化的模拟和预测。

GIS 与测绘学和地理学有着密切的关系。大地测量、工程测量、矿山测量、地籍测量、航空摄影测量和遥感技术为 GIS 中的空间实体提供各种不同比例尺和精度的定位数；电子速测仪、GPS 全球定位技术、解析或数字摄影测量工作站、遥感图像处理系统等现代测绘技术的使用，可直接、快速和自动地获取空间目标的数字信息，为 GIS 提供丰富和更为实时的信息源，并促使 GIS 向更高层次发展。所以，地理学是 GIS 的理论依托。

7.3.2 GIS 发展历史

GIS 的发展始于 20 世纪 60 年代，起源于加拿大。但由于当时计算机技术水平不高，存储量小，磁带存取速度慢，使得 GIS 的功能极为简单。20 世纪 70 年代以后，由于计算机软、硬件技术的进一步发展，特别是大容量存储功能磁盘的使用，为地理空间数据的录入、存储、检索、输出提供了强有力的手段，使 GIS 朝着实用的方向迅速发展。美国、加拿大、英国、德国、瑞典、日本等发达国家先后建立了许多不同专题、不同规模、不同类型的各具特色的地理信息系统。20 世纪 70 年代的 GIS 和 60 年代相比，并未得到很大的扩充，其主要原因仍是数据库的容量较小，不足以支撑大量的空间数据和属性数据。因此，20 世纪 70 年代可以说是地理信息系统的巩固阶段。20 世纪 80 年代，由于新一代高性能计算机的普及和发展，GIS 也逐步走向成熟。GIS 的软、硬件投资大大降低而性能明显提高，GIS 也由单一功能的分散系统发展成为多功能的综合性信息系统，并开始向智能化发展。

我国地理信息系统的起步稍晚，但发展势头相当迅速，大致可分为以下三个阶段。

起步阶段。20世纪70年代初期，我国开始推广电子计算机在测量、制图和遥感领域中的应用。随着国际遥感技术的发展，我国在1974年开始引进美国地球资源卫星图像，开展了遥感图像处理和解译工作。1976年，我国召开了第一次遥感技术规划会议，形成了遥感技术试验和应用蓬勃发展的新局面，先后在全国各地进行遥感试验，为建立我国的地理信息系统数据库打下了坚实的基础。

试验阶段。进入20世纪80年代之后，我国开始执行"六五"、"七五"计划，国民经济全面发展。在大力开展遥感应用的同时，GIS也全面进入试验阶段。在试验中主要研究数据规范和标准、空间数据库建设、数据处理和分析算法及应用软件的开发等。

全面发展阶段。20世纪90年代以来，我国的GIS随着社会主义市场经济的发展走上了全面发展阶段。国家测绘局开始在全国范围内建立数字化测绘信息产业，1∶100万地图数据库开始公开发售，1∶25万地图数据库也已完成建库，并开始了全国1∶10万地图数据库生产与建库工作，各省测绘局也开始建立省级1∶1万基础地理信息数据库。一些用于城市规划、土地管理、交通、电力及各种基础设施管理的城市地理信息系统在我国许多城市相继建立。

7.3.3 GIS组成结构

GIS主要由五个部分组成：硬件、软件、数据库、模型和人员。如图7-6所示。其中，软件和硬件是GIS的核心，数据是GIS操作的对象，模型是GIS空间分析的方法和模式。人员是GIS成功应用的关键。

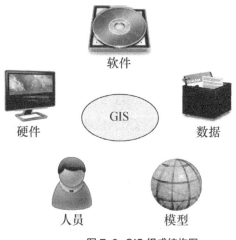

图7-6 GIS组成结构图

1、硬件：主要包括计算机主机、输入设备（如全站仪、GPS、扫描仪等）、输出设备（如打印机、绘图仪等）、存储设备（如光盘机、硬盘阵列等）和传输设备。

2、软件：主要包括系统软件（如操作系统、系统库等）、基础软件（图形、数据库等）和 GIS 软件（GIS 基本功能软件、GIS 应用软件和用户界面）。

3、数据：系统中最重要的部分就是数据。它包括基础数据（如地形、地貌、地质数据等）和专题数据（如国土资源、规划、交通、环保数据等）。

4、模型：主要包括理论模型、经验模型和混合模型。模型是对现实世界的简化表示，也是解决各种实际问题的专业程序。

5、人员：主要包括系统管理人员、系统开发人员、数据处理和分析人员以及最终用户。

从数据处理的角度出发，地理信息系统又被分为数据输入子系统、数据存储与检索子系统、数据分析和处理子系统、数据输出子系统。

1、数据输入子系统：负责数据的采集、预处理和数据格式的转换。

2、数据存储与检索子系统：负责数据库中数据的组织和管理，以便于数据查询、更新与编辑处理。

3、数据分析与处理子系统：负责对数据库中数据的计算、分析和处理。如面积计算、体积计算、空间叠置分析、缓冲区分析等。

4、数据输出子系统：以图形、图像、表格的方式将数据库中的数据和计算、分析结果输出到显示器或图纸上。

7.3.4 GIS 软件平台

在 GIS 中，软件部分直接关系到系统功能的强与弱。通常，GIS 中的软件系统具有层次结构。GIS 基本功能软件（又称 GIS 平台）通常是由商业软件公司开发的，它提供了 GIS 应用软件开发的环境。大部分 GIS 工程应用都是在某个 GIS 平台的基础上，通过二次开发完成的。国内外主要的 GIS 软件平台如下：

1.ArcGIS

ArcGIS 是由美国环境系统研究所（ESRI）开发的一套 GIS 平台产品，具有强大的地图制作、空间数据管理、空间分析、空间信息整合、发布与共享的能力。其最新产品 ArcGIS10 是目前全球唯一支持云架构的 GIS 平台，可直接部署在 Amazon 云计算平台上，把对空间数据的管理、分析和处理功能送上云端。

2. MapInfo

MapInfo 是由美国 MapInfo 公司开发的桌面 GIS 平台，它具有图形的输入与编辑、图形的查询与显示、数据库操作、空间分析和图形的输出等基本操作。它依据地图及其应用的概念，采用办公自动化的操作，集成多种数据库数据，使用地理数据库技术，加入了 GIS 分析功能，是一种大众化的小型 GIS 平台。

3. GeoMedia

GeoMedia 是由美国 Intergraph 公司开发的基于空间数据仓库技术的 GIS 平台，该平台应用了数据仓库技术和 OpenGIS 概念，管理数据和分析数据的能力以及数据的安全性得到加强，实现了数据共享，兼容多种数据源。

4. GeoStar

GeoStar 是由武汉武大吉奥公司研发的国产自主知识产权的 GIS 平台，GeoStar 基于组件开发，支持多种数据库引擎，提供数据管理、图形编辑、空间分析、空间查询、制图、数据转换、元数据管理等功能，可适应多种用户、多种应用的需求。

5. MapGIS

MapGIS 是由武汉中地数码集团研发的具有完全自主知识版权的 GIS 平台，采用搭建式 GIS 数据中心集成开发平台，实现遥感处理与 GIS 完全融合，支持空中、地上、地表、地下全空间真三维一体化的 GIS 开发平台。

6. SuperMap

SuperMap 是由北京超图公司开发的具有完全自主知识产权的 GIS 平台。主要包括组件式 GIS 开发平台、服务式 GIS 开发平台、嵌入式 GIS 开发平台、桌面 GIS 平台、导航应用开发平台以及相关的空间数据生产、加工和管理工具。

7.3.5 GIS 应用领域

早期 GIS 主要应用于自动制图和土地信息管理，后来逐步扩展到军事、资源和环境管理、监测和预估等领域，随着 3S（GIS、GPS、RS 遥感技术）技术的成熟与相关学科的结合，GIS 已经进入政策分析与决策、经济规划、交通运输等所有涉及空间信息的行业和部门。

GIS 的主要应用领域如下：

1、资源管理

主要应用于农业和林业领域，解决农业和林业领域各种资源(如土地、森林、草场)分布、分级、统计、制图等问题。

2、区域规划

空间规划是 GIS 的一个重要应用领域，城市规划和管理是其中的主要内容。在这类应用中，主要目标是保证资源的最合理配置和发挥最大效益。例如，在大规模城市基础设施建设中如何保证各种公共设施的合理分布。

3、国土监测

有效用于森林火灾的预报预测、洪水灾情监测和淹没损失估算、土地利用动态变化分析和环境质量的评估研究等。

4、军事战争

反映战场地理环境的空间结构；完成态势图标绘，选择进攻路线，合理配置兵力，选择最佳瞄准点和打击核心，分析爆炸等级、范围、破坏程度、射击诸元等。

5、抗震救灾

解决在发生洪水、地震、核事故等重大自然或人为灾害时，如何安排最佳的人员撤离路线，并配备相应的运输和保障设施的问题。

6、网络分析

建立交通网络、地下管线网络等的计算机模型，研究交通流量、进行交通规则、处理地下管线突发事件(爆管、断路)等应急处理。警务和医疗救护的路径优选、车辆导航等也是 GIS 网络分析应用的实例。

7、GIS 在监管矫正领域的应用

在所有需要地理位置或信息的监管矫正领域里，都可以应用 GIS。例如使用 GIS 可以对警戒位置、巡更路线和分押区域等进行科学合理的设置；在应急指挥中，GIS 也可以作为应急响应或突出事件的部署与决策平台。当有罪犯逃脱事件发生时，利用 GIS 在地图上画一个圆，这个圆以罪犯最后出现的地点为圆心，以逃跑时间内可能移动的最大距离为半径，圆区域内的地形地貌立刻一览无遗。在圆周与各公路的交会点处迅速设置关卡，同时组织警力在区域内进行搜索，大大缩短了响应时间，为追逃工作提供了有利条件。

GIS 与 BIM 数据的融合是目前比较热的研究点。BIM 是指建筑信息模型（Building Information Modeling）。对于 GIS 来说，BIM 数据是 GIS 的另个一重要的数据来源，能够让 GIS 从宏观走向微观，从室外走向室内，实现室内外一体化的精细管理。在监狱管理的应用中，BIM+GIS 相结合可以为智慧监管数字化转型提供各种应用(例如数据整合、数量分析、空间管理等)，还可以结合其他技术(如物联网、大数据等)，来增强智慧监管的时效性与数据的准确性。

7.4 卫星导航定位系统

7.4.1 卫星导航定位系统基本概念

全球卫星导航定位系统是指能在地球表面或近地空间的任何地点为用户提供全天候的三维坐标和速度以及时间信息的空基无线电导航定位系统。

从 20 世纪 70 年代后期全球定位系统（Global Positioning System, GPS）建设开始，至 2020 年多星座构成的全球卫星导航系统（Global Navigation Satellite System, GNSS）均属于第 2 代导航卫星系统，它们包括美国的 GPS、俄罗斯的格洛纳斯卫星导航系统（Global Navigation Satellite system, GLONASS）、中国的北斗卫星导航系统（BeiDou Navigation Satellite System, BDS）和欧洲的伽利略卫星导航系统（Galileo Navigation Satellite System, Galileo）4 个全球系统。

1. 第一颗人造卫星的发射

1957 年 10 月 4 日，苏联成功发射了世界上第一颗人造地球卫星，在苏联发射这颗卫星入轨后不久，美国霍普金斯大学应用物理实验室的韦芬巴赫等研究人员，在地面已知坐标点上对其进行跟踪，捕获到了该卫星发送的无线电信号，测得了它的多普勒频移，进而计算出了卫星的轨道参数，掌握了它在空间的实时位置。根据这一观察结果，该实验室的麦克雷等研究人员提出了一个"反向观测"设想：知道地面已知点，可求出在轨卫星的空间坐标；反之，如果知道卫星的轨道参数，也能求出地面观测者的坐标。随后通过一系列的计算和实验证明这一设想是科学可行的。

2. 子午卫星导航系统

1958 年，美国派侦察船跟踪苏联向太平洋发射的导弹时发现，如果知道导弹轨迹，就可推算出船的位置，这一发现正好与"反向观测"的设想不谋而合。同年 12 月，美国海军委托霍普金斯大学应用物理实验室开始研制基于上述"反向观测"原理的世界上第一代卫星导航系统，即把在轨卫星作为空间的动态已知点，通过测量卫星的多普勒频移，解算出观测者的坐标数据，进而实现军用舰艇等运动客体的导航定位。这一系统称为美国海军卫星导航系统 (Navy Navigation Sate System，NNSS)。由于该系统的卫星通过地球的南北两极上空，即卫星是沿地球的子午圈轨道运行，所以又称为子午卫星导航系统，简称 TRANSIT。

3. 全球定位系统 (GPS)

TRANSIT 在导航技术的发展中具有划时代的意义,但它存在观测时间长、定位速度慢(2 小时才有一次卫星通过,定位一个点需要观测 2 天)的缺点,不能满足连续实时的三维导航要求,尤其不能满足飞机、导弹等高速运动目标的精确导航要求。于是 20 世纪 60 年代中期,美国海军提出了"Timation"计划,美国空军提出了"621B"计划,并开始实施。但在发射了数颗实验卫星和进行了大量实验后发现各自都还存在一些大的缺陷。在此背景下,1973 年美国国防部决定发展各军种都能使用的全球定位系统(GPS),并指定由空军牵头研制。多家单位参加了项目的实施,其中包括美国空军、陆军、海军、海军陆战队、海岸警卫队、运输部、国防地图测绘局、国防预研计划局,以及北大西洋公约组织和澳大利亚。在历时 20 多年,耗资数百亿美元后,于 1994 年 3 月 10 日,GPS 的 24 颗工作卫星全部进入预定轨道,系统全面投入正常运行,技术性能达到了预期目的,其中粗码(C/A 码)的定位精度高达 14m,远远超过设计指标。GPS 是美国继"阿波罗"登月飞船和航天飞机后的第三大航天技术工程。该系统是能在海陆空进行全方位、高精度实时定位、测速、授时的新一代卫星导航定位系统。它是现代科学技术的结晶,它的推广应用有力地促进了人类社会进步。

GPS 广泛的应用价值,引起了各国科学家的关注和研究。俄罗斯、欧洲以及中国的科学家,在积极开发利用 GPS 信号资源的同时,也在致力于研究各自的卫星导航定位系统。

4. 北斗系统

北斗卫星导航系统(以下简称北斗系统)是中国着眼于国家安全和经济社会发展需要,自主建设运行的全球卫星导航系统,是为全球用户提供全天候、全天时、高精度的定位、导航和授时服务的国家重要时空基础设施。

20 世纪后期,中国开始探索适合国情的卫星导航系统发展道路,逐步形成了三步走发展战略:2000 年年底,建成北斗一号系统,向中国提供服务;2012 年年底,建成北斗二号系统,向亚太地区提供服务;2020 年,建成北斗三号系统,向全球提供服务。

北斗系统由空间段、地面段和用户段三部分组成。

空间段。北斗系统空间段由若干地球静止轨道卫星、倾斜地球同步轨道卫星和中圆地球轨道卫星等组成。

地面段。北斗系统地面段包括主控站、时间同步/注入站和监测站等若干地面站,以及星间链路运行管理设施。

用户段。北斗系统用户段包括北斗兼容其他卫星导航系统的芯片、模块、天线等基础产品，以及终端产品、应用系统与应用服务等。

北斗系统具有以下特点：一是北斗系统空间段采用三种轨道卫星组成的混合星座，与其他卫星导航系统相比高轨卫星更多，抗遮挡能力强，尤其低纬度地区性能优势更为明显。二是北斗系统提供多个频点的导航信号，能够通过多频信号组合使用等方式提高服务精度。三是北斗系统创新融合了导航与通信能力，具备定位导航授时、星基增强、地基增强、精密单点定位、短报文通信和国际搜救等多种服务能力。

北斗系统提供服务以来，已在交通运输、农林渔业、水文监测、气象测报、通信授时、电力调度、救灾减灾、公共安全等领域得到广泛应用，服务国家重要基础设施，产生了显著的经济效益和社会效益。

7.4.2 卫星导航定位系统的组成

以 GPS 系统为例，由空间部分、控制部分和用户部分三个部分组成。系统结构如图 7-7 所示。

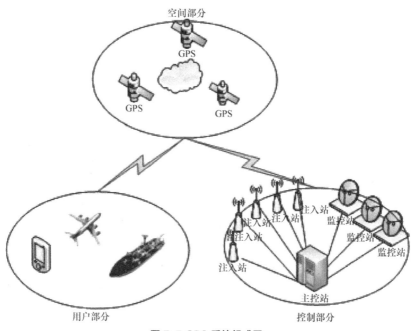

图 7-7 GPS 系统组成图

1. 空间部分

GPS 的空间部分由 24 颗均匀分布在 6 个轨道面上（每个轨道面 4 颗）的工作卫星组成，分别位于距地表 20200 千米的上空，轨道倾角为 55°。卫星的分布使得在全球任何地方、任何时间都可同时观测到 4 颗以上的卫星。

GPS 卫星实体是一个直径约 1.5m 的柱形设备；卫星两侧各有一块面积约 7 平方米的太阳能电池翼板，为 GPS 卫星供电；卫星底部装多波束螺旋形定向天线阵，用于发射导航电文信号；波束方向能覆盖约半个地球；卫星上最核心的设备是二台铷原子钟和二台铯原子钟，为 GPS 定位提供高精度的时间基准。GPS 卫星产生两组电码，一组为 C/A 码 (Coarse/Acquisition Code)，另一组称为 P 码 (Precise Code)。C/A 码定位精度低，主要用于民用；P 码定位精度高，抗干扰性强。P 码主要为美国军方服务。

GPS 卫星的主要功能如下：

(1) 向地面发射导航电文，为 GPS 用户提供导航和定位信息。

(2) 接收和执行地面监控站发出的指令。

(3) 通过高精度的卫星钟（铯钟和铷钟）向用户提供精确的时间基准。

2. 地面控制部分

GPS 系统地面控制部分由 1 个主控站、3 个注入站和 5 个监控站组成。各站点的功能如下：

(1) 主控站

负责收集各监控站发来的信息；根据这些信息计算每颗卫星的星历，修正卫星时钟和轨道，给出时间基准，编制成一定格式的导航电文传送到注入站；对卫星、各注入站和监控站进行协调和监控，统筹整个地面控制系统的运转工作。

(2) 注入站

负责把主控站传来的导航电文和控制指令注入 GPS 卫星。

(3) 监控站

负责为主控站编算导航电文并提供各类监控数据和观测信息。监控站每隔一段时间对 GPS 卫星进行一次监测，监测内容主要有轨道信息、卫星时钟、气象要素和运行状态等数据，并将这些信息传给主控站。

3. 用户设备部分

用户设备部分主要指 GPS 信号接收机。当接收机接收到卫星信号后，即可测量出接收天线到卫星的伪距离和距离的变化率，解调出卫星轨道参数等数据。根据这些数据，接收机中的微处理器就可按照定位解算方法进行定位计算，计算出

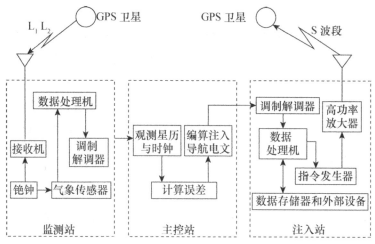

图 7-8 GPS 控制系统框图

用户所在位置的经纬度和高度,以及移动速度和时间等信息。GPS 接收机由天线单元和接收单元两部分组成,按用途可分为导航型、测地型和授时型;按工作原理可分为码相关型、平方型、混合型和干涉型。

7.4.3 卫星导航定位系统工作原理

卫星导航定位系统要实现定位,要解决两个问题:一个是要知道导航定位系统卫星的准确位置;另一个是要准确测量出导航定位系统卫星到用户接收机之间的距离。

要确定导航定位系统卫星所在的准确位置,除了要优化设计导航定位系统卫星运行轨道,还需要监测站通过各种手段,连续不断监测导航定位系统卫星的运行状态,适时发送控制指令,使导航定位系统卫星保持在正确的运行轨道。主控站将正确的运行轨迹编成星历,交给注入站注入导航定位系统卫星,再由导航定位系统卫星发送给导航定位系统接收机。导航定位系统接收机只要接收到每个卫星的星历,就可以知道卫星的准确位置。

导航定位系统卫星到用户接收机的距离是通过记录卫星信号传播到用户所经历的时间,再将其乘光速得到(由于大气层电离层的干扰,这一距离并不是用户与卫星之间的真实距离,而是伪距)。当导航定位系统卫星正常工作时,会不断地用二进制码组成的伪随机码(简称伪码)发射导航电文。导航电文包括卫星星历、工作状况、时钟修正、电离层延时修正、大气折射修正等信息。当用户接收到导航电文时，提取出卫星时间并将其与自己的时钟做对比便可得知卫星与用户的距离。

导航定位系统卫星的位置和导航定位系统卫星到用户接收机之间的距离都确定后，综合多颗卫星的数据可以得出接收机的具体位置。定位的基本原理为已知未知点到已知点的距离，未知点就必然位于以已知点为球心、两点间距离为半径的球面上；如果已知 A、B、C 三颗卫星的在轨坐标，又测出了观测站距三颗卫星的距离，然后分别以这三颗卫星为球心，以测得的距离为半径，得到 3 个球面，而观测站就一定位于这三个球面的相交处 (若有多个解，可通过接收方向的判断进行排除)，从而准确地解算出观测站的位置。然而，由于用户接收机使用的时钟与卫星的星载时钟不可能总是同步，所以除了用户的三维坐标 x、y、z 外，还要引进一个变量。即将卫星与接收机之间的时间差作为未知数，然后用 4 个方程将这 4 个未知数求解出来。所以如果要知道接收机所在的位置，至少需要接收到 4 颗卫星的信号。

7.4.4 卫星导航定位系统应用

当前，卫星导航定位系统的应用已经渗透到各行各业，尤其在交通运输领域中，导航定位系统的应用最为广泛。例如使用车载导航定位系统设备可以对车辆进行精确定位，结合电子地图以及实时的交通状况，自动匹配最优路径，并实现车辆的自主导航。民航运输通过导航定位系统接收设备，使驾驶员着陆时能准确对准跑道，同时还能使飞机紧凑排列，提高机场利用率，引导飞机安全进离场。出租车和物流配送等行业利用导航定位系统技术对车辆进行调度管理，合理分布车辆，以最快的速度响应用户的请求，降低能源消耗，节省运行成本。

将导航定位系统应用在监狱和社区矫正管理工作中，同样也能发挥它强大的作用。例如应用在罪犯的押解途中，在监狱在押人员外出就医、提审、转监等需要外出时除了对车辆进行定位管理，还可以对车辆内部在押人员及押车民警进行全程监控，监控中心可随时了解在押运途中车辆及车内人员情况。每个车辆内配置车载导航定位系统定位器，用于定位车辆位置，并且车内安装读卡器，押运警察及在押人员佩戴身份卡，系统预制外出授权人员信息（时间段信息、人员信息），读卡器接收的信息将通过无线网络传输到人员定位管理系统。当车内人员在途中离开车辆时，系统发出告警信息，监狱监控中心即可及时获取信息。当车辆驶出监狱门岗系统自动设置为监控状态，安全抵达后系统自动转成空闲状态。如图 7-9 所示。

在社区矫正管理中，可以应用导航定位系统实现对社区矫正对象的定位管理。通过手机的导航定位系统定位，矫正工作者能够 24 小时监督手机持有者的位置，并记录其行动轨迹。所有的信息显示并储存在辖区司法所的电脑上，并能定期对社区矫正对象进行电话抽查。利用导航定位系统、GIS 和 RFID 技术相结合，可以限定矫正对象的活动范围，一旦出现矫正对象越界、人机分离、关机等异常情况时，会自动报警和备案，通知矫正工作者及时确定矫正对象所在位置。导航定位系统技术的应用，大大加强了对社区矫正对象的监督管理。

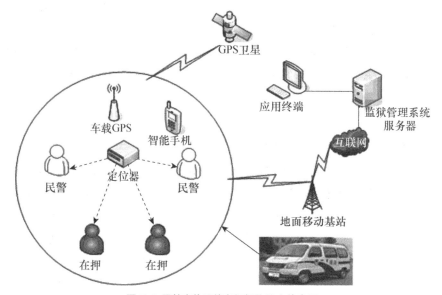

图 7-9 导航定位系统在押解执法中的应用

第8章 社区矫正人员定位技术

8.1 技术背景

2012年3月1日起施行的最高人民法院、最高人民检察院、公安部、司法部联合制定《社区矫正实施办法》第十九条明确指出：司法所应当根据社区矫正对象个人生活、工作及所处社区的实际情况，有针对性地采取实地检查、通信联络、信息化核查等措施及时掌握社区矫正对象的活动情况。重点时段、重大活动期间或者遇有特殊情况，司法所应当及时了解掌握社区矫正对象的有关情况，可以根据需要要求社区矫正对象到办公场所报告、说明情况。社区矫正对象脱离监管的，司法所应当及时报告县级司法行政机关组织追查。

社区矫正人员定位（电子监控）是把物联网定位技术应用到社区矫正对象（重点人员）的监控上，在电子地图上建立起虚拟的电子围墙，实现即时位置与自动追踪、随机位置查询、历史轨迹查询与回放、超越规定地点或区域自动报警等功能。如图8-1所示。这些技术手段的应用，实现了社区矫正监管工作以"人防"向"技防"的重大转变，创新了监管工作方法，有效防止了社区矫正对象脱管、漏管现象，进一步促进了社区矫正管理工作水平的提高。

美国于1984年开始社区电子监控计划，至今为止有包括G4S、3M、BI、ElmoTech、iSECUREtrac、Pro Tech、Sentinel、STOP-LLC等在内的约十几家公司开发了不同型号、外形、功能的电子监控设备和系统。

美国社区矫正中电子监控的主要对象是性罪犯、缓刑犯、假释犯、暴力犯等类型犯人。1998年，新泽西州是第一个规定对罪犯采用GPS技术追踪的州。2005年9月佛罗里达州通过了杰西卡法案，花费了1300万美元，要求离开监狱的曾经对12岁以下小孩进行过性犯罪的犯人必须佩戴GPS定位追踪装置。从费用上看，一个被关押在监狱中的罪犯的消耗每天在45～125美元；在社区中采

社区矫正信息化

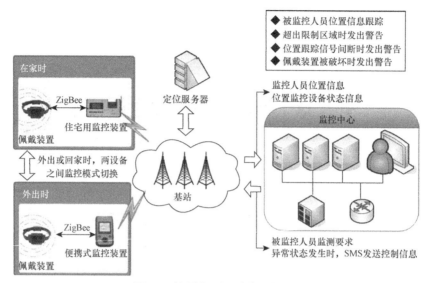

图 8-1 社区矫正人员定位示意图

用 GPS 监管,每天费用只有 2.5～4.5 美元;采用被动型 GPS 监控,每天费用约 4.5～12.5 美元;采用主动型 GPS 监控,每天费用约 8～15 美元。相比之下,采用定位监控方式的社区矫正费用比监禁在监狱中的费用大大减少。

电子监控在限制罪犯自由的同时,又具备惩罚意义,电子监控的纪律性要求也有助于纠正某些罪犯混乱的生活方式。根据资料,英国利兹大学一项独立研究表明在被电子监控系统定位的服刑人员中,68% 的人不再犯罪;超过 40% 的人减少了酒精摄入或吸毒量;由于被监控人员更多时间在家里或处在家庭环境中,其人际关系也得到改善。电子监控定位不仅给予罪犯一定的生活空间,还允许服刑人员接受教育、培训或者在社区监管下有弹性地、持续地参加有偿工作。对公众来说,服刑人员被释放回社区后,电子监控系统通过限制违规风险从而也在一定程度上保障了居民的安全。这是罪犯矫正领域的一项令人瞩目的技术革新。

8.2 基于 GPS 与 RFID 的人员定位方案

1. 技术简介

采用 GPS 监控在社区中服刑的罪犯,需要 GPS 与 RFID 设备共同协作。一般由两部分构成,一是 GPS 接收机,负责接收卫星 GPS 信号,计算、定位、存储犯人的位置,通过加密的通信网络实时或间断性向有关部门报告,该设备将与电子脚环通过短距离无线通信联系。二是电子脚环（RFID 技术），佩戴在犯人的脚踝上，外形类似一个手表，功能类似一个射频识别卡片，两个设备之间通过一定频率的射频信号进行通信，接收机通过无线通信网络（一般需要安装手机 SIM 卡，通过手机通信网络实现）与远程监控中心联系。建议采用电子脚环而非电子腕带是出于两个基本考虑：一是佩戴在脚踝上更不易被犯人有意或无意脱落；二是容易被衣物遮挡，以在某些场合避免隐私外泄。采用 GPS 定位，民用定位精度可以达到 3 米左右。但是一旦犯人进入建筑物，由于受到屏蔽的作用，会导致 GPS 信号降低，甚至消失，必须采用其他方法进行监控。RFID 技术主要作用于电子腕带或电子脚环，使之与 GPS 设备（或集成 GPS 功能的手机）通信，避免人机分离事件出现。

在实际应用中，有三种主要的类型：

第一种是主动型：社区矫正工作人员可以在每天的任何时段定位和回放社矫对象的位置，当社矫对象进入限制区域（如受害人的家庭、工作环境或其他定义为严禁进入的区域）时，社矫对象佩戴的电子脚环能够发出报警声或振动信号，一方面提醒受害人身边的潜在危险，另一方面也告诫社矫对象立刻离开此区域，同时通过 GPS 接收机发出信息给矫正工作人员或有关机构采取必要的措施。

第二种是被动型：功能同主动型，但是社矫对象每天的位置信息都记录在接收机中，只有在社矫对象回到家中或者给 GPS 接收器充电时才会向监控中心发送信息，所以信息的传送不是实时的。

第三种是混合型：类似于被动型，但是当社矫对象进入限制区域时，立即转换为主动模式，并且实时向监控中心发出报警信号。

从外形上有两种形式：第一种是分体式，即 GPS 接收机佩戴在使用者腰间，电子脚环佩戴在脚踝上，两者分开佩戴。第二种是一体式，电子脚环中包含了 GPS 接收功能，只是个体比分体式中的电子脚环稍大，需要每天充电，但是有效防止了分体式中 GPS 接收机的遗失问题。自 2008 年 9 月 1 日开始，韩国法务部规定，将对犯有强奸罪前科的社矫对象佩戴"电子脚镣"（每套价值约 100 万韩元，折合人民币约 5000 元），实施 24 小时的定位追踪，以便可以掌握他们的行踪。如图 8-2 所示。

2. 总体架构

基于 GPS 和 RFID 的人员定位方案由 GPS 接收机、RFID 电子脚环和 GIS 组成。如图 8-3 所示。

一体式　　　　　　　　分体式

图 8-2 GPS 监控终端设备示意图

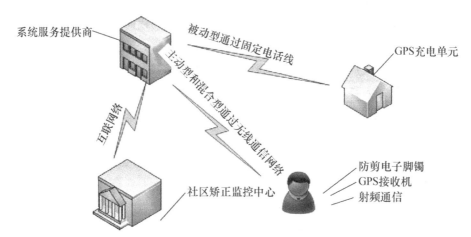

图 8-3 GPS 与 RFID 人员定位示意图

当佩戴电子脚环和 GPS 接收机的社矫对象外出时，GPS 接收机能够接收卫星的星历时间信息，然后计算得出社矫对象的经纬度信息，通过手机通信网络实时或间断性发送给系统服务提供商，存入服务器的数据库中，矫正工作人员或者监控中心可以通过有线或无线网络访问手机通信网络提供商的数据库。当矫正对象进入装有 RFID 定位器的建筑物工作或者回到家中给 GPS 接收机充电时，电子脚环和 RFID 阅读器通过射频信号通信，阅读器再通过连接固定电话线间断性或实时地发送矫正对象是否在屋内的信息给相应数据库，供矫正工作人员或者监控中心读取访问。同时，借助 GIS 地图的直观显示，可以设定矫正对象在规定的时间应该或禁止进入的区域，一旦违反规则就可报警；并且可以实时调阅某日期某时刻某社矫对象的运行位置信息在 GIS 地图中动态地显示；包括显示罪犯的个人信息，一定区域内罪犯总数和在室内外的人数等。为了保证系统的安全和防止社矫对象破坏设备，设定了一定的报警种类：当社矫对象把 GPS 接收机的放置位置离电子脚环的距离超过规定要求，接收机通过无线通信网络报警；当社矫对象不佩戴 GPS 接收机而离开装有阅读器的室内时，定位器可以通过连接的固定电话线报警；当社矫对象故意剪断电子脚环时或者电子脚环的电压过低，接收机或定位器可通过无线通信网络或固定电话线报警。

监控中心只需使用系统应用软件就能通过划分"非限制"或"限制"区域为个别或全体受监控者设定行动界限。还可以按日、工作日、周末、周或"一次性"的个案形式设定非限制区和限制区。这使监管机构可以根据区域灵活设定行程表或宵禁，并随着监管需求与计划的改变随时做出相应调整。

无论是整个城市、一个街区或特定的一小块地区，监控中心都可以按照预先设置的界限"锁定"受监控者的行踪。监管机构可以针对个别或多个受监控者设定、修改多个限制区，也可以按照机构需求调整界限。

行程表也可以把一个区域设定成在某时段是非限制区而在其他时段是限制区，这对制定并帮助社矫对象遵守日程安排特别有用。行程表的设定还可以用于核实社矫对象是否参加了强制矫正课程，这对社矫对象的行为矫治与回归社会尤为重要。

3. 存在的问题及解决思路

GPS 是目前应用最为广泛的定位技术，利用 GPS 和 RFID 进行定位的优势是能够保证社矫对象必须携带接收机，且 GPS 有效覆盖范围大，定位器终端成本适中。存在的最大问题就是当 GPS 接收机在室内工作时，由于信号受建筑物的影响而大大衰减，定位精度也很低，要想达到室外一样直接从卫星广播中提取导航数据和时间信息是不可能的。为此，GPS 定位技术必须与其他无线通信技术或定位技术相结合，之后提到的 A-GPS 技术将为该问题的解决提供可能。

8.3 基于 GPS 与 Wi-Fi 的人员定位方案

1. 技术简介

基于 GPS 和 Wi-Fi 的人员定位方案可以在广泛的应用领域内实现大范围定位、监测和追踪任务。定位终端只要侦听附近的无线访问点（AP），检测每个无线访问节点的信号强弱,然后把这些信息发送给网络上的服务器,服务器根据这些信息,查询每个热点在数据库里记录的坐标,然后进行运算,就能计算终端的具体位置,终端能检测接收到的 AP 信号越多,定位就会越准。

该方案首先测试无线信号强度即 RSSI (Received Signal Strength Indication),记录下设备附近的无线信号,通过客户程序发送 RSSI 数据到定位引擎,定位引擎识别 RSSI 值,并计算出地图中二维坐标并发送定位信息给应用程序。具体实施过程中,可以通过定位标签或者无线设备周期性地发出无线信号。AP 接收到信号后,将信号传送给定位服务器。定位服务器根据信号的强弱或信号到达时差判断标签或无线设备所处位置,并通过电子地图显示。如图 8-4 所示。

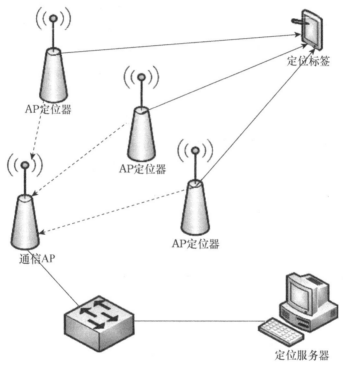

图 8-4 GPS 与 Wi-Fi 人员定位示意图

芬兰的 Ekahau 公司 (http://www.ekahau.com/) 最先开发了基于 Wi-Fi 的实时定位系统 (RTLS),定位精确度大约在 1 米至 20 米的范围内,它比蜂窝网络三角测量定位方法更精确,用于室内定位,成本较低。如图 8-5 所示。但无论是用于室内还是室外定位,Wi-Fi 收发器一般只能覆盖半径 90 米以内的区域,而且很容易受到其他信号的干扰,从而影响其精度,定位能耗也较高。

第 8 章 社区矫正人员定位技术

图 8-5 Ekahau 基于 Wi-Fi 的定位标签设备

iSPOT 系统计划是以 MIT 校区为平台放置 2300 个 AP，目标是建立一个使校区所有地方都可以无线上网的环境。此计划另外一个议题是提供以 Wi-Fi 为基础的校园 3D 定位环境并且在图书馆前面以投影机投射超大校园地图，标明哪些校区有人在使用无线网络，甚至还可以知道是谁在使用（需要使用者同意），同时也可以查询单一地方的使用记录，并且能以无线网络 ISP 的日志文件了解全校师生活动情况和无线网络使用情况。在定位服务系统中，使用者可以自愿将其个人日志文件以及移动轨迹允许其朋友在网页上存取，但存取时必须在线上注册并在系统中设定个人档案记录以辨别每个参与者。此定位追踪方式是以 MAC Address 或者是 IP 地址来进行的，其精细定位可达到每栋楼的每一层楼。

2. 总体构架

基于 GPS 与 Wi-Fi 的人员定位方案定位系统由电子腕带、移动终端、无线定位器和监控平台组成。移动终端是一个带有 GPS、Wi-Fi 和蓝牙的智能手机终端。移动终端将电子腕带的信号、GPS 的位置信息、以及 Wi-Fi 的定位信息通过手机基站或 Wi-Fi 接入点（AP）传输到监控平台服务器。移动终端和电子腕带是配对的，当电子腕带远离移动终端就会发送报警。移动终端周期性地和监控平台服务器联系。如果监控平台服务器收不到移动终端信号，就会触发报警。如图 8-6 所示。

矫正对象佩戴装有 Wi-Fi 接收器的腕带/脚环，在室内可通过 AP 无线定位器得知当前位置，通过移动通信网络将其位置信息发送给监控中心，并对靠近限制区域进行报警；在室外则通过 GPS 进行定位。

3. 现有方案存在的问题及解决思路

Wi-Fi 信号的覆盖范围比较小，并且必须要接入 AP 才能进行定位，但是随着无线城市的发展，Wi-Fi 热点会更加密集和精确，从而弥补信号范围小的不足，该方式不受地形影响，适用于楼宇林立的城市或室内，特别是室内定位服务。美国斯坦福大学就开发了一套名为 Wi-FiSLAM 的室内定位系统，目标是利用建筑物内已有的 Wi-Fi 信号，让智能手机得以被实时精确定位，其误差不超过 2.5 米。

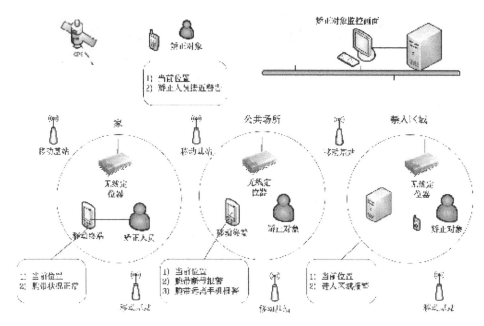

图 8-6 基于 GPS 与 Wi-Fi 定位系统构架图

8.4 基于 A-GPS 的人员定位方案

1. 技术简介

GPS 是目前应用最为广泛的定位技术。当 GPS 接收机在室内工作时，由于信号受建筑物的影响而大大衰减，定位精度也很低，要想达到室外一样直接从卫星广播中提取导航数据和时间信息是不可能的。为了得到较高的信号灵敏度，就需要延长在每个码延迟上的停留时间，A-GPS 技术为这个问题的解决提供了可能性。A-GPS（Assisted Global Positioning System）即辅助全球定位系统技术，是一种结合了无线网络基站信息和 GPS 数据对移动终端进行定位的技术。

A-GPS 定位的原理与普通 GPS 是一样的，不同的是，A-GPS 定位是用网络辅助的，网络负责收集 GPS 卫星相关的信息。在需要进行定位的情况下，网络中的位置服务器把该终端位置的 GPS 辅助信息（GPS 捕获辅助信息、GPS 定位辅助信息、GPS 灵敏度辅助信息、GPS 卫星工作状况信息等）和移动终端位置计算的辅助信息（GPS 历书以及修正数据、GPS 星历、GPS 导航电文等）传输给终端，终端根据这些信息捕获卫星，并计算终端到卫星的伪距，再将 GPS 伪距信息通过网络传回位置服务器。位置服务器根据 GPS 伪距信息和来自其他定位设备的辅助信息完成对 GPS 数据的计算，并估算出该终端的位置。

由于位置计算交付给网络侧的位置服务器完成，因此 GPS 卫星信号捕获接收的复杂度大幅降低，并能够节省功耗。此技术的优势主要在其定位精度上，在室外等空旷地区，正常工作环境下其精度可达 5m 左右。另一方面，通用网络传来的辅助信息可以有效减小首次捕获 GPS 信号时间，定位响应时间一般仅需几秒钟，而不像 GPS 的首次捕获时间可能需要 1～2 分钟。

目前，芬兰的诺基亚公司已经自行架设了定位服务器，通过带有 A-GPS 模块的手机便可实施快速定位。随着国内移动通信市场的日益发展，中国移动和中国联通都推出了各自的 A-GPS 方案。

2. 总体构架

作为一种高精度的移动定位技术，A-GPS 通过移动终端和 GPS 辅助定位信息（由移动网络提供）共同获取移动终端的位置信息，因而需要在移动终端内增加 A-GPS 接收机模块（或者外接 A-GPS 接收机），同时要在移动网络上加建位置服务器等设备。

其定位流程如下：

(1) 装备有 A-GPS 模块的手机将自身的基站地址通过网络传输到位置服务器；

(2) 位置服务器根据该手机的大概位置传输与该位置相关的 GPS 辅助信息（包含 GPS 的星历和方位俯仰角等）到手机；

(3) 该手机的 A-GPS 模块根据辅助信息接收 GPS 原始信号，可以提升 GPS 信号的第一锁定时间 TTFF（Time To First Fix）能力；

(4) 手机在接收到 GPS 原始信号后解调信号，计算手机到卫星的伪距（伪距为受各种 GPS 误差影响的距离），并将有关信息通过网络传输到位置服务器；

(5) 位置服务器根据传来的 GPS 伪距信息和来自其他定位设备（如差分 GPS 基准站等）的辅助信息完成对 GPS 信息的处理，并估算该手机的位置；

(6) 位置服务器将该手机的位置通过网络传输到定位网关或应用平台。

A-GPS 定位过程和总体构架如图 8-7 所示。整个方案以移动通信网络为传输数据方式。辅助接收机实时地从卫星处获得参考数据（时钟、星历表、可用星座、参考位置等），通过网络提供给定位服务器。当移动终端需要定位数据时，定位

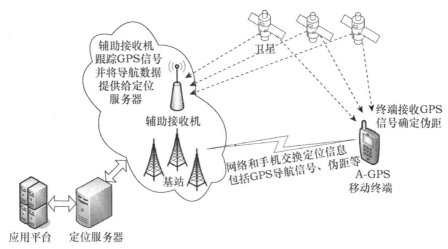

图 8-7 A-GPS 系统构架图

服务器通过无线网络给终端提供 A-GPS 辅助数据，以增强其 TTTF，从而提高 A-GPS 接收模块的灵敏度。

3. 现有方案存在的问题及解决思路

虽然 A-GPS 技术的定位精度高、首次捕获 GPS 信号时间短，但是也存在一些缺陷。A-GPS 在启动时能够接收移动网络传来的辅助定位信息，但是在室内无法接收到 GPS 卫星信号的情况下，还是无法完成精确定位。A-GPS 的定位必须通过多次网络传输，移动网络传输所产生的流量费也增加了用户的成本。此外，使用 A-GPS 的移动设备比较耗电。为了解决终端在室内以及在城市中被建筑物遮挡而难以接收 GPS 信号的缺陷，一般以 A-GPS 技术为主，以 CELL ID 定位技术作为备用方案，这样就提升了 A-GPS 的定位能力。

8.5 基于 GPSONE 的人员定位方案

1. 技术简介

GPSONE 是美国高通公司为基于位置业务开发的定位技术，采用 Client/Server 方式。它将无线辅助 A-GPS 和高级前向链路 AFLT 三角定位法两种定位技术有机结合，实现高精度、高可用性和较高速度定位。在这两种定位技术均无法使用的环境中，GPSONE 会自动切换到 Cell ID 扇区定位方式，确保定位成功率。

Cell ID 即移动基站定位技术，每一个 Cell 蜂窝都有其标识自己的 ID 识别码，当移动终端从一个蜂窝区域切换进入另外一个区域的时候，终端会从原区域注册到新进入的区域，注册区域的识别码数据相应传输到系统中，就可以定位到蜂窝区域的 ID 识别码。这种定位技术无需对现有网络和手机做较大的修改，响应时间快，不需要手机具有 GPS 定位能力，但是精度很大程度依赖于基站的覆盖范围和运营商基站数据的准确性，在基站密集的地区精度较高且易于实现。但是在城郊或乡村地带，由于基站覆盖稀疏，缺乏精度，误差很大（有时误差可能会超过一千米）。如图 8-8 所示。

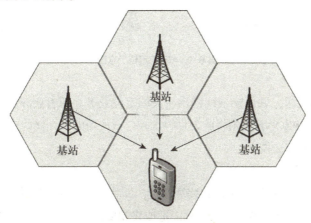

图 8-8 Cell ID 定位原理图

AFLT（Advanced Forward Link Trilateration）定位技术是一种基于前向链路的定位方法，是 CDMA 独有的技术，在定位操作时，移动终端同时监听多个基站（至少 3 个基站）的导频信息（基站的信号强度），利用码片（一个数据信号，如逻辑 1 或 0，通常要用多个编码信号来进行编码，那么其中的一个编码信号就称为一个码片）时延来确定到附近基站的距离，最后用三角定位法算出具体位置。如图 8-9 所示。定位算法可以放在移动终端上或者网络侧，定位精度一般在 200～400 米，最高可达到 100 米。影响精度的主要因素是基站密度和地形环境，在大城市基站密集的地方，由于基站密度高，定位精度相对高。

自从 2001 年 4 月，日本推出采用了 GPSONE 的个人安全专用设备之后，日本、韩国和美国相继于 2001 年底推出支持 GPSONE 定位功能的商用手机。目前，这三个国家投入商用的 GPSONE 技术设备数量已经超过了百万。现在日本和韩国市场上有超过 15 类具备 GPSONE 定位功能的手机，运营商也以此为基础提供了丰富的定位服务，包括儿童安全监护、个人导航应用、定位寻友等。美国也有几家运营商在出售 GPSONE 手机，以满足联邦通信委员会 FCC 对 E911 无线安

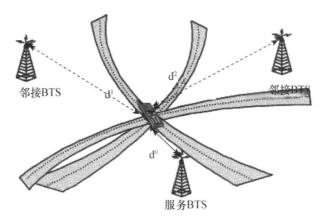

图 8-9 AFLT 定位示意图

全呼叫的强制要求，并可能继续推出相关的定位业务。随着亚洲和美国大量部署CDMA网络，GPSONE技术将成为世界上被广泛使用的个人移动电话、车载终端、特殊智能终端的首选技术。

2. 总体构架

传统 GPS 技术由于过于依赖终端性能，即将卫星扫描、捕获、伪距信号接收及定位运算等工作集于终端一身，从而造成终端要求高、耗电量大等方面的缺陷。GPSONE 技术将终端的工作简化，将卫星扫描及定位运算等最为繁重的工作从终端一侧转移到网络一侧的定位服务器完成，提高了终端的定位精度、灵敏度和冷启动速度、降低终端耗电。

在 GPS 卫星信号无法单独完成定位的情形下，GPSONE 系统会组合这两种信息源，只要有一颗卫星和一个小区站点就可以完成定位，解决了传统 GPS 无法解决的问题。GPSONE 系统的基础设施辅助设备还提供了比常规 GPS 定位高出 20dB 的灵敏度，性能的改善使 GPSONE 混合式定位方式可以在现代建筑物的内部深处或市区的楼群间正常工作，而两种传统方案在这些地方通常是无法正常工作的。

GPSONE 结合了无线网络辅助 GPS 定位和 CDMA 的 AFLT 定位，改善了室内定位效果。CDMA 的 AFLT 定位弥补无卫星信号下也能完成定位，其他蜂窝电话网络如 GSM/GPRS 也有类似自定位技术，但由于 CDMA 是唯一全网同步（通过 GPS）网络，因此定位精度更高。如图 8-10 所示。

基于 GPSONE 的社矫对象定位系统由移动通信定位网络、定位管理平台、监控和定位手机等几部分组成。社矫对象和矫正工作人员都配备手机，手机同时

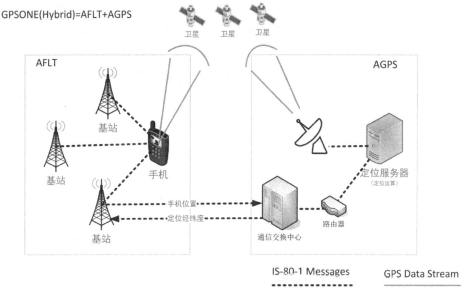

图 8-10 GPSONE 定位系统架构图

也是定位终端。移动通信网络同时也提供了通话和短信的通信手段，可以实现管理对象与管理人员之间信息的及时交流。通过随机抽查的手段，完成对社矫对象的定位监控和管理。

3、现有方案存在的问题及解决思路

GPSONE 定位结合了 A-GPS 定位和 AFLT 定位，改善了室内定位效果，即使在无卫星信号的情况下也能完成定位，并可在社矫对象发生违规越界的情况下通过移动网络发送短信通知。但是该方案只能获取终端的位置信息，而终端（如手机）可能有意或者无意地被脱落或丢弃，甚至故意交由他人代管，造成人机分离的状况，使得被监管对象随时可以逃脱定位监控。此外，定位精度受基站信号和分布范围影响，存在着信号覆盖不好、手机欠费、手机关机、手机故障等风险因素。

8.6 基于手机定位与声纹识别的人员定位方案

1. 技术背景

A-GPS 和 GPSONE 的定位监控方法或系统普遍存在一个"只认物、不认人"的重大缺陷。为有效解决这种漏洞或者缺陷，将人员定位监控与语音（声纹）监控交叉结合起来，便形成一个适应当前环境的非接触式远距离电子监控解决方案。该方案定位技术与GPSONE类似，但是增加了语音识别功能（声纹辅助识别），在一定程度上能有效防止人机分离。声纹辅助识别主要原理是通过社矫对象在办理入矫手续时建立个人的声纹模型，在日常管理中通过拨打声纹电话跟注册的声纹模型进行比较从而判断拨打声纹验证电话的对象跟注册声纹的是否同一个人，其主要作用是为了预防社矫对象为逃避司法工作人员监控而出现人机分离情况。如图8-11所示。

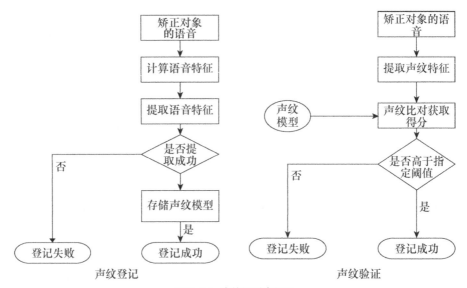

图8-11 声纹识别流程图

3. 总体架构

基于手机定位与声纹识别的人员定位系统由移动通信网络、定位与管理服务器、电话与声纹工控机、定位手机和系统平台等几部分组成。如图8-12所示。

基于手机定位与声纹识别的人员定位系统远程监控解决方案，只需要在监控中心安装一台声纹工控机和相关声纹识别软件系统的服务器或者PC机，连接普通电话线或数字专线即可工作。社矫对象则仅需要一台普通的固定电话或者移动电话即可验证，使用操作简单。其手机定位可采用GPSONE定位技术，采用声纹认证和定位跟踪的双重监控方法，不仅可对社矫对象的活动情况进行定位跟踪，并且通过以声纹识别为核心的语音监控方式，按预定计划或者随机地查验社矫对象是否现场持有其预先指定使用的定位通信终端装置物，从而有效地阻止矫正对象长时间人机分离逃脱电子监控；帮助监管机构对不同地理分布的矫正对象实现

第 8 章 社区矫正人员定位技术

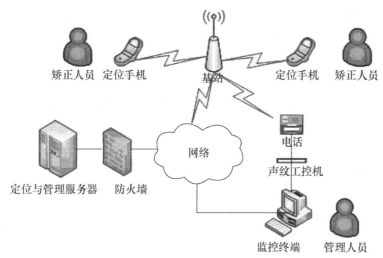

图 8-12 手机定位与声纹识别系统构架图

自动化监控与管理，从而减轻矫正工作人员的工作负担，提高监管的有效性和可靠性。

4、现有方案存在的问题及解决思路

虽然声纹的识别率较高，但是受到周围环境影响较大，在环境嘈杂的情况下，识别成功率会显著下降。此外，对于一般声纹识别可通过高保真录音进行模拟，以逃脱监管。

解决思路：

(1) 主动定位与被动定位相结合。虽然有了技术的监控手段，矫正工作人员也不可从思想上放松对监管安全的重视，在定时定位的基础上，增加随机主动位置抽查。

(2) 运用奖励和惩罚措施，使矫正对象主动积极地配合管理，做到随时携带定位终端，保证其畅通，爱护使用，对于恶意违反规定和不按照要求的进行严厉处罚。

(3) 定位监控与其他生物识别技术相结合。在定位的同时对手机携带者的身份进行认证识别，确保是社矫对象本人接受监管。

8.7 无线定位与电磁辐射

无线定位的电磁辐射水平究竟怎样？随着人们健康意识的不断提高，电磁辐射对人体的影响逐渐成为人们非常关注的一个热点话题，现在人们对电磁辐射仍处于认识和研究阶段，由于电磁辐射对人的作用有一个积累的过程，研究也需要较长周期，人们对它的认识还是很有限的，并且电磁辐射看不见、摸不着、不易察觉，所以在目前尚没有定论的情况下很容易引起人们的疑虑。此外，有些关于电磁辐射的报道不太客观，缺乏科学性，也引起一些不必要的误解和恐慌。

判定电磁辐射是否会对人体产生不利影响，应从电磁波辐射强度、主要辐射方位和与辐射源的距离等几方面综合考虑。为了控制电磁波对人体的影响，各个国家都制定了自己的电磁波防护标准。目前国际上有两大主流标准：一是 ICNIRP（The International Commission for Non-Ionizing Radiation Protection）标准，它是国际非电离辐射防护委员会发布的标准，主要在欧洲、澳大利亚、新加坡、巴西、以色列以及我国的香港特区等范围使用。另一个标准是美国的 IEEE 标准，主要适用范围在美国、加拿大、日本、韩国以及我国的台湾地区。ICNIRP 关于电磁辐射暴露限值的推荐标准，是基于热效应和即时效应的科学数据基础上制定的。标准提出了各频率电磁场对人体影响的阈值，然后，取阈值十分之一作为职业照射限值，五十分之一作为公众照射限值。

我国制定了比 ICNIRP 的暴露限值更为严格的标准，比 ICNIRP 标准有更大的安全余度。1988 年卫生部颁布了 GB8702-88《电磁辐射防护规定》和 GB9175-88《中华人民共和国环境电波卫生标准》，这两个标准很详细地规定了电磁波对人体影响的定义、计算方法、安全值等内容，应该指出达到这两个标准就应认为电磁波环境对人体是安全的。标准以电磁波辐射强度及其频段特性对人体可能引起潜在性不良影响的阈下值为界，将环境电磁波容许辐射强度标准分为二级。一级标准为安全区，指在该环境电磁波强度下长期居住、工作、生活的一切人群（包括婴儿、孕妇和老弱病残者），均不会受到任何有害影响的区域。新建、改建或扩建电台、电视台和雷达站等发射天线，在其居民覆盖区内，必须符合"一级标准"的要求。二级标准为中间区，指在该环境电磁波强度下长期居住、工作和生活的一切人群（包括婴儿、孕妇和老弱病残者）可能引起潜在性不良反应的区域。在此区内可建造工厂和机关，但不许建造居民住宅、学校、医院和疗养院等，已建造的必须采取适当的防护措施。

从表 8-1 可看出一级标准安全区的微波允许辐射场强为 $10\mu W/cm^2$。根据中国消费者协会和中国计量测试学会委托中国计量科学研究院进行的手机电磁辐射测试实验（http://www.cca.org.cn/web/xfzd/newsShow.jsp?id=15556），测试结果显示，手机在呼出和接通时的几秒内电磁辐射最大，19 种 GSM 手机中有 15 种辐射最大值可达 $2000\mu W/cm^2$ 以上，更有个别手机辐射最大值高达 $10000\mu W/cm^2$，最小值也达 $300\mu W/cm^2$，而无线对讲机甚至可以达到 $5W/cm^2$；待机状态下，虽然手机不时发射信号与基站保持联系，但电磁辐射很小，测试的 19 种 GSM 手机中，有 11 种手机待机状态时电磁辐射都在 $1\mu W/cm^2$ 以下，其他牌子也在 $7\mu W/cm^2$ 以下。而目前基于 RFID、ZigBee、UWB、Wi-Fi 等无线技术实现定位的电子腕带（或电子脚环），均能够满足国标中的一级标准，在此环境下使用对于人体的电磁辐射非常小，对于婴儿、孕妇和老弱病残特殊人群而言也是相对安全的。

表 8-1 电磁辐射强度分级标准表

波长	单位	容许场强	
		一级（安全区）	二级（中间区）
长、中、短波	V/m	≤10	≤25
超短波	V/m	≤5	≤12
微波	$\mu W/cm^2$	≤10	≤40
混合	V/m	按主要波段场强；分散波段则按复合场强加权	

目前，我国与电磁辐射相关的国家标准如下：

· GB8702 — 88《电磁辐射防护规定》

· GB9715 — 88《环境电磁波卫生标准》

· GB12638 — 90《微波和超短波通信设备辐射安全要求》

· GB10436 — 89《作业场所微波辐射卫生标准》

· GB10437 — 89《作业场所超高频辐射卫生标准》

· GB16203 ~ 96《作业场所工频电场卫生标准》

· HJ/T 10.3--1996《电磁辐射环境影响评价方法与标准》

8.8 技术展望

未来室内定位技术的趋势是卫星定位技术与物联网定位技术相结合，将 GPS 定位与无线定位有机结合，发挥各自的优长，则既可以提供较好的精度和响应速度，又可以覆盖较广的范围，实现无缝的、精确的定位。同时，结合电子腕带/电子脚镣，还可以加入各种传感器对社矫对象进行感知（如运动状态感知、体温心率感知等）。与现有普通手机定位比较，腕带式电子监控终端具有表 8-2 所示特点和优势。

表 8-2 腕带式电子监控终端与普通手机定位比较表

	腕带式电子监控终端	普通手机定位
定位方式及优缺点	GPS+LBS+Cell id，室内室外都可以定位，定位误差在 20 米内	LBS，室内室外都可以定位，城区误差在 200 米内郊区在 1 千米以上
是否会人机分离	否，设备长期戴在社矫对象脚上，不可剪断，如果剪断立刻会向监管机构发出报警信息	是，手机携带的随意性较大，无法控制人机分离现象产生，失去定位的实际意义
区域限制报警	可以支持，硬件方式	支持，软件平台方式并不是手机本身的功能
运动状态感知	可以支持	无
体温心率异常报警	可以支持	无
工作人员手机查询社矫对象位置	支持	不支持
是否可重复利用	可以	可以
是否防水	是	视具体手机型号而定

随着网络速度和带宽的不断提高，终端设备的多样化，社区矫正监管工作能够采用更多的技术防范手段，包括视频可视电话，可更直观地看见社矫对象的实际状况；指纹识别和虹膜识别等识别精度更高的终端出现，能够更加有效确认社矫对象的身份信息，而随着矫正工作的进一步深入和不断地受到社会的重视，有可能出现专业的物联网身份识别监控系统，只需小小芯片，就可随时随地通过路面监控和感应设备进行更全方位的监管。

第 9 章 社区矫正人员定位应用实例

本章将以 G4S 公司的电子监控产品为例（已获 G4S 授权），介绍在国外社区矫正人员定位（电子监控）的应用及实施流程。

G4S 公司（Group 4 Securicor, LSE: GFS、OMX: G4S）目前是全球第一大保全公司（截至 2012 年），业务覆盖世界各地超过 125 个国家，雇佣员工超过 62.5 万人，其前身为 Securicor，于 2004 年与 Group 4 Falck 合并，改名为 G4S，提供物业、名贵商店、银行保安、名人保镖、现金、珠宝押送、警钟系统等服务，是全球知名的危机支持服务以及外包司法服务供应商。1991 年，G4S 在英国开始管理第一家私有化监狱；1997 年，G4S 进入美国惩教市场。目前 G4S 在全球私人监狱的实绩有英国（包括 Birmingham 和 Featherstone 2）、肯尼亚、南非、新西兰、爱尔兰、美国等多家私人监狱。1999 年，自 G4S 推出了第一代"住宅罪犯"电子监控系统以来，截至目前 G4S 已是全球最大的电子监控服务商，运营范围覆盖英国、美国、以色列、荷兰、新西兰等。G4S 每天在全世界范围内电子监控 43000 名服刑罪犯的活动。

电子监控或者叫"罪犯人员定位"是一种可靠、严谨并能使成本效益最大化的管理方式，用于监控正在执行社区服务令、等待庭审的保释犯或提前释放者，以及被拘留判刑的青少年或特定条件下的犯罪者。在 G4S 收到法庭或监狱通知的当天，其安保工作人员就会赶到服刑人员所在地或其他指定地点安装定位系统。服刑者脚踝上会佩戴一个安全的电子脚铐，并在监控范围内接收住宅监控器发出的信号，任何事故或违规行为的发生，住宅监控器都将根据预设程序及时上报预警信息，工作人员将可根据信息采取相应行动，行动取决于指令的类型以及违规的严重性，可以是矫正管理部门电话召集、到访、拘捕、递解法庭或立即遣返监狱。

9.1 电子监控的实施流程

电子监控实施流程相关图例说明如图 9-1 所示。

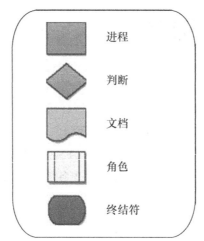

图 9-1 流程相关图例说明

电子监控安装启用流程如图 9-2 所示。

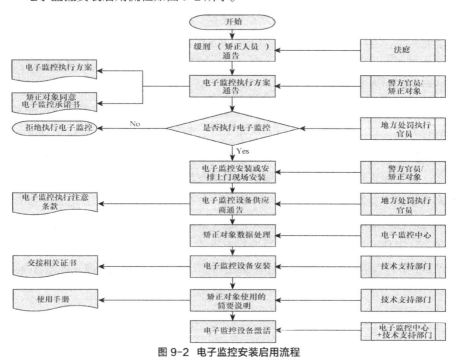

图 9-2 电子监控安装启用流程

电子监控收到报警处理流程如图9-3所示：

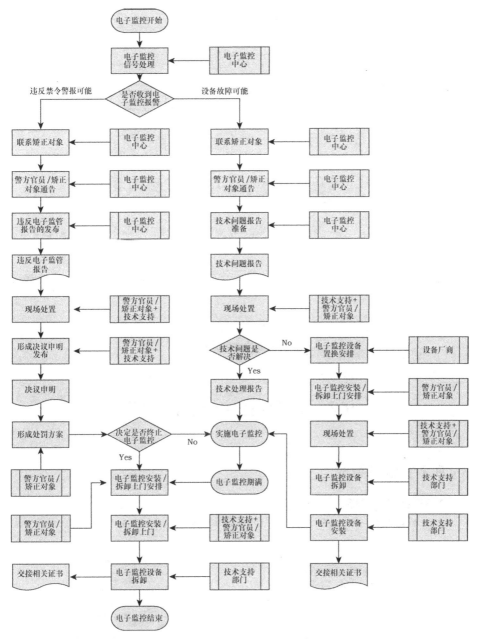

图9-3 电子监控收到报警处理流程

电子监控变更流程如图 9-4 所示。

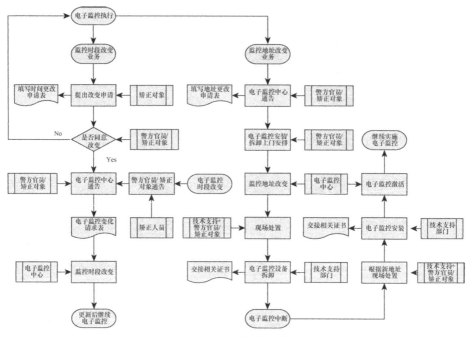

图 9-4　电子监控变更流程

9.2　电子监控定位设备介绍

9.2.1　设备组成

1.RFID 电子脚环

PID 射频标签,如图 9-5 所示,可放置于佩戴者的脚踝处,主要特征如下:

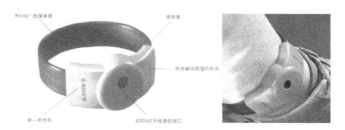

图 9-5　电子脚环 PID 射频标签

- 与 MU 住宅监控装置和 TRAK 追踪器兼容。
- 多重破坏监测功能。
- 气封外壳（IP68——防水 5 米）。
- 满足并超过英国政府设定的电子监控设备标准要求。
- 英国政府认证，未经检测无法移除的保证。
- 经美国联邦通信委员会批准。
- 低过敏性包装和束带。
- 防破坏 Kevlar 束带。
- 安全加密通信。
- 可清洁可回收。
- 仅需通过 FIT 安装工具即可快速便捷安装。

电子脚环 Kevlar 束带，如图 9-6 所示，主要特征如下：
- 防止拉伸。
- 光纤束带切割传感器。
- 光纤束带可移除传感器。
- 硬件破坏显示切口和划痕。

图 9-6 电子脚环束带

2. 单件式 GPS 标签

SOLO 单件式连体 GPS 标签，如图 9-7 所示，可放置于佩戴者的脚踝处，主要特征如下：
- 与 MU 住宅监控装置兼容。
- 精准的 A-GPS 定位。
- 支持多重、根据时区变化的追踪区域。
- 支持主动、被动及混合追踪模式。

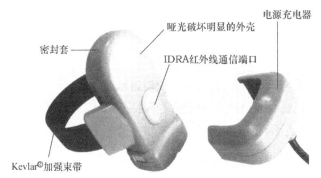

图 9-7 SOLO 单件式连体 GPS 标签

- 如违法者进入禁止区域，则发出震动告警，并发报监控中心。
- 多重破坏监测功能。
- 气封外壳（IP68——防水 5 米）。
- 低过敏性包装和束带
- 防破坏 Kevlar 束带。
- 安全加密通信。
- 可清洁可回收。
- 仅需通过 FIT 安装工具即可快速便捷安装。

3.MU 住宅监控装置

MU 住宅监控装置通过固定装置，如图 9-8 所示，可在同一地点监控多个违法者，主要特征如下：

- 与 PID 和 SOLO 兼容。
- 可选择 GSM/GPRS 或 PSTN 通信。
- 安全加密通信。

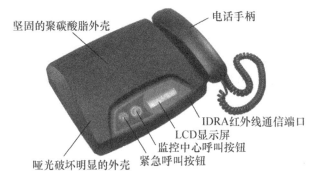

图 9-8 MU 住宅监控装置通过固定装置

· 多重破坏/移动监测功能。
· 反破坏外壳铆钉。
· 双向语音呼叫监控中心和紧急服务。
· 自动可配置接收射程。
· 仅需通过 FIT 快速简洁安装。

4.TRAK 追踪器

TRAK 追踪器被设计成两件式，与 PID 结合使用，可实现对违法者的活动进行有效监控。如图 9-9 所示。当固定在充电站时，TRAK 的功能等同于一个 MU 住宅监控装置。TRAK 支持在 EMSYS 监控软件的地图中划分包含和排除追踪区域。图形区域可以是圆形、矩形或者复杂的多点多边形。如图 9-10 所示。

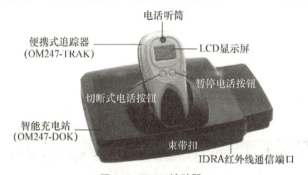

图 9-9 TRAK 追踪器

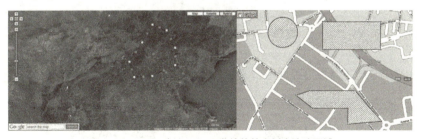

图 9-10 TRAK 在 EMSYS 监控软件中划出追踪区域

5.EMSYS 监控软件

EMSYS 监控软件运行在监控中心，用于将违法者添加到系统中，为其设定监管（宵禁）和追踪计划，以及远程配置监控硬件设备，如图 9-11 所示。

社区矫正信息化

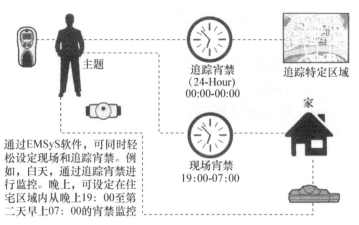

图 9-11 EMSYS 监控软件

EMSYS 电子监控日程如图 9-12 所示。

图 9-12 EMSYS 电子监控日程界面

EMSYS 电子监控追踪地图如图 9-13 所示。

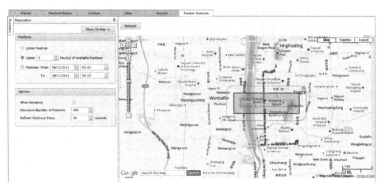

图 9-13 EMSYS 电子监控追踪地图

6.FIT 安装工具

FIT 安装工具用于安装监控设备，诊断破坏，以及执行远程监控调查，能够检测到附近的违法者（人数清点功能），并且报告他们的电子标签状态，如图 9-14 所示，主要特征如下：

- 与 PID、SOLO、MU、TRAK 兼容。
- 单一工具可为所有监控设备执行全部安装任务。
- 诊断功能可快速识别标签设备（可实现人数清点）。
- 可对违法者进行谨慎的远程监控调查。
- 安全钥匙卡防止未授权使用。
- 安全加密通信。

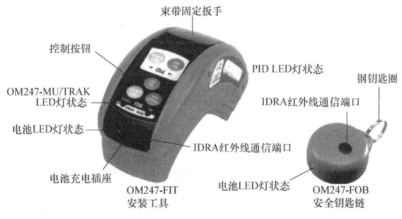

图 9-14 FIT 安装工具

7.FOB 安全钥匙链

由于 FIT 的功能强大，为保证其系统安全，故设计了 FOB 安全钥匙链（卡），只有当授权办公人员的钥匙链在附近时，FIT 才能够正常启动。这可以防止未经授权使用丢失或被盗的工具。

9.2.2 设备安装步骤

1. PID 安装（FIT 工具）

如图 9-15 所示。

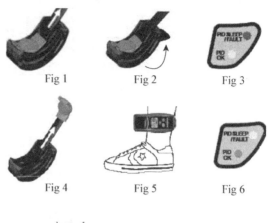

图 9-15 PID 安装（FIT 工具）

2. PID 拆卸（FIT 工具）

如图 9-16 所示。

图 9-16 PID 拆卸（FIT 工具）

3.SOLO 安装（FIT 工具）

如图 9-17 所示。

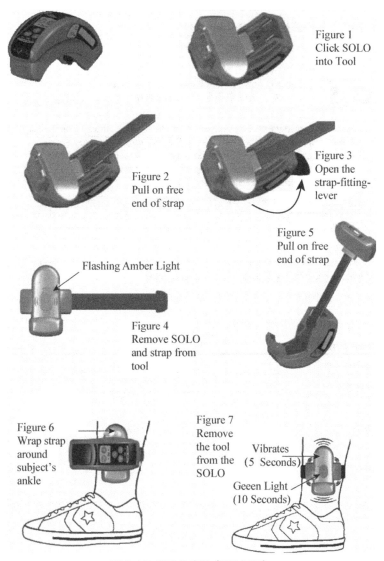

图 9-17 SOLO 安装（FIT 工具）

9.3 实施电子监控相关文书

1. 关于接受电子监控系统的声明

如图 9-18 所示。

图 9-18 关于接受电子监控系统的声明

2. 电子监控需求表

如图 9-19 所示。

图 9-19 电子监控需求表

3. 电子监控设备安装协议

如图 9-20 所示。

G4S	PROTOCOL FOR INSTALLATION/UNINSTALLATION OF EM EQUIPMENT 电子监控设备安装协议	DOC	Version:
		ISO 9001	Date:

设备信息

PID /序列号/ ______

HMU /序列号/ ______

☐ 安装　　☐ 拆除

使用者信息

名 ______ 姓 ______

家庭 ______

地址

镇 ______ 街道 ______

地区 ______ 街区 ______ 入口 ______ 楼层 ______ Ap ______

其他信息

设备安装检查单

设备根据要求安装	☐ 是	☐ 否
HMU设备通电和启动菜单准备完毕	☐ 是	☐ 否
HMU has a good cellular signal strength(HMU设备蜂窝信号良好)	☐ 是	☐ 否
PID注册,启动并待用	☐ 是	☐ 否
HMU呼叫和发送信号到电子监控系统上	☐ 是	☐ 否
HMU设备处于监控模式	☐ 是	☐ 否

EM 设备移交

设备根据需求安装/拆除　☐ 是　☐ 否

姓名 ______ 签名 ______

标题 ______ 日期 ______

EM 设备接收

设备根据需求安装和拆除　☐ 是　☐ 否

姓名 ______ 签名 ______

标题 ______ 日期 ______

备注

______

______

______

G4S OFFICIAL USE ONLY　　Page 1 of 1

图 9-20　电子监控设备安装协议

4. 电子监控事故报告单

如图 9-21 所示。

G4S	EM INCIDENT REPORT FORM 电子监控事故报告单	DOC	Version:
		ISO 9001	Date:

事故报告者

姓名 ____________________

标题 ____________________

日期 __________ 电话联系 __________

事故信息

事故发生日 __________ 事故发生时间 __________

城市 __________ 街道 __________

地区 __________ 楼 ______ 入口 ______ 楼层 ______ Ap ______

主题信息

名 __________ 姓 __________

家庭 ____________________

事故详情

事故类型 ____________________

其他信息

事故记录日志

日期:		时间:		方法:	
组织					
姓名:				标题:	

日期:		时间:		方法:	
组织					
姓名:				标题:	

日期:		时间:		方法:	
组织					
姓名:				标题:	

事故报告者签名: __________

G4S OFFICIAL USE ONLY　　Page 1 of 1

图 9-21　电子监控事故报告单

5. 电子监控设备变化需求表

如图 9-22 所示。

图 9-22 电子监控设备变化需求表

附录一 《社区矫正实施办法》[①]

最高人民法院 最高人民检察院 公安部 司法部

关于印发《社区矫正实施办法》的通知

各省、自治区、直辖市高级人民法院、人民检察院、公安厅（局）、司法厅（局），新疆维吾尔自治区高级人民法院生产建设兵团分院、新疆生产建设兵团人民检察院、公安局、司法局、监狱管理局：

为进一步规范社区矫正工作，加强和创新特殊人群管理，根据中央关于深化司法体制和工作机制改革的总体部署，在深入调研论证和广泛征求意见的基础上，最高人民法院、最高人民检察院、公安部、司法部联合制定了《社区矫正实施办法》。现予以印发，请认真贯彻执行。对于实施情况及遇到的问题，请分别及时报告最高人民法院、最高人民检察院、公安部、司法部。

最高人民法院 最高人民检察院
公安部 司法部
二〇一二年一月十日

社区矫正实施办法

第一条 为依法规范实施社区矫正，将社区矫正对象改造成为守法公民，根据《中华人民共和国刑法》、《中华人民共和国刑事诉讼法》等有关法律规定，结合社区矫正工作实际，制定本办法。

---

① 《社区矫正实施办法》已于 2020 年 7 月 1 日失效。

第二条 司法行政机关负责指导管理、组织实施社区矫正工作。

人民法院对符合社区矫正适用条件的被告人、罪犯依法作出判决、裁定或者决定。

人民检察院对社区矫正各执法环节依法实行法律监督。

公安机关对违反治安管理规定和重新犯罪的社区矫正对象及时依法处理。

第三条 县级司法行政机关社区矫正机构对社区矫正对象进行监督管理和教育帮助。司法所承担社区矫正日常工作。

社会工作者和志愿者在社区矫正机构的组织指导下参与社区矫正工作。

有关部门、村（居）民委员会、社区矫正对象所在单位、就读学校、家庭成员或者监护人、保证人等协助社区矫正机构进行社区矫正。

第四条 人民法院、人民检察院、公安机关、监狱对拟适用社区矫正的被告人、罪犯，需要调查其对所居住社区影响的，可以委托县级司法行政机关进行调查评估。

受委托的司法行政机关应当根据委托机关的要求，对被告人或者罪犯的居所情况、家庭和社会关系、一贯表现、犯罪行为的后果和影响、居住地村（居）民委员会和被害人意见、拟禁止的事项等进行调查了解，形成评估意见，及时提交委托机关。

第五条 对于适用社区矫正的罪犯，人民法院、公安机关、监狱应当核实其居住地，在向其宣判时或者在其离开监所之前，书面告知其到居住地县级司法行政机关报到的时间期限以及逾期报到的后果，并通知居住地县级司法行政机关；在判决、裁定生效起三个工作日内，送达判决书、裁定书、决定书、执行通知书、假释证明书副本等法律文书，同时抄送其居住地县级人民检察院和公安机关。县级司法行政机关收到法律文书后，应当在三个工作日内送达回执。

第六条 社区矫正对象应当自人民法院判决、裁定生效之日或者离开监所之日起十日内到居住地县级司法行政机关报到。县级司法行政机关应当及时为其办理登记接收手续，并告知其三日内到指定的司法所接受社区矫正。发现社区矫正对象未按规定时间报到的，县级司法行政机关应当及时组织查找，并通报决定机关。

暂予监外执行的社区矫正对象，由交付执行的监狱、看守所将其押送至居住地，与县级司法行政机关办理交接手续。罪犯服刑地与居住地不在同一省、自治区、直辖市，需要回居住地暂予监外执行的，服刑地的省级监狱管理机关、公安机关监所管理部门应当书面通知罪犯居住地的同级监狱管理机关、公安机关监所管理部门，指定一所监狱、看守所接收罪犯档案，负责办理罪犯收监、释放等手续。人民法院决定暂予监外执行的，应当通知其居住地县级司法行政机关派员到庭办理交接手续。

第七条 司法所接收社区矫正对象后,应当及时向社区矫正对象宣告判决书、裁定书、决定书、执行通知书等有关法律文书的主要内容;社区矫正期限;社区矫正对象应当遵守的规定、被禁止的事项以及违反规定的法律后果;社区矫正对象依法享有的权利和被限制行使的权利;矫正小组人员组成及职责等有关事项。

宣告由司法所社矫工作人员主持,矫正小组成员及其他相关人员到场,按照规定程序进行。

第八条 司法所应当为社区矫正对象确定专门的矫正小组。矫正小组由司法所社矫工作人员担任组长,由本办法第三条第二、第三款所列相关人员组成。社区矫正对象为女性的,矫正小组应当有女性成员。

司法所应当与矫正小组签订矫正责任书,根据小组成员所在单位和身份,明确各自的责任和义务,确保各项矫正措施落实。

第九条 司法所应当为社区矫正对象制定矫正方案,在对社区矫正对象被判处的刑罚种类、犯罪情况、悔罪表现、个性特征和生活环境等情况进行综合评估的基础上,制定有针对性的监管、教育和帮助措施。根据矫正方案的实施效果,适时予以调整。

第十条 县级司法行政机关应当为社区矫正对象建立社区矫正执行档案,包括适用社区矫正的法律文书,以及接收、监管审批、处罚、收监执行、解除矫正等有关社区矫正执行活动的法律文书。

司法所应当建立社区矫正工作档案,包括司法所和矫正小组进行社区矫正的工作记录,社区矫正对象接受社区矫正的相关材料等。同时留存社区矫正执行档案副本。

第十一条 社区矫正对象应当定期向司法所报告遵纪守法、接受监督管理、参加教育学习、社区服务和社会活动的情况。发生居所变化、工作变动、家庭重大变故以及接触对其矫正产生不利影响人员的,社区矫正对象应当及时报告。

保外就医的社区矫正对象还应当每个月向司法所报告本人身体情况,每三个月向司法所提交病情复查情况。

第十二条 对于人民法院禁止令确定需经批准才能进入的特定区域或者场所,社区矫正对象确需进入的,应当经县级司法行政机关批准,并告知人民检察院。

第十三条 社区矫正对象未经批准不得离开所居住的市、县(旗)。

社区矫正对象因就医、家庭重大变故等原因,确需离开所居住的市、县(旗),在七日以内的,应当报经司法所批准;超过七日的,应当由司法所签署意见后报经县级司法行政机关批准。返回居住地时，应当立即向司法所报告。社区矫正对象离开所居住市、县（旗）不得超过一个月。

第十四条 社区矫正对象未经批准不得变更居住的县（市、区、旗）。

社区矫正对象因居所变化确需变更居住地的，应当提前一个月提出书面申请，由司法所签署意见后报经县级司法行政机关审批。县级司法行政机关在征求社区矫正对象新居住地县级司法行政机关的意见后作出决定。

经批准变更居住地的，县级司法行政机关应当自作出决定之日起三个工作日内，将有关法律文书和矫正档案移交新居住地县级司法行政机关。有关法律文书应当抄送现居住地及新居住地县级人民检察院和公安机关。社区矫正对象应当自收到决定之日起七日内到新居住地县级司法行政机关报到。

第十五条 社区矫正对象应当参加公共道德、法律常识、时事政策等教育学习活动，增强法制观念、道德素质和悔罪自新意识。社区矫正对象每月参加教育学习时间不少于八小时。

第十六条 有劳动能力的社区矫正对象应当参加社区服务，修复社会关系，培养社会责任感、集体观念和纪律意识。社区矫正对象每月参加社区服务时间不少于八小时。

第十七条 根据社区矫正对象的心理状态、行为特点等具体情况，应当采取有针对性的措施进行个别教育和心理辅导，矫正其违法犯罪心理，提高其适应社会能力。

第十八条 司法行政机关应当根据社区矫正对象的需要，协调有关部门和单位开展职业培训和就业指导，帮助落实社会保障措施。

第十九条 司法所应当根据社区矫正对象个人生活、工作及所处社区的实际情况，有针对性地采取实地检查、通信联络、信息化核查等措施及时掌握社区矫正对象的活动情况。重点时段、重大活动期间或者遇有特殊情况，司法所应当及时了解掌握社区矫正对象的有关情况，可以根据需要要求社区矫正对象到办公场所报告、说明情况。

社区矫正对象脱离监管的，司法所应当及时报告县级司法行政机关组织追查。

第二十条 司法所应当定期到社区矫正对象的家庭、所在单位、就读学校和居住的社区了解、核实社区矫正对象的思想动态和现实表现等情况。

对保外就医的社区矫正对象，司法所应当定期与其治疗医院沟通联系，及时掌握其身体状况及疾病治疗、复查结果等情况，并根据需要向批准、决定机关或者有关监狱、看守所反馈情况。

第二十一条 司法所应当及时记录社区矫正对象接受监督管理、参加教育学习和社区服务等情况，定期对其接受矫正的表现进行考核，并根据考核结果，对社区矫正对象实施分类管理。

第二十二条 发现社区矫正对象有违反监督管理规定或者人民法院禁止令情形的，司法行政机关应当及时派员调查核实情况，收集有关证明材料，提出处理意见。

第二十三条 社区矫正对象有下列情形之一的，县级司法行政机关应当给予警告，并出具书面决定：

（一）未按规定时间报到的；

（二）违反关于报告、会客、外出、居住地变更规定的；

（三）不按规定参加教育学习、社区服务等活动，经教育仍不改正的；

（四）保外就医的社区矫正对象无正当理由不按时提交病情复查情况，或者未经批准进行就医以外的社会活动且经教育仍不改正的；

（五）违反人民法院禁止令，情节轻微的；

（六）其他违反监督管理规定的。

第二十四条 社区矫正对象违反监督管理规定或者人民法院禁止令，依法应予治安管理处罚的，县级司法行政机关应当及时提请同级公安机关依法给予处罚。公安机关应当将处理结果通知县级司法行政机关。

第二十五条 缓刑、假释的社区矫正对象有下列情形之一的，由居住地同级司法行政机关向原裁判人民法院提出撤销缓刑、假释建议书并附相关证明材料，人民法院应当自收到之日起一个月内依法作出裁定：

（一）违反人民法院禁止令，情节严重的；

（二）未按规定时间报到或者接受社区矫正期间脱离监管，超过一个月的；

（三）因违反监督管理规定受到治安管理处罚，仍不改正的；

（四）受到司法行政机关三次警告仍不改正的；

（五）其他违反有关法律、行政法规和监督管理规定，情节严重的。

司法行政机关撤销缓刑、假释的建议书和人民法院的裁定书同时抄送社区矫正对象居住地同级人民检察院和公安机关。

第二十六条 暂予监外执行的社区矫正对象有下列情形之一的，由居住地县级司法行政机关向批准、决定机关提出收监执行的建议书并附相关证明材料，批准、决定机关应当自收到之日起十五日内依法作出决定：

（一）发现不符合暂予监外执行条件的；

（二）未经司法行政机关批准擅自离开居住的市、县（旗），经警告拒不改正，或者拒不报告行踪，脱离监管的；

（三）因违反监督管理规定受到治安管理处罚，仍不改正的；

（四）受到司法行政机关两次警告，仍不改正的；

（五）保外就医期间不按规定提交病情复查情况，经警告拒不改正的；

（六）暂予监外执行的情形消失后，刑期未满的；

（七）保证人丧失保证条件或者因不履行义务被取消保证人资格，又不能在规定期限内提出新的保证人的；

（八）其他违反有关法律、行政法规和监督管理规定，情节严重的。

司法行政机关的收监执行建议书和决定机关的决定书，应当同时抄送社区矫正对象居住地同级人民检察院和公安机关。

第二十七条 人民法院裁定撤销缓刑、假释或者对暂予监外执行罪犯决定收监执行的，居住地县级司法行政机关应当及时将罪犯送交监狱或者看守所，公安机关予以协助。

监狱管理机关对暂予监外执行罪犯决定收监执行的，监狱应当立即赴羁押地将罪犯收监执行。

公安机关对暂予监外执行罪犯决定收监执行的，由罪犯居住地看守所将罪犯收监执行。

第二十八条 社区矫正对象符合法定减刑条件的，由居住地县级司法行政机关提出减刑建议书并附相关证明材料，经地（市）级司法行政机关审核同意后提请社区矫正对象居住地的中级人民法院裁定。人民法院应当自收到之日起一个月内依法裁定；暂予监外执行罪犯的减刑，案情复杂或者情况特殊的，可以延长一个月。司法行政机关减刑建议书和人民法院减刑裁定书副本，应当同时抄送社区矫正对象居住地同级人民检察院和公安机关。

第二十九条 社区矫正期满前，社区矫正对象应当作出个人总结，司法所应当根据其在接受社区矫正期间的表现、考核结果、社区意见等情况作出书面鉴定，并对其安置帮教提出建议。

第三十条 社区矫正对象矫正期满，司法所应当组织解除社区矫正宣告。宣告由司法所社矫工作人员主持，按照规定程序公开进行。

司法所应当针对社区矫正对象不同情况，通知有关部门、村（居）民委员会、群众代表、社区矫正对象所在单位、社区矫正对象的家庭成员或者监护人、保证人参加宣告。

宣告事项应当包括：宣读对社区矫正对象的鉴定意见；宣布社区矫正期限届满，依法解除社区矫正；对判处管制的，宣布执行期满，解除管制；对宣告缓刑的，宣布缓刑考验期满，原判刑罚不再执行；对裁定假释的，宣布考验期满，原判刑罚执行完毕。

县级司法行政机关应当向社区矫正对象发放解除社区矫正证明书，并书面通知决定机关，同时抄送县级人民检察院和公安机关。

暂予监外执行的社区矫正对象刑期届满的，由监狱、看守所依法为其办理刑满释放手续。

第三十一条 社区矫正对象死亡、被决定收监执行或者被判处监禁刑罚的，社区矫正终止。

社区矫正对象在社区矫正期间死亡的，县级司法行政机关应当及时书面通知批准、决定机关，并通报县级人民检察院。

第三十二条 对于被判处剥夺政治权利在社会上服刑的罪犯，司法行政机关配合公安机关，监督其遵守刑法第五十四条的规定，并及时掌握有关信息。被剥夺政治权利的罪犯可以自愿参加司法行政机关组织的心理辅导、职业培训和就业指导活动。

第三十三条 对未成年人实施社区矫正，应当遵循教育、感化、挽救的方针，按照下列规定执行：

（一）对未成年人的社区矫正应当与成年人分开进行；

（二）对未成年社区矫正对象给予身份保护，其矫正宣告不公开进行，其矫正档案应当保密；

（三）未成年社区矫正对象的矫正小组应当有熟悉青少年成长特点的人员参加；

（四）针对未成年人的年龄、心理特点和身心发育需要等特殊情况，采取有益于其身心健康发展的监督管理措施；

（五）采用易为未成年人接受的方式，开展思想、法制、道德教育和心理辅导；

（六）协调有关部门为未成年社区矫正对象就学、就业等提供帮助；

（七）督促未成年社区矫正对象的监护人履行监护职责，承担抚养、管教等义务；

（八）采取其他有利于未成年社区矫正对象改过自新、融入正常社会生活的必要措施。

犯罪的时候不满十八周岁被判处五年有期徒刑以下刑罚的社区矫正对象，适用前款规定。

第三十四条 社区矫正对象社区矫正期满的，司法所应当告知其安置帮教有关规定，与安置帮教工作部门妥善做好交接，并转交有关材料。

第三十五条 司法行政机关应当建立例会、通报、业务培训、信息报送、统计、档案管理以及执法考评、执法公开、监督检查等制度，保障社区矫正工作规范运行。

司法行政机关应当建立突发事件处置机制，发现社区矫正对象非正常死亡、实施犯罪、参与群体性事件的，应当立即与公安机关等有关部门协调联动、妥善处置，并将有关情况及时报告上级司法行政机关和有关部门。

司法行政机关和公安机关、人民检察院、人民法院建立社区矫正对象的信息交换平台，实现社区矫正工作动态数据共享。

第三十六条 社区矫正对象的人身安全、合法财产和辩护、申诉、控告、检举以及其他未被依法剥夺或者限制的权利不受侵犯。社区矫正对象在就学、就业和享受社会保障等方面，不受歧视。

司法工作人员应当认真听取和妥善处理社区矫正对象反映的问题，依法维护其合法权益。

第三十七条 人民检察院发现社区矫正执法活动违反法律和本办法规定的，可以区别情况提出口头纠正意见、制发纠正违法通知书或者检察建议书。交付执行机关和执行机关应当及时纠正、整改，并将有关情况告知人民检察院。

第三十八条 在实施社区矫正过程中，司法工作人员有玩忽职守、徇私舞弊、滥用职权等违法违纪行为的，依法给予相应处分；构成犯罪的，依法追究刑事责任。

第三十九条 各级人民法院、人民检察院、公安机关、司法行政机关应当切实加强对社区矫正工作的组织领导，健全工作机制，明确工作机构，配备工作人员，落实工作经费，保障社区矫正工作的顺利开展。

第四十条 本办法自2012年3月1日起施行。最高人民法院、最高人民检察院、公安部、司法部之前发布的有关社区矫正的规定与本办法不一致的，以本办法为准。

附录二 《社区矫正执法文书格式》

社区矫正执法文书格式目录与样本

1、调查评估意见书
2、社区矫正人员基本信息表
3、社区矫正人员报到情况通知单
4、社区矫正宣告书
5、社区矫正责任书
6、社区矫正人员进入特定区域（场所）审批表
7、社区矫正人员外出（居住地变更）审批表
8、违反社区矫正规定警告决定书
9、社区矫正人员警告审批表
10、治安管理处罚建议书
11、撤销缓刑建议书
12、撤销假释建议书
13、收监执行建议书
14、社区矫正人员减刑建议书
15、提请治安管理处罚（撤销缓刑、撤销假释、收监执行、减刑）审核表
16、社区矫正期满鉴定表
17、解除社区矫正宣告书
18、解除社区矫正证明书
19、解除社区矫正通知书
20、社区矫正人员死亡通知书

文书 1　　　　　　调查评估意见书

　　　　　　　　　　　　　　　　　　　　（　　）字　　号

_____人民法院（人民检察院、公安局、监狱）：

　　受你单位委托，我局于___年___月___日至___年___月___日对被告人（罪犯）_____进行了调查评估。有关情况如下：

_____
_____
_____
_____
_____
_____
_____
_____
_____
_____
_____。

　　综合以上情况，评估意见为_____。

　　　　　　　　　　　　　　　　　　　　　　　　（公章）

　　　　　　　　　　　　　　　　　　　　　　　　年 月 日

文书2

社区矫正人员基本信息表

单位：　　　　　　　　　　编号：　　　　　　　　填表日期：

姓名		曾用名		身份证号码			
性别		民族		出生年月日			一寸免冠照片
文化程度		健康状况		原政治面貌		婚姻状况	
居住地							
户籍地							
所在工作单位（学校）					联系电话		
个人联系电话							
罪名			刑种			原判刑期	
社区矫正决定机关					原羁押场所		
禁止令内容			禁止期限起止日				
矫正类别			矫正期限			起止日	
法律文书收到时间及种类					接收方式及报到时间		
在规定时限内报到			超出规定时限报到			未报到且下落不明	
主要犯罪事实							
本次犯罪前的违法犯罪记录							

个人简历	起止时间	所在单位	职务

家庭成员及主要社会关系	姓名	关系	工作单位或家庭住址	联系电话

备注	

注：此表抄报居住地公安（分）局。

文书3

社区矫正人员报到情况通知单

单位：_____县（市、区、旗）司法局

姓名	性别	罪名	社区矫正决定机关	裁判书号及裁判时间	矫正类别	规定报到时限	已在规定时限报到	超出规定时限报到	未报到并下落不明
备注									

注：送_____人民法院，抄报_____人民检察院、_____公安（分）局，_____监狱（看守所）。

文书4

社区矫正宣告书

社区矫正人员_____：

你因_____罪经_____人民法院于_____年__月__日判处（同时宣告禁止_____）。_____年__月__日经_____人民法院（监狱管理局、公安局）裁定假释（决定、批准暂予监外执行）。在管制（缓刑、假释、暂予监外执行）期间，依法实行社区矫正。社区矫正期限自_____年__月__日起至_____年__月__日止。现就对你依法实施社区矫正的有关事项告如下：

一、遵纪守法，按规定向司法所报告有关情况，遵守外出审批、居住地变更审批、会客等有关规定（遵守人民法院宣告的禁止令），服从监管；按规定参加司法所组织的教育学习和社区服务。

二、如违反社区矫正监督管理规定，将视情节给予警告、治安管理处罚、撤销缓刑、撤销假释、收监执行。

三、人身安全、合法财产和辩护、申诉、控告、检举以及其他未被依法剥夺或限制的权利不受侵犯。

四、司法所为你确立了社区矫正小组，小组成员由_____组成，协助对你进行监督、教育、帮助，你应积极配合。

特此宣告。

（公章）　年　月　日

社区矫正人员（签名）：

文书 5

社区矫正责任书

为了共同做好对社区矫正人员_____的监督管理和教育帮助，提高矫正质量，司法所与矫正小组签订本责任书，共同遵守。

一、司法所具体做好以下事项：

1. 指导矫正小组对社区矫正人员进行监督管理和教育帮助；
2. 认真听取矫正小组成员反映的情况并及时处理有关事宜。

二、矫正小组具体做好以下事项：

1. 协助对社区矫正人员进行监督管理和教育帮助；
2. 督促社区矫正人员按要求向司法所报告有关情况、参加学习及社区服务，自觉遵守有关监督管理规定；
3. 定期向司法所反映社区矫正人员遵纪守法、学习、日常生活和工作等情况；
4. 发现社区矫正人员有违法犯罪或违反监督管理规定的行为，及时向司法所报告；
5. 根据小组成员所在单位和身份确定的其他社区矫正事项。

   （公章）   矫正小组（成员签字）：

  年 月 日   年 月 日

文书 6

社区矫正人员进入特定区域（场所）审批表

姓名		性别		罪名		刑期	
矫正类别		矫正期限		起止日	自　年　月　日起 至　年　月　日止		
禁止令内容					禁止期限起止日		
居住地					申请进入的区域（场所）		
申请理由及时间起止							
司法所意见	（公章） 　　　年　月　日						
县级司法行政机关意见	（公章） 　　　年　月　日						
备注							

注：抄送居住地县级人民检察院。

文书 7

社区矫正人员外出（居住地变更）审批表

姓名		性别		罪名		原判刑期	
矫正类别		矫正期限		起止日		自　年　月　日起 至　年　月　日止	
现居住地				外出目的地（拟迁往地）			
户籍地				身份证号码			
外出理由及时间（居住地变更理由）							
司法所意见				（公章） 　　　年　月　日			
现居住地县级司法行政机关意见				（公章） 　　　年　月　日			
备注							

注：用于居住地变更时，抄送现居住地县级人民检察院、公安（分）局；变更后，复印送新居住地县级人民检察院、公安（分）局。

文书8　　　　　**违反社区矫正规定警告决定书（存根）**
　　　　　　　　　　　　（　）字　　号

　　社区矫正人员_____在接受社区矫正期间，有违反监督管理规定（人民法院禁止令）的行为如下：_____。根据《社区矫正实施办法》第二十三条之规定，决定给予警告。

　　　　　　　　　　　　　　　　　　　　　　　　　　（公章）

　　　　　　　　　　　　　　　　　　　　　　　　年　　月　　日

违反社区矫正规定警告决定书
（　）字　　号

社区矫正人员_____：
　　你在接受社区矫正期间，有违反监督管理规定（人民法院禁止令）的行为如下：_____。根据《社区矫正实施办法》第二十三条之规定，决定给予警告。

　　　　　　　　　　　　　　　　　　　　　　　　　　（公章）

　　　　　　　　　　　　　　　　　　　　　　　　年　　月　　日

文书9　　　　　　　**社区矫正人员警告审批表**

姓名		性别		出生年月	
居住地				户籍地	
罪名		原判刑期		附加刑	
禁止令内容			禁止期限起止日	自　年　月　日 至　年　月　日	
矫正类别		矫正期限		起止日	自　年　月　日 至　年　月　日
事实及依据					
司法所意见	（公章） 　年　月　日				
县级司法行政机关意见	（公章） 　年　月　日				
备注					

　　注：用于撤销缓刑、撤销假释、收监执行时，应连同有关建议书、警告决定书等材料组卷一并报有关人民法院、公安机关、监狱管理机关。

文书 10

治安管理处罚建议书

（　　）字第　　号

社区矫正人员_____，男（女），_____年__月__日出生，___族，居住地_____，户籍地_____。身份证号码_____。因_____罪经_____人民法院于_____年__月__日判处_____。_____年_月_日经_____人民法院（公安局、监狱管理局）裁定（决定、批准）假释（暂予监外执行）。在管制（缓刑、假释、暂予监外执行）期间，依法实行社区矫正。社区矫正期限自_____年_月_日起至_____年_月_日止。

该社区矫正人员有违反社区矫正监督管理规定（人民法院禁止令）的行为，具体事实如下：_____
_____
_____
_____
_____。

根据《中华人民共和国治安管理处罚法》第六十条、《社区矫正实施办法》第二十四条之规定，建议对社区矫正人员_____给予治安管理处罚。

此致

_____公安（分）局

（公章）

年　月　日

注：抄送_____人民检察院。

文书 11

撤销缓刑建议书

（　　）字第　　号

社区矫正人员_____，男（女），_____年__月__日出生，___族，居住地_____，户籍地_____。因_____罪经_____人民法院于_____年__月__日以（　）___字第___号刑事判决书判处_____，缓刑_____，附加_____。在缓刑考验期间依法实行社区矫正，社区矫正期限自_____年__月__日起至_____年__月__日止。

该社区矫正人员有违反法律（行政法规、社区矫正监督管理规定、人民法院禁止令）的行为，具体事实如下：_____
_____
_____
_____
_____
_____。

根据《中华人民共和国刑法》第七十七条、《社区矫正实施办法》第二十五条之规定，建议对社区矫正人员_____撤销缓刑。

此致

_____人民法院

（公章）

年　月　日

抄送：_____人民检察院，_____公安（分）局。

文书 12

撤销假释建议书

（　　）字第　　号

社区矫正人员_____，男（女），_____年__月__日出生，___族，居住地_____，户籍地_____。因犯_____罪经_____人民法院于_____年__月__日以（　　）____字第____号刑事判决书判处_____，附加_____。经_____中级人民法院（　　）____字第____号刑事裁定书裁定假释。假释考验期为_____。在假释考验期间，依法实行社区矫正。社区矫正期限自_____年__月__日起至_____年__月__日止。

该社区矫正人员有违反法律（行政法规、社区矫正监督管理规定）的行为，具体事实如下：_____
_____
_____
_____
_____。

根据《中华人民共和国刑法》第八十六条、《社区矫正实施办法》第二十五条之规定，建议对社区矫正人员_____撤销假释。

此致

_____中级人民法院

（公章）

年 月 日

注：抄送_____人民检察院，_____公安（分）局。

文书 13

收监执行建议书

（　　）字第　　号

社区矫正人员_____，男（女），_____年__月__日出生，___族，居住地_____，户籍地_____。因_____罪经_____人民法院于_____年__月__日以（　　）____字第____号刑事判决书判处_____，附加_____，刑期自_____年__月__日起至_____年__月__日止。_____年__月__日由_____人民法院（公安局、监狱管理局）决定（批准）暂予监外执行。在暂予监外执行期间，依法实行社区矫正。社区矫正期限自_____年__月__日至_____年__月__日。

该社区矫正人员有违反法律（行政法规、社区矫正监督管理规定）的行为，具体事实如下：_____
_____
_____
_____
_____
_____。

根据《中华人民共和国刑事诉讼法》第二百五十七条、《社区矫正实施办法》第二十六条之规定，建议对社区矫正人员_____收监执行刑罚。

此致

_____人民法院（公安局、监狱管理局）

（公章）

年　　月　　日

注：抄送_____人民检察院，_____公安（分）局。

文书14

社区矫正人员减刑建议书

（　　）字第　　　号

社区矫正人员_____，男（女），_____年__月__日出生，____族，居住地_____，户籍地_____。因_____罪经_____人民法院于_____年__月__日以（　　）____字第____号刑事判决书判处_____，附加_____。_____年__月__日经_____人民法院（公安局、监狱管理局）裁定（决定）假释（暂予监外执行），在管制（缓刑、假释、暂予监外执行）期间，依法实行社区矫正。社区矫正期限自_____年__月__日起至_____年__月__日止。

该社区矫正人员接受社区矫正期间有如下表现：_____
_____
_____
_____
_____
_____
_____。

根据《中华人民共和国刑法》第七十八条、《中华人民共和国刑事诉讼法》第二百六十二条、《社区矫正实施办法》第二十八条之规定，建议对社区矫正人员_____减去_____。

此致

_____中级人民法院

（公章）

年　月　日

注：抄送_____人民检察院，_____公安局，_____监狱。

文书 15

提请治安管理处罚（撤销缓刑、撤销假释、收监执行、减刑）审核表

姓名		性别		出生年月		
居住地				户籍地		
罪名		原判刑期			附加刑	
禁止令内容				禁止期限起止日	自　年　月　日 至　年　月　日	
矫正类别		矫正期限		起止日	自　年　月　日 至　年　月　日	
事实及依据						
司法所意见	（公章） 　　年　月　日					
县级司法行政机关意见	（公章） 　　年　月　日					
地级司法行政机关审核意见	（公章） 　　年　月　日					
备注						

注：此表随建议书等一并报送人民法院（公安机关、监狱管理机关）。

文书 16

社区矫正期满鉴定表

姓名		性别		出生年月	
居住地		户籍地			
罪名		原判刑期			
矫正类别		矫正期限		起止日	自 年 月 日 至 年 月 日
禁止令内容		禁止期限起止		自 年 月 日 至 年 月 日	
司法所鉴定意见及安置帮教建议		（公章） 年 月 日			
备注					

文书 17

解除社区矫正宣告书

社区矫正人员_____：

根据《中华人民共和国刑法》、《中华人民共和国刑事诉讼法》及《社区矫正实施办法》之规定，依据人民法院（公安局、监狱管理局）_____号判决书（裁定书、决定书），在管制（缓刑、假释、暂予监外执行）期间，对你依法实行社区矫正。矫正期限自_____年__月__日起至_____年__月__日止。现矫正期满，依法解除社区矫正。现向你宣告以下事项：

1. 对你接受社区矫正期间表现的鉴定意见：_____
_____。

2. 管制期满，依法解除管制（缓刑考验期满，原判刑罚不再执行；假释考验期满，原判刑罚执行完毕）。

（公章）

年 月 日

社区矫正人员签字：

文书 18

解除社区矫正证明书（存根）

（　）字　号

　　社区矫正人员_____，居住地_____，户籍地_____。身份证号码_____。因犯_____罪于_____年__月__日被_____人民法院判处_____。依据_____人民法院（公安局、监狱管理局）____号判决书（裁定书、决定书），管制（缓刑、假释、暂予监外执行）期间，被依法实行社区矫正。于_____年__月__日矫正期满，依法解除社区矫正。

（公章）

年　月　日

解除社区矫正证明书

（　）字　号

　　社区矫正人员_____，居住地_____，户籍地_____。身份证号码_____。因犯_____罪于_____年__月__日被_____人民法院判处_____。依据_____人民法院（公安局、监狱管理局）____号判决书（裁定书、决定书），管制（缓刑、假释、暂予监外执行）期间，被依法实行社区矫正。于_____年__月__日矫正期满，依法解除社区矫正。

　　特此证明。

（公章）

年　月　日

文书 19

解除社区矫正通知书（存根）

（　　）字第　　号

项目	内容
姓名	性别
出生日期	年　月　日
身份证号码	
姓名	
原判刑罚	
原判刑期	
原判法院	
居住地	
户籍地	
矫正类别	
矫正期限	自　年　月　日起至　年　月　日止。
矫正期间执行变更	
发往（公安局，监狱管理局，检察院，（分）局	人民法院　　人民检察院　　人民公安
批准人	
填发日期	年　月　日

解除社区矫正通知书

（　　）字第　　号

　　　　人民法院、监狱管理局、公安局（分）局：

　　　　　　，男（女），身份证号码　　　　，居住地　　　　，户籍地　　　　，因犯　　　　罪，于　　年　　月　　日被　　人民法院判处　　，依据　　号判决书、裁定书、决定书，管制（缓刑、假释、暂予监外执行）期间，自　年　月　日至　年　月　日实行社区矫正。　年　月　日矫正期满，依法解除社区矫正。

（公章）

　年　月　日

解除社区矫正通知书

（　　）字第　　号

　　　　人民检察院：

　　　　　　，男（女），身份证号码　　　　，居住地　　　　，户籍地　　　　，因犯　　　　罪，于　　年　　月　　日被　　人民法院判处　　，依据　　号判决书、裁定书、决定书，管制（缓刑、假释、暂予监外执行）期间，自　年　月　日至　年　月　日实行社区矫正。　年　月　日矫正期满，依法解除社区矫正。

（公章）

　年　月　日

解除社区矫正通知书

（　　）字第　　号

　　　　公安（分）局：

　　　　　　，男（女），身份证号码　　　　，居住地　　　　，户籍地　　　　，因犯　　　　罪，于　　年　　月　　日被　　人民法院判处　　，依据　　号判决书、裁定书、决定书，管制（缓刑、暂予监外执行）期间，自　年　月　日至　年　月　日被依法解释。　年　月　日矫正期满，依法解除社区矫正。

（公章）

　年　月　日

文书20

社区矫正人员死亡通知书（存根）

（　　）字第　　号

姓名_____　性别___　出生日期___年___月___日
身份证号码_____
居住地_____
户籍地_____
罪　名_____
原判刑罚_____
原判刑期_____
社区矫正类别_____
社区矫正期限_____
执行机关_____
死亡时间及原因_____
发　往_____人民法院（公安局、监狱管理局）、_____人民检察院
填发人_____
批准人_____
填发日期___年___月___日

社区矫正人员死亡通知书

（　　）字第　　号

_____人民法院（公安局、监狱管理局）：

社区矫正人员_____，男（女），_____年___月___日被_____人民法院判处_____（缓刑、管制、假释、暂予监外执行）期间，被依法实行社区矫正。社区矫正人员_____因_____于___年___月___日死亡。特此通知。

（公章）
　　　年　月　日

社区矫正人员死亡通知书

（　　）字第　　号

_____人民检察院：

社区矫正人员_____，男（女），身份证号码_____，户籍地_____，居住地_____，因犯_____罪于___年___月___日被_____人民法院判处_____（法院、公安局、监狱管理局）号判决书（裁定书，暂予监外执行决定书），缓刑、管制、假释、暂予监外执行）期间，被依法实行社区矫正。_____因_____于___年___月___日死亡。特此通报。

（公章）
　　　年　月　日

附录三 《社区矫正人员定位系统技术规范》

中华人民共和国司法部 发布

2013年1月发布
2013年1月实施

前 言

依据最高人民法院、最高人民检察院、公安部、司法部《社区矫正实施办法》及国家有关信息化建设要求及相关行业标准制定本规范。本规范规定了社区矫正人员定位系统的基本功能、数据规范、编码规则、数据交换以及系统安全等内容。司法部建立全国的空间地理信息数据库,各省、自治区、直辖市(以下简称各省、区、市)司法厅(局)应当建立相应的空间地理信息数据库。本规范适用于全国社区矫正人员定位系统建设与应用,是研发相关业务信息系统的依据。本规范由司法部办公厅、司法部社区矫正管理局、司法部信息中心负责,安徽省司法厅承担,南京鑫攸蓝科技有限公司参与编制。

1 适用范围

本规范适用范围为全国司法行政机关社区矫正管理工作信息化建设与应用。

2 规范性引用文件

下列文件中的条款通过本规范的引用而成为本规范的条款。凡是注日期的引用文件,其随后所有的修改单(不包括勘误的内容)或修订版均不适用于本规范,可根据本规范达成协议的各方研究是否使用文件的最新版本。凡是不注日期的引用文件,其最新版本适用于本规范。

GB/T 2260-2007　　　中华人民共和国行政区划代码

GB/T 13923-2006　　　地理信息要素分类与代码

GB/T 19391-2003　　　全球定位系统(GPS)术语及定义

3 定义、术语及缩略语

下列定义、术语及缩略语适用于本规范的所有部分。

3.1 定义、术语

社区矫正人员定位系统:是运用计算机技术、地理信息技术、移动定位技术、通信技术、网络技术,通过为社区矫正人员配发定位终端,实现对定位人员的位置监控及管理,为社区矫正工作提供决策依据的系统。

GIS:地理信息系统(Geographic Information System,简称 GIS)是一个基于数据库管理系统(DBMS)的分析和管理空间对象的信息系统,以地理空间数据为操作对象,作为获取、存储、分析和管理地理空间数据的重要工具、技术。

移动定位：是指通过特定的定位技术来获取移动手机或终端用户的位置信息（经纬度坐标），在电子地图上标出被定位对象的位置的技术或服务。定位技术有三种：基于 GPS 的定位、基于移动运营商基站的定位、基于北斗的定位。

3.2 缩略语

本规范数据项名称使用中文词（组），尽可能是社区矫正人员定位规范用语（词）。

本规范数据项标识采用数据项分组名称（去掉其中的介词、标点和后缀'信息'）的汉语拼音首字母组合的规则，数据项类型选用与具体数据库平台无关的中立数据类型。具体的数据项类型及其定义说明如下：

序号	类型	定义
1	ID	15位十进制整数（占8个字节），用作数据记录的唯一标识
2	N	有符号4字节整数，范围：[-2147483648, 2147483647]
3	SN	有符号2字节整数，范围：[-32768, 32767]
4	TN	无符号1字节整数，范围：[0, 255] 若作为逻辑型使用：0：否；1：是
5	F	浮点型
6	D	日期
7	T	时间
8	DT	日期+时间，根据应用决定时间的表示精度
9	M	货币，IEEE64位（占8个字节）数据标准
10	C 数字	字符串类型，数字表示最大长度 例：C100 表示最大长度为 100 个拉丁字符（字符）的字符串
11	BB	用 BASE64 编码的 BLOB（二进制大数据量对象）
12	CB	CLOB（字符大数据量对象）

4 系统建设总体要求

本部分实现针对社区矫正人员管理需求，结合空间定位技术、地理信息技术，实现对社区矫正人员全方位的技术监控和管理。

4.1 定位人员基本信息要求

定位人员信息来源于社区矫正人员信息资源库；建立在移动运营商的定位人员信息仅为人员编号、终端号。

4.2 空间地理信息数据库建设的要求

各省（区、市）要按照国家 GIS 系统建设的要求，建立完整、实时的地理空间数据库，以供社区矫正人员定位使用，支持 B/S 或 C/S 架构。

4.3 社区矫正人员定位平台的功能要求

社区矫正人员定位平台包括二维地图基本操作功能、定位信息获取处理功能、网络通信功能等。

4.4 社区矫正人员定位平台的定位技术要求

社区矫正定位系统采用基于 GPS、基于移动运营商基站、基于北斗的定位技术。

4.5 社区矫正人员定位平台定位方式要求

提供与不同移动运营商的通信接口,同时支持 GPSOne、AGPS、基站定位、北斗定位等多种定位方式。

4.6 社区矫正人员定位平台定位策略

提供自动定位功能,每日定位次数可自定义;同时提供对特定目标实时定位功能。

4.7 社区矫正人员定位平台运行环境

社区矫正人员定位平台建立在与互联网隔离的业务网内,不得基于互联网。社区矫正人员定位平台与运营商的通信定位接口采取安全交换设施进行数据交换。

4.8 定位终端要求

定位终端可采用手机、电子腕带等。

5 系统的基本功能

本部分规定了社区矫正人员定位系统应具备的基本功能,各省(区、市)可在此功能的基础上进一步的细化和扩展。

5.1 所级

GIS 基本功能:应具有地图的基本操作、测距及标注功能。

定位监控:应具有社区矫正人员的空间位置查询、轨迹查询、轨迹回放及存储、越界及停(关)机记录管理、统计查询功能。

报警区域管理:应具有报警区域设定及修改功能、越界报警记录、统计查询功能。

短信管理:应具有越界短信提醒、短信收发、历史短信统计查询功能。

通话管理:应具有通话录音以及历史通话记录的查询和统计功能。

重点区域监控:查询在指定时间内到过指定区域的社区矫正人员。

5.2 县(市、区)级

GIS 基本功能:应具有地图的基本操作、测距及标注功能。

定位监控:应具有社区矫正人员的空间位置查询、轨迹查询、轨迹回放及存储、越界及停(关)机记录管理、统计查询功能。

报警区域管理：应具有报警区域设定及修改功能、越界报警记录、统计查询功能。

短信管理：应具有越界短信提醒、短信收发、历史短信统计查询功能。

通话管理：应具有通话录音以及历史通话记录的查询和统计功能。

重点区域监控：查询在指定时间内到过指定区域的社区矫正人员。

5.3 地（市、州）级

GIS 基本功能：应具有地图的基本操作、测距及标注功能。

定位监控：应具有社区矫正人员的空间位置查询、轨迹查询、轨迹回放及存储、越界及停(关)机记录管理、统计查询功能。

短信管理：应具有短信收发、历史短信统计查询功能。

重点区域监控：查询在指定时间内到过指定区域的社区矫正人员。

5.4 省（区、市）级

GIS 基本功能：应具有地图的基本操作、测距及标注功能。

定位监控：应具有社区矫正人员的空间位置查询、轨迹查询、轨迹回放及存储、越界及停(关)机记录管理、统计查询功能。

短信管理：应具有短信收发、历史短信统计查询功能。

5.5 部级

GIS 基本功能：应具有地图的基本操作、测距功能。

定位监控：应具有社区矫正人员空间位置查询、轨迹查询、轨迹回放及存储、越界及停(关)机记录管理功能。

6 业务流程规范

6.1 定位终端上线确认流程

（一）业务流程

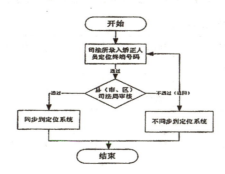

（二）流程说明

1、系统仅定位社区矫正人员所使用的终端号码。

2、司法所录入社区矫正人员的定位终端号码并将发送至县（市、区）司法局审核，审核通过则该号码同步到定位系统，不通过则不予进行定位并反馈不通过原因至司法所。

6.2 定位流程

（一）应用流程

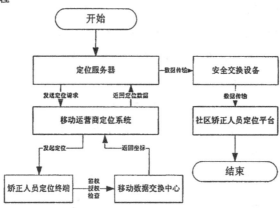

（二）流程说明

1、定位平台运行于与互联网隔离的业务网内。

2、移动终端结合基站通过鉴权、授权、检查等手段连接到移动交换中心，通过移动交换中心发送定位请求到定位系统获取定位信息。

3、定位服务器作为定位平台的一个组成部分，放置在互联网端，用于与运营商交换定位数据的前置服务器，将终端的位置通过安全交换设备传输到社区矫正人员定位平台。

7 数据采集规范

7.1 司法行政机关（单位）基本信息采集表

本部分规定了社区矫正人员定位系统中所涉及的数据采集结构规范，各省（区、市）可在此数据采集结构规范基础上进行扩展。

序号	数据元名称	标识	类型	是否允许空	相关条文和标准
1	机构编码	JGBM	C16	否	编码集详见本标准 8.1 章节
2	机构名称	JGMC	C60	否	

7.2 社区矫正人员基本信息采集表

| 序号 | 数据元名称 | 标识 | 类型 | 是否允许空 | 相关条文和标准 |

1	社区矫正人员编号	SQJZRYBH	C20	否	编码详见 8.2 章节
2	姓名	XM	C20	否	
3	矫正终端号码	JZZDHM	C11	是	

7.3 社区矫正人员定位历史信息采集表

序号	数据元名称	标识	类型	是否允许空	相关条文和标准
1	社区矫正人员编号	SQJZRYBH	C50	否	编码详见 8.2 章节
2	社区矫正人员终端号码	SQJZRYZDHM	C50	否	
3	经度	JD	N8	否	
4	纬度	WD	N8	否	
5	定位状态	DWZT	TN	否	编码集详见 8.4 和 8.5 章节
6	定位时间	DWSJ	DT8	否	
7	服务提供商	FWS	TN	否	编码集详见 8.6 章节

7.4 短信发送基本信息采集表

序号	数据元名称	标识	类型	是否允许空	相关条文和标准
1	发送人员编号	FSRYBH	C50	否	
2	用户类型	YHLX	C50	否	
3	接收号码	JSHM	C20	否	
4	发送内容	FSNR	C400	是	
5	发送时间	FSSJ	DT2	否	
6	短信编号	DXBH	C50	否	
7	服务提供商	FWS	TN	否	编码集详见 8.6 章节
8	短信状态	DXZT	C50	否	编码集详见 8.7 章节

7.5 接收短信基本信息采集表

序号	数据元名称	标识	类型	是否允许空	相关条文和标准
1	发送方号码	FSHM	C20	否	
2	发送内容	FSNR	C400	是	
3	接收时间	JSSJ	DT8	否	
4	短信编号	DXBH	C50	否	

| 5 | 服务提供商 | FWS | TN | 否 | 编码集详见8.6章节 |
| 6 | 短信状态 | DXZT | C50 | 否 | 编码集详见8.8章节 |

7.6 标注点基本信息采集表

序号	数据元名称	标识	类型	是否允许空	相关条文和标准
1	用户编号	YHBH	C50	是	
2	标注标题	BZBT	C100	是	
3	经度	JD	N8	否	
4	纬度	WD	N8	否	

7.7 录音记录基本信息采集表

序号	数据元名称	标识	类型	是否允许空	相关条文和标准
1	社区矫正人员编号	SQJZRYBH	C20	否	编码详见8.3章节
2	姓名	XM	C20	否	
3	矫正终端号码	JZZDHM	C11	是	
4	通话时间	THSJ	DT8	否	
5	通话时长	THSC	N8	否	
6	通话类型	THLX	TN	是	编码集详见8.9章节
7	录音文件存储位置	CCWZ	C100	否	

8 编码规范

本部分规定了与社区矫正业务相关的编码集，对机构、人员相关的基础编码集参照《公共基础数据管理信息系统》相关部分执行，各省（区、市）可在此编码规范基础上进行扩展。

8.1 机构编码规则

字符格式	说明
XXXXXXXXXXXXXXXXXX	6位行政区划编码【省（区、市）、市（地、州、盟）、县（市、区、旗）】，参照GB/T 2260-2002 中华人民共和国行政区划代码和GB/T 10114-2003 县级以下行政区划代码编制规则，所在司法行政机关的行政区划不足6位的在后面加"0"补齐。+2位机构隶属层级编码+4位机构类别编码+2位单位编码+4位内设部门顺序码，共18位，所有编码只允许采用数字。2位单位编码从01开始，至99截止，单位编

	码不复用；4位内设部门顺序码从0001开始，至9999截止，内设部门顺序码不复用。

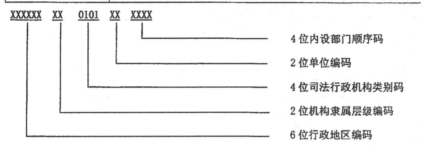

8.2 人员编码规则

字符格式	说明
XXXXXXXXXXXXXXXXXXXXXX	18位机构编码+4位人员顺序编码，共22位，所有编码只允许采用数字。4位人员顺序编码从0001开始，至9999截止，每个机构内的人员顺序码不复用。

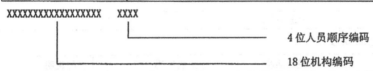

8.3 社区矫正人员编号编码规则

字符格式	说明
XXXXXXXXXXXXXXXX	6位行政区划编码，由省（区、市）行政区划编码+市（地、州、盟）行政区划编码+县（市、区、旗）行政区划编码+6位录入日期（年月）+4位顺序构成，共16位。顺序码从0001开始，直到9999止，如下图所示。

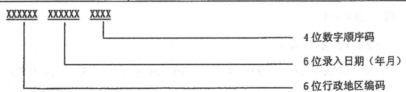

8.4 定位成功

编码值	编码名称	上级编码	编码说明
1	正常（报警区域内）。		
2	报警（越界）。		

8.5 定位失败

编码值	编码名称	上级编码	编码说明
101	空号		

102	关机		
103	欠费或号码业务故障		
104	定位超时		
105	定位权限未完全开放		
106	通话中或信号不佳		

8.6 定位服务提供商

编码值	编码名称	上级编码	编码说明
1	电信		
2	联通		
3	移动		
4	北斗		
5	GPS		

8.7 短信发送状态

编码值	编码名称	上级编码	编码说明
1	未发送。		
2	发送成功。		
3	发送失败。		

8.8 短信接收状态

编码值	编码名称	上级编码	编码说明
1	未读		
2	已读		

8.9 通话类型

编码值	编码名称	上级编码	编码说明
1	呼入		
2	呼出		

9 数据交换规范

9.1 数据共享交换的内容要求

数据共享交换主要包括司法行政机构及人员数据、社区矫正人员的基本数据、越界记录、停（关）机记录、短信记录、通话记录。

9.2 数据共享交换的策略要求

社区矫正人员信息库的建立采用社区矫正相关业务系统主动推送的方式，对于省外数据共享交换通过与部系统实现。

社区矫正人员定位数据由定位系统和运营商实现双向交换，针对不通运营商交换相关号码段。

9.3 数据共享交换的技术规范

9.3.1 司法行政机构基本数据共享交换规范

一、交换格式				
<ROOT> <JGBM>机构编码</JGBM> <JGMC>机构名称</JGMC> </ROOT>				
二、交换参数说明				
序号	参数	参数名称	是否必须	备注
1	机构编码	JGBM	是	
2	机构名称	JGMC	是	

9.3.2 司法行政人员基本数据共享交换规范

一、交换格式				
<ROOT> <DLMC>登录名称</DLMC> <RYBM>人员编码</RYBM> <XM>姓名</XM> <JGBM>机构编码</JGBM> </ROOT>				
二、交换参数说明				
序号	参数	参数名称	是否必须	备注
1	登录名称	DLMC	是	
2	人员编码	RYBM	是	
3	姓名	XM	是	与《社区矫正管理信息系统》"姓名"项保持一致
4	机构编码	JGBM	是	

9.3.3 社区矫正人员基本数据共享交换规范

一、交换格式
<ROOT> <RYBH>人员编号</RYBH> <JGBM>机构编码</JGBM> <XM>姓名</XM> <JZZDH>矫正终端号</JZZDH> <SFQJ>是否请假外出</SFQJ>

```
<SQJZJGR>社区矫正监管人（司法所公务员）</SQJZJGR>
<JGRLXDH>监管人联系电话</JGRLXDH>
<YYSBH>运营商编号</YYSBH>
<LRSJ>录入时间</LRSJ>
<DWQX>定位权限</DWQX>
</ROOT>
```

二、交换参数说明

序号	参数	参数名称	是否必须	备注
1	人员编号	RYBH	是	
2	机构编码	JGBM	是	
3	姓名	XM	是	与《社区矫正管理信息系统》"姓名"项保持一致
4	矫正终端号	JZZDH	是	
5	是否请假外出	SFQJWC	是	
6	社区矫正监管人（司法所公务员）	SQJZJGR	是	
7	监管人联系电话	JGRLXDH	是	
8	运营商编号	YYSBH	是	
9	录入时间	LRSJ	是	
10	定位权限	DWQX	是	

9.3.4 社区矫正人员越界记录共享交换规范

一、交换格式

```
<ROOT>
    <SQJZRYBH>社区矫正人员编号</SQJZRYBH>
    <YJSJ>越界时间</YJSJ>
</ROOT>
```

二、交换参数说明

序号	参数	参数名称	是否必须	备注
1	社区矫正人员编号	SQJZRYBH	是	
2	越界时间	YJSJ	是	

9.3.5 社区矫正人员停（关）机记录共享交换规范

一、交换格式

```
<ROOT>
    <SQJZRYBH>社区矫正人员编号</SQJZRYBH>
    <GTJSJ>停（关）机时间</GTJSJ>
</ROOT>
```

二、交换参数说明

序号	参数	参数名称	是否必须	备注
1	社区矫正人员编号	SQJZRYBH	是	
2	停（关）机时间	GTJSJ	是	

9.3.6 短信记录共享交换规范

一、交换格式

```
<ROOT>
    <DXBH>短信编号</DXBH>
    <DXLX>短信类型</DXLX>
    <FSRHM>发送人号码</FSRHM>
    <FSRXM>发送人姓名</FSRXM>
    <JSRHM>接收人号码</JSRHM>
    <JSRXM>接收人姓名</JSRXM>
    <FSSJ>发送时间</FSSJ>
    <DXNR>短信内容</DXNR>
    <FSZT>发送状态</FSZT>
</ROOT>
```

二、交换参数说明

序号	参数	参数名称	是否必须	备注
1	短信编号	DXBH	是	
2	短信类型	DXLX	是	
3	发送人号码	FSRHM	是	
4	发送人姓名	FSRXM	是	
5	接收人号码	JSRHM	是	
6	接收人姓名	JSRXM	是	
7	发送时间	FSSJ	是	
8	短信内容	DXNR	是	
9	发送状态	FSZT	是	

9.3.7 通话记录共享交换规范

一、交换格式

```
<ROOT>
    <THSJ>通话时间</THSJ>
    <THSC>通话时长</THSC>
    <THHM>通话号码</THHM>
    <THLX>通话类型</THLX>
</ROOT>
```

二、交换参数说明

序号	参数	参数名称	类型	是否必须	备注
1	通话时间	THSJ	DT8	是	

2	通话时长	THSC	C50	是	
3	通话号码	THHM	C50	是	
4	通话类型	THLX	I4	是	

10 系统安全规范

参照国家有关信息安全相关规定，采取相应措施，保证社区矫正人员定位系统信息的准确性、完整性、可靠性、可信性、保密性、防篡改性。

1) 按照司法部统一要求，采用CA认证技术，确保登录用户的身份合法性；

2) 采用资源、角色等权限控制机制，对用户的业务操作访问权限进行控制；

3) 系统在核心的操作环节要保存日志记录，确保每次操作有据可查；

4) 要求建立数据采集、存储、交换、备份的安全管理机制；

5) 社区矫正人员定位系统与运营商的定位平台的连接要采用专线直连方式，应采用边界信息安全交换设施，不得利用基于互联网的第三方定位平台；

6) 可采用智能化的身份识别技术（如声纹识别、指纹识别、人像识别），以确保社区矫正人员与使用的定位手机人机一致；

7) 制订社区矫正人员定位手段的使用管理规定。

附录四 《中华人民共和国社区矫正法实施办法》

高法院、高检院、公安部、司法部

关于印发《中华人民共和国社区矫正法实施办法》的通知

(司发通〔2020〕59号)

各省、自治区、直辖市高级人民法院、人民检察院、公安厅(局)、司法厅(局),新疆维吾尔自治区高级人民法院生产建设兵团分院、新疆生产建设兵团人民检察院、公安局、司法局、监狱管理局:

为做好《中华人民共和国社区矫正法》的贯彻实施,进一步推进和规范社区矫正工作,最高人民法院、最高人民检察院、公安部、司法部对2012年1月10日印发的《社区矫正实施办法》进行了修订,制定了《中华人民共和国社区矫正法实施办法》。现予以印发,请认真贯彻执行。对执行中遇到的问题,请分别及时报告最高人民法院、最高人民检察院、公安部、司法部。

高法院
高检院
公安部
司法部
2020年6月18日

中华人民共和国社区矫正法实施办法

第一条 为了推进和规范社区矫正工作,根据《中华人民共和国刑法》、《中华人民共和国刑事诉讼法》、《中华人民共和国社区矫正法》等有关法律规定,制定本办法。

第二条 社区矫正工作坚持党的绝对领导，实行党委政府统一领导、司法行政机关组织实施、相关部门密切配合、社会力量广泛参与、检察机关法律监督的领导体制和工作机制。

第三条 地方人民政府根据需要设立社区矫正委员会，负责统筹协调和指导本行政区域内的社区矫正工作。

司法行政机关向社区矫正委员会报告社区矫正工作开展情况，提请社区矫正委员会协调解决社区矫正工作中的问题。

第四条 司法行政机关依法履行以下职责：

（一）主管本行政区域内社区矫正工作；

（二）对本行政区域内设置和撤销社区矫正机构提出意见；

（三）拟定社区矫正工作发展规划和管理制度，监督检查社区矫正法律法规和政策的执行情况；

（四）推动社会力量参与社区矫正工作；

（五）指导支持社区矫正机构提高信息化水平；

（六）对在社区矫正工作中作出突出贡献的组织、个人，按照国家有关规定给予表彰、奖励；

（七）协调推进高素质社区矫正工作队伍建设；

（八）其他依法应当履行的职责。

第五条 人民法院依法履行以下职责：

（一）拟判处管制、宣告缓刑、决定暂予监外执行的，可以委托社区矫正机构或者有关社会组织对被告人或者罪犯的社会危险性和对所居住社区的影响，进行调查评估，提出意见，供决定社区矫正时参考；

（二）对执行机关报请假释的，审查执行机关移送的罪犯假释后对所居住社区影响的调查评估意见；

（三）核实并确定社区矫正执行地；

（四）对被告人或者罪犯依法判处管制、宣告缓刑、裁定假释、决定暂予监外执行；

（五）对社区矫正对象进行教育，及时通知并送达法律文书；

（六）对符合撤销缓刑、撤销假释或者暂予监外执行收监执行条件的社区矫正对象，作出判决、裁定和决定；

（七）对社区矫正机构提请逮捕的，及时作出是否逮捕的决定；

（八）根据社区矫正机构提出的减刑建议作出裁定；

（九）其他依法应当履行的职责。

第六条 人民检察院依法履行以下职责：

（一）对社区矫正决定机关、社区矫正机构或者有关社会组织的调查评估活动实行法律监督；

（二）对社区矫正决定机关判处管制、宣告缓刑、裁定假释、决定或者批准暂予监外执行活动实行法律监督；

（三）对社区矫正法律文书及社区矫正对象交付执行活动实行法律监督；

（四）对监督管理、教育帮扶社区矫正对象的活动实行法律监督；

（五）对变更刑事执行、解除矫正和终止矫正的活动实行法律监督；

（六）受理申诉、控告和举报，维护社区矫正对象的合法权益；

（七）按照刑事诉讼法的规定，在对社区矫正实行法律监督中发现司法工作人员相关职务犯罪，可以立案侦查直接受理的案件；

（八）其他依法应当履行的职责。

第七条 公安机关依法履行以下职责：

（一）对看守所留所服刑罪犯拟暂予监外执行的，可以委托开展调查评估；

（二）对看守所留所服刑罪犯拟暂予监外执行的，核实并确定社区矫正执行地；对符合暂予监外执行条件的，批准暂予监外执行；对符合收监执行条件的，作出收监执行的决定；

（三）对看守所留所服刑罪犯批准暂予监外执行的，进行教育，及时通知并送达法律文书；依法将社区矫正对象交付执行；

（四）对社区矫正对象予以治安管理处罚；到场处置经社区矫正机构制止无效，正在实施违反监督管理规定或者违反人民法院禁止令等违法行为的社区矫正对象；协助社区矫正机构处置突发事件；

（五）协助社区矫正机构查找失去联系的社区矫正对象；执行人民法院作出的逮捕决定；被裁定撤销缓刑、撤销假释和被决定收监执行的社区矫正对象逃跑的，予以追捕；

（六）对裁定撤销缓刑、撤销假释，或者对人民法院、公安机关决定暂予监外执行收监的社区矫正对象，送交看守所或者监狱执行；

（七）执行限制社区矫正对象出境的措施；

（八）其他依法应当履行的职责。

第八条 监狱管理机关以及监狱依法履行以下职责：

（一）对监狱关押罪犯拟提请假释的，应当委托进行调查评估；对监狱关押

罪犯拟暂予监外执行的,可以委托进行调查评估;

(二)对监狱关押罪犯拟暂予监外执行的,依法核实并确定社区矫正执行地;对符合暂予监外执行条件的,监狱管理机关作出暂予监外执行决定;

(三)对监狱关押罪犯批准暂予监外执行的,进行教育,及时通知并送达法律文书;依法将社区矫正对象交付执行;

(四)监狱管理机关对暂予监外执行罪犯决定收监执行的,原服刑或者接收其档案的监狱应当立即将罪犯收监执行;

(五)其他依法应当履行的职责。

第九条 社区矫正机构是县级以上地方人民政府根据需要设置的,负责社区矫正工作具体实施的执行机关。社区矫正机构依法履行以下职责:

(一)接受委托进行调查评估,提出评估意见;

(二)接收社区矫正对象,核对法律文书、核实身份、办理接收登记,建立档案;

(三)组织入矫和解矫宣告,办理入矫和解矫手续;

(四)建立矫正小组、组织矫正小组开展工作,制定和落实矫正方案;

(五)对社区矫正对象进行监督管理,实施考核奖惩;审批会客、外出、变更执行地等事项;了解掌握社区矫正对象的活动情况和行为表现;组织查找失去联系的社区矫正对象,查找后依情形作出处理;

(六)提出治安管理处罚建议,提出减刑、撤销缓刑、撤销假释、收监执行等变更刑事执行建议,依法提请逮捕;

(七)对社区矫正对象进行教育帮扶,开展法治道德等教育,协调有关方面开展职业技能培训、就业指导,组织公益活动等事项;

(八)向有关机关通报社区矫正对象情况,送达法律文书;

(九)对社区矫正工作人员开展管理、监督、培训,落实职业保障;

(十)其他依法应当履行的职责。

设置和撤销社区矫正机构,由县级以上地方人民政府司法行政部门提出意见,按照规定的权限和程序审批。社区矫正日常工作由县级社区矫正机构具体承担;未设置县级社区矫正机构的,由上一级社区矫正机构具体承担。省、市两级社区矫正机构主要负责监督指导、跨区域执法的组织协调以及与同级社区矫正决定机关对接的案件办理工作。

第十条 司法所根据社区矫正机构的委托,承担社区矫正相关工作。

第十一条 社区矫正机构依法加强信息化建设,运用现代信息技术开展监督管理和教育帮扶。

社区矫正工作相关部门之间依法进行信息共享，人民法院、人民检察院、公安机关、司法行政机关依法建立完善社区矫正信息交换平台，实现业务协同、互联互通，运用现代信息技术及时准确传输交换有关法律文书，根据需要实时查询社区矫正对象交付接收、监督管理、教育帮扶、脱离监管、被治安管理处罚、被采取强制措施、变更刑事执行、办理再犯罪案件等情况，共享社区矫正工作动态信息，提高社区矫正信息化水平。

第十二条 对拟适用社区矫正的，社区矫正决定机关应当核实社区矫正对象的居住地。社区矫正对象在多个地方居住的，可以确定经常居住地为执行地。没有居住地，居住地、经常居住地无法确定或者不适宜执行社区矫正的，应当根据有利于社区矫正对象接受矫正、更好地融入社会的原则，确定社区矫正执行地。被确定为执行地的社区矫正机构应当及时接收。

社区矫正对象的居住地是指其实际居住的县（市、区）。社区矫正对象的经常居住地是指其经常居住的，有固定住所、固定生活来源的县（市、区）。

社区矫正对象应如实提供其居住、户籍等情况，并提供必要的证明材料。

第十三条 社区矫正决定机关对拟适用社区矫正的被告人、罪犯，需要调查其社会危险性和对所居住社区影响的，可以委托拟确定为执行地的社区矫正机构或者有关社会组织进行调查评估。社区矫正机构或者有关社会组织收到委托文书后应当及时通知执行地县级人民检察院。

第十四条 社区矫正机构、有关社会组织接受委托后，应当对被告人或者罪犯的居所情况、家庭和社会关系、犯罪行为的后果和影响、居住地村（居）民委员会和被害人意见、拟禁止的事项、社会危险性、对所居住社区的影响等情况进行调查了解，形成调查评估意见，与相关材料一起提交委托机关。调查评估时，相关单位、部门、村（居）民委员会等组织、个人应当依法为调查评估提供必要的协助。

社区矫正机构、有关社会组织应当自收到调查评估委托函及所附材料之日起十个工作日内完成调查评估，提交评估意见。对于适用刑事案件速裁程序的，应当在五个工作日内完成调查评估，提交评估意见。评估意见同时抄送执行地县级人民检察院。需要延长调查评估时限的，社区矫正机构、有关社会组织应当与委托机关协商，并在协商确定的期限内完成调查评估。因被告人或者罪犯的姓名、居住地不真实、身份不明等原因，社区矫正机构、有关社会组织无法进行调查评估的，应当及时向委托机关说明情况。社区矫正决定机关对调查评估意见的采信情况，应当在相关法律文书中说明。

对调查评估意见以及调查中涉及的国家秘密、商业秘密、个人隐私等信息，应当保密，不得泄露。

第十五条 社区矫正决定机关应当对社区矫正对象进行教育，书面告知其到执行地县级社区矫正机构报到的时间期限以及逾期报到或者未报到的后果，责令其按时报到。

第十六条 社区矫正决定机关应当自判决、裁定或者决定生效之日起五日内通知执行地县级社区矫正机构，并在十日内将判决书、裁定书、决定书、执行通知书等法律文书送达执行地县级社区矫正机构，同时抄送人民检察院。收到法律文书后，社区矫正机构应当在五日内送达回执。

社区矫正对象前来报到时，执行地县级社区矫正机构未收到法律文书或者法律文书不齐全，应当先记录在案，为其办理登记接收手续，并通知社区矫正决定机关在五日内送达或者补齐法律文书。

第十七条 被判处管制、宣告缓刑、裁定假释的社区矫正对象到执行地县级社区矫正机构报到时，社区矫正机构应当核对法律文书、核实身份，办理登记接收手续。对社区矫正对象存在因行动不便、自行报到确有困难等特殊情况的，社区矫正机构可以派员到其居住地等场所办理登记接收手续。

暂予监外执行的社区矫正对象，由公安机关、监狱或者看守所依法移送至执行地县级社区矫正机构，办理交付接收手续。罪犯原服刑地与居住地不在同一省、自治区、直辖市，需要回居住地暂予监外执行的，原服刑地的省级以上监狱管理机关或者设区的市一级以上公安机关应当书面通知罪犯居住地的监狱管理机关、公安机关，由其指定一所监狱、看守所接收社区矫正对象档案，负责办理其收监、刑满释放等手续。对看守所留所服刑罪犯暂予监外执行，原服刑地与居住地在同一省、自治区、直辖市的，可以不移交档案。

第十八条 执行地县级社区矫正机构接收社区矫正对象后，应当建立社区矫正档案，包括以下内容：

（一）适用社区矫正的法律文书；

（二）接收、监管审批、奖惩、收监执行、解除矫正、终止矫正等有关社区矫正执行活动的法律文书；

（三）进行社区矫正的工作记录；

（四）社区矫正对象接受社区矫正的其他相关材料。

接受委托对社区矫正对象进行日常管理的司法所应当建立工作档案。

第十九条 执行地县级社区矫正机构、受委托的司法所应当为社区矫正对象确定矫正小组,与矫正小组签订矫正责任书,明确矫正小组成员的责任和义务,负责落实矫正方案。

矫正小组主要开展下列工作:

(一)按照矫正方案,开展个案矫正工作;

(二)督促社区矫正对象遵纪守法,遵守社区矫正规定;

(三)参与对社区矫正对象的考核评议和教育活动;

(四)对社区矫正对象走访谈话,了解其思想、工作和生活情况,及时向社区矫正机构或者司法所报告;

(五)协助对社区矫正对象进行监督管理和教育帮扶;

(六)协助社区矫正机构或者司法所开展其他工作。

第二十条 执行地县级社区矫正机构接收社区矫正对象后,应当组织或者委托司法所组织入矫宣告。

入矫宣告包括以下内容:

(一)判决书、裁定书、决定书、执行通知书等有关法律文书的主要内容;

(二)社区矫正期限;

(三)社区矫正对象应当遵守的规定、被剥夺或者限制行使的权利、被禁止的事项以及违反规定的法律后果;

(四)社区矫正对象依法享有的权利;

(五)矫正小组人员组成及职责;

(六)其他有关事项。

宣告由社区矫正机构或者司法所的工作人员主持,矫正小组成员及其他相关人员到场,按照规定程序进行。宣告后,社区矫正对象应当在书面材料上签字,确认已经了解所宣告的内容。

第二十一条 社区矫正机构应当根据社区矫正对象被判处管制、宣告缓刑、假释和暂予监外执行的不同裁判内容和犯罪类型、矫正阶段、再犯罪风险等情况,进行综合评估,划分不同类别,实施分类管理。

社区矫正机构应当把社区矫正对象的考核结果和奖惩情况作为分类管理的依据。

社区矫正机构对不同类别的社区矫正对象,在矫正措施和方法上应当有所区别,有针对性地开展监督管理和教育帮扶工作。

第二十二条 执行地县级社区矫正机构、受委托的司法所要根据社区矫正对象的性别、年龄、心理特点、健康状况、犯罪原因、悔罪表现等具体情况,制定矫正方案，有针对性地消除社区矫正对象可能重新犯罪的因素，帮助其成为守法公民。

矫正方案应当包括社区矫正对象基本情况、对社区矫正对象的综合评估结果、对社区矫正对象的心理状态和其他特殊情况的分析、拟采取的监督管理、教育帮扶措施等内容。

矫正方案应当根据分类管理的要求、实施效果以及社区矫正对象的表现等情况，相应调整。

第二十三条 执行地县级社区矫正机构、受委托的司法所应当根据社区矫正对象的个人生活、工作及所处社区的实际情况，有针对性地采取通信联络、信息化核查、实地查访等措施，了解掌握社区矫正对象的活动情况和行为表现。

第二十四条 社区矫正对象应当按照有关规定和社区矫正机构的要求，定期报告遵纪守法、接受监督管理、参加教育学习、公益活动和社会活动等情况。发生居所变化、工作变动、家庭重大变故以及接触对其矫正可能产生不利影响人员等情况时，应当及时报告。被宣告禁止令的社区矫正对象应当定期报告遵守禁止令的情况。

暂予监外执行的社区矫正对象应当每个月报告本人身体情况。保外就医的，应当到省级人民政府指定的医院检查，每三个月向执行地县级社区矫正机构、受委托的司法所提交病情复查情况。执行地县级社区矫正机构根据社区矫正对象的病情及保证人等情况，可以调整报告身体情况和提交复查情况的期限。延长一个月至三个月以下的，报上一级社区矫正机构批准；延长三个月以上的，逐级上报省级社区矫正机构批准。批准延长的，执行地县级社区矫正机构应当及时通报同级人民检察院。

社区矫正机构根据工作需要，可以协调对暂予监外执行的社区矫正对象进行病情诊断、妊娠检查或者生活不能自理的鉴别。

第二十五条 未经执行地县级社区矫正机构批准，社区矫正对象不得接触其犯罪案件中的被害人、控告人、举报人，不得接触同案犯等可能诱发其再犯罪的人。

第二十六条 社区矫正对象未经批准不得离开所居住市、县。确有正当理由需要离开的，应当经执行地县级社区矫正机构或者受委托的司法所批准。

社区矫正对象外出的正当理由是指就医、就学、参与诉讼、处理家庭或者工作重要事务等。

前款规定的市是指直辖市的城市市区、设区的市的城市市区和县级市的辖区。在设区的同一市内跨区活动的，不属于离开所居住的市、县。

第二十七条 社区矫正对象确需离开所居住的市、县的,一般应当提前三日提交书面申请,并如实提供诊断证明、单位证明、入学证明、法律文书等材料。

申请外出时间在七日内的,经执行地县级社区矫正机构委托,可以由司法所批准,并报执行地县级社区矫正机构备案;超过七日的,由执行地县级社区矫正机构批准。执行地县级社区矫正机构每次批准外出的时间不超过三十日。

因特殊情况确需外出超过三十日的,或者两个月内外出时间累计超过三十日的,应报上一级社区矫正机构审批。上一级社区矫正机构批准社区矫正对象外出的,执行地县级社区矫正机构应当及时通报同级人民检察院。

第二十八条 在社区矫正对象外出期间,执行地县级社区矫正机构、受委托的司法所应当通过电话通讯、实时视频等方式实施监督管理。

执行地县级社区矫正机构根据需要,可以协商外出目的地社区矫正机构协助监督管理,并要求社区矫正对象在到达和离开时向当地社区矫正机构报告,接受监督管理。外出目的地社区矫正机构在社区矫正对象报告后,可以通过电话通讯、实地查访等方式协助监督管理。

社区矫正对象应在外出期限届满前返回居住地,并向执行地县级社区矫正机构或者司法所报告,办理手续。因特殊原因无法按期返回的,应及时向社区矫正机构或者司法所报告情况。发现社区矫正对象违反外出管理规定的,社区矫正机构应当责令其立即返回,并视情节依法予以处理。

第二十九条 社区矫正对象确因正常工作和生活需要经常性跨市、县活动的,应当由本人提出书面申请,写明理由、经常性去往市县名称、时间、频次等,同时提供相应证明,由执行地县级社区矫正机构批准,批准一次的有效期为六个月。在批准的期限内,社区矫正对象到批准市、县活动的,可以通过电话、微信等方式报告活动情况。到期后,社区矫正对象仍需要经常性跨市、县活动的,应当重新提出申请。

第三十条 社区矫正对象因工作、居所变化等原因需要变更执行地的,一般应当提前一个月提出书面申请,并提供相应证明材料,由受委托的司法所签署意见后报执行地县级社区矫正机构审批。

执行地县级社区矫正机构收到申请后,应当在五日内书面征求新执行地县级社区矫正机构的意见。新执行地县级社区矫正机构接到征求意见函后,应当在五日内核实有关情况,作出是否同意接收的意见并书面回复。执行地县级社区矫正机构根据回复意见,作出决定。执行地县级社区矫正机构对新执行地县级社区矫正机构的回复意见有异议的,可以报上一级社区矫正机构协调解决。

经审核，执行地县级社区矫正机构不同意变更执行地的，应在决定作出之日起五日内告知社区矫正对象。同意变更执行地的，应对社区矫正对象进行教育，书面告知其到新执行地县级社区矫正机构报到的时间期限以及逾期报到或者未报到的后果，责令其按时报到。

第三十一条 同意变更执行地的，原执行地县级社区矫正机构应当在作出决定之日起五日内，将有关法律文书和档案材料移交新执行地县级社区矫正机构，并将有关法律文书抄送社区矫正决定机关和原执行地县级人民检察院、公安机关。新执行地县级社区矫正机构收到法律文书和档案材料后，在五日内送达回执，并将有关法律文书抄送所在地县级人民检察院、公安机关。

同意变更执行地的，社区矫正对象应当自收到变更执行地决定之日起七日内，到新执行地县级社区矫正机构报到。新执行地县级社区矫正机构应当核实身份、办理登记接收手续。发现社区矫正对象未按规定时间报到的，新执行地县级社区矫正机构应当立即通知原执行地县级社区矫正机构，由原执行地县级社区矫正机构组织查找。未及时办理交付接收，造成社区矫正对象脱管漏管的，原执行地社区矫正机构会同新执行地社区矫正机构妥善处置。

对公安机关、监狱管理机关批准暂予监外执行的社区矫正对象变更执行地的，公安机关、监狱管理机关在收到社区矫正机构送达的法律文书后，应与新执行地同级公安机关、监狱管理机关办理交接。新执行地的公安机关、监狱管理机关应指定一所看守所、监狱接收社区矫正对象档案，负责办理其收监、刑满释放等手续。看守所、监狱在接收档案之日起五日内，应当将有关情况通报新执行地县级社区矫正机构。对公安机关批准暂予监外执行的社区矫正对象在同一省、自治区、直辖市变更执行地的，可以不移交档案。

第三十二条 社区矫正机构应当根据有关法律法规、部门规章和其他规范性文件，建立内容全面、程序合理、易于操作的社区矫正对象考核奖惩制度。

社区矫正机构、受委托的司法所应当根据社区矫正对象认罪悔罪、遵守有关规定、服从监督管理、接受教育等情况，定期对其考核。对于符合表扬条件、具备训诫、警告情形的社区矫正对象，经执行地县级社区矫正机构决定，可以给予其相应奖励或者处罚，作出书面决定。对于涉嫌违反治安管理行为的社区矫正对象，执行地县级社区矫正机构可以向同级公安机关提出建议。社区矫正机构奖励或者处罚的书面决定应当抄送人民检察院。

社区矫正对象的考核结果与奖惩应当书面通知其本人，定期公示，记入档案，做到准确及时、公开公平。社区矫正对象对考核奖惩提出异议的，执行地县级社区矫正机构应当及时处理,并将处理结果告知社区矫正对象。社区矫正对象对处理结果仍有异议的,可以向人民检察院提出。

第三十三条 社区矫正对象认罪悔罪、遵守法律法规、服从监督管理、接受教育表现突出的,应当给予表扬。

社区矫正对象接受社区矫正六个月以上并且同时符合下列条件的,执行地县级社区矫正机构可以给予表扬:

(一)服从人民法院判决,认罪悔罪;

(二)遵守法律法规;

(三)遵守关于报告、会客、外出、迁居等规定,服从社区矫正机构的管理;

(四)积极参加教育学习等活动,接受教育矫正的。

社区矫正对象接受社区矫正期间,有见义勇为、抢险救灾等突出表现,或者帮助他人、服务社会等突出事迹的,执行地县级社区矫正机构可以给予表扬。对于符合法定减刑条件的,由执行地县级社区矫正机构依照本办法第四十二条的规定,提出减刑建议。

第三十四条 社区矫正对象具有下列情形之一的,执行地县级社区矫正机构应当给予训诫:

(一)不按规定时间报到或者接受社区矫正期间脱离监管,未超过十日的;

(二)违反关于报告、会客、外出、迁居等规定,情节轻微的;

(三)不按规定参加教育学习等活动,经教育仍不改正的;

(四)其他违反监督管理规定,情节轻微的。

第三十五条 社区矫正对象具有下列情形之一的,执行地县级社区矫正机构应当给予警告:

(一)违反人民法院禁止令,情节轻微的;

(二)不按规定时间报到或者接受社区矫正期间脱离监管,超过十日的;

(三)违反关于报告、会客、外出、迁居等规定,情节较重的;

(四)保外就医的社区矫正对象无正当理由不按时提交病情复查情况,经教育仍不改正的;

(五)受到社区矫正机构两次训诫,仍不改正的;

(六)其他违反监督管理规定,情节较重的。

第三十六条 社区矫正对象违反监督管理规定或者人民法院禁止令,依法应予治安管理处罚的,执行地县级社区矫正机构应当及时提请同级公安机关依法给予处罚,并向执行地同级人民检察院抄送治安管理处罚建议书副本,及时通知处理结果。

第三十七条 电子定位装置是指运用卫星等定位技术，能对社区矫正对象进行定位等监管，并具有防拆、防爆、防水等性能的专门的电子设备，如电子定位腕带等，但不包括手机等设备。

对社区矫正对象采取电子定位装置进行监督管理的，应当告知社区矫正对象监管的期限、要求以及违反监管规定的后果。

第三十八条 发现社区矫正对象失去联系的，社区矫正机构应当立即组织查找，可以采取通信联络、信息化核查、实地查访等方式查找，查找时要做好记录，固定证据。查找不到的，社区矫正机构应当及时通知公安机关，公安机关应当协助查找。社区矫正机构应当及时将组织查找的情况通报人民检察院。

查找到社区矫正对象后，社区矫正机构应当根据其脱离监管的情形，给予相应处置。虽能查找到社区矫正对象下落但其拒绝接受监督管理的，社区矫正机构应当视情节依法提请公安机关予以治安管理处罚，或者依法提请撤销缓刑、撤销假释、对暂予监外执行的收监执行。

第三十九条 社区矫正机构根据执行禁止令的需要，可以协调有关的部门、单位、场所、个人协助配合执行禁止令。

对禁止令确定需经批准才能进入的特定区域或者场所，社区矫正对象确需进入的，应当经执行地县级社区矫正机构批准，并通知原审人民法院和执行地县级人民检察院。

第四十条 发现社区矫正对象有违反监督管理规定或者人民法院禁止令等违法情形的，执行地县级社区矫正机构应当调查核实情况，收集有关证据材料，提出处理意见。

社区矫正机构发现社区矫正对象有撤销缓刑、撤销假释或者暂予监外执行收监执行的法定情形的，应当组织开展调查取证工作，依法向社区矫正决定机关提出撤销缓刑、撤销假释或者暂予监外执行收监执行建议，并将建议书抄送同级人民检察院。

第四十一条 社区矫正对象被依法决定行政拘留、司法拘留、强制隔离戒毒等或者因涉嫌犯新罪、发现判决宣告前还有其他罪没有判决被采取强制措施的，决定机关应当自作出决定之日起三日内将有关情况通知执行地县级社区矫正机构和执行地县级人民检察院。

第四十二条 社区矫正对象符合法定减刑条件的，由执行地县级社区矫正机构提出减刑建议书并附相关证据材料，报经地（市）社区矫正机构审核同意后，由地（市）社区矫正机构提请执行地的中级人民法院裁定。

依法应由高级人民法院裁定的减刑案件，由执行地县级社区矫正机构提出减刑建议书并附相关证据材料，逐级上报省级社区矫正机构审核同意后，由省级社区矫正机构提请执行地的高级人民法院裁定。

人民法院应当自收到减刑建议书和相关证据材料之日起三十日内依法裁定。

社区矫正机构减刑建议书和人民法院减刑裁定书副本，应当同时抄送社区矫正执行地同级人民检察院、公安机关及罪犯原服刑或者接收其档案的监狱。

第四十三条 社区矫正机构、受委托的司法所应当充分利用地方人民政府及其有关部门提供的教育帮扶场所和有关条件，按照因人施教的原则，有针对性地对社区矫正对象开展教育矫正活动。

社区矫正机构、司法所应当根据社区矫正对象的矫正阶段、犯罪类型、现实表现等实际情况，对其实施分类教育；应当结合社区矫正对象的个体特征、日常表现等具体情况，进行个别教育。

社区矫正机构、司法所根据需要可以采用集中教育、网上培训、实地参观等多种形式开展集体教育；组织社区矫正对象参加法治、道德等方面的教育活动；根据社区矫正对象的心理健康状况，对其开展心理健康教育、实施心理辅导。

社区矫正机构、司法所可以通过公开择优购买服务或者委托社会组织执行项目等方式，对社区矫正对象开展教育活动。

第四十四条 执行地县级社区矫正机构、受委托的司法所按照符合社会公共利益的原则，可以根据社区矫正对象的劳动能力、健康状况等情况，组织社区矫正对象参加公益活动。

第四十五条 执行地县级社区矫正机构、受委托的司法所依法协调有关部门和单位，根据职责分工，对遇到暂时生活困难的社区矫正对象提供临时救助；对就业困难的社区矫正对象提供职业技能培训和就业指导；帮助符合条件的社区矫正对象落实社会保障措施；协助在就学、法律援助等方面遇到困难的社区矫正对象解决问题。

第四十六条 社区矫正对象在缓刑考验期内，有下列情形之一的，由执行地同级社区矫正机构提出撤销缓刑建议：

（一）违反禁止令，情节严重的；

（二）无正当理由不按规定时间报到或者接受社区矫正期间脱离监管，超过一个月的；

（三）因违反监督管理规定受到治安管理处罚，仍不改正的；

（四）受到社区矫正机构两次警告，仍不改正的；

（五）其他违反有关法律、行政法规和监督管理规定，情节严重的情形。

社区矫正机构一般向原审人民法院提出撤销缓刑建议。如果原审人民法院与执行地同级社区矫正机构不在同一省、自治区、直辖市的，可以向执行地人民法院提出建议，执行地人民法院作出裁定的，裁定书同时抄送原审人民法院。

社区矫正机构撤销缓刑建议书和人民法院的裁定书副本同时抄送社区矫正执行地同级人民检察院。

第四十七条 社区矫正对象在假释考验期内，有下列情形之一的，由执行地同级社区矫正机构提出撤销假释建议：

（一）无正当理由不按规定时间报到或者接受社区矫正期间脱离监管，超过一个月的；

（二）受到社区矫正机构两次警告，仍不改正的；

（三）其他违反有关法律、行政法规和监督管理规定，尚未构成新的犯罪的。

社区矫正机构一般向原审人民法院提出撤销假释建议。如果原审人民法院与执行地同级社区矫正机构不在同一省、自治区、直辖市的，可以向执行地人民法院提出建议，执行地人民法院作出裁定的，裁定书同时抄送原审人民法院。

社区矫正机构撤销假释的建议书和人民法院的裁定书副本同时抄送社区矫正执行地同级人民检察院、公安机关、罪犯原服刑或者接收其档案的监狱。

第四十八条 被提请撤销缓刑、撤销假释的社区矫正对象具备下列情形之一的，社区矫正机构在提出撤销缓刑、撤销假释建议书的同时，提请人民法院决定对其予以逮捕：

（一）可能逃跑的；

（二）具有危害国家安全、公共安全、社会秩序或者他人人身安全现实危险的；

（三）可能对被害人、举报人、控告人或者社区矫正机构工作人员等实施报复行为的；

（四）可能实施新的犯罪的。

社区矫正机构提请人民法院决定逮捕社区矫正对象时，应当提供相应证据，移送人民法院审查决定。

社区矫正机构提请逮捕、人民法院作出是否逮捕决定的法律文书，应当同时抄送执行地县级人民检察院。

第四十九条 暂予监外执行的社区矫正对象有下列情形之一的，由执行地县级社区矫正机构提出收监执行建议：

（一）不符合暂予监外执行条件的；

（二）未经社区矫正机构批准擅自离开居住的市、县，经警告拒不改正，或者拒不报告行踪，脱离监管的；

（三）因违反监督管理规定受到治安管理处罚，仍不改正的；

（四）受到社区矫正机构两次警告的；

（五）保外就医期间不按规定提交病情复查情况，经警告拒不改正的；

（六）暂予监外执行的情形消失后，刑期未满的；

（七）保证人丧失保证条件或者因不履行义务被取消保证人资格，不能在规定期限内提出新的保证人的；

（八）其他违反有关法律、行政法规和监督管理规定，情节严重的情形。

社区矫正机构一般向执行地社区矫正决定机关提出收监执行建议。如果原社区矫正决定机关与执行地县级社区矫正机构在同一省、自治区、直辖市的，可以向原社区矫正决定机关提出建议。

社区矫正机构的收监执行建议书和决定机关的决定书，应当同时抄送执行地县级人民检察院。

第五十条 人民法院裁定撤销缓刑、撤销假释或者决定暂予监外执行收监执行的，由执行地县级公安机关本着就近、便利、安全的原则，送交社区矫正对象执行地所属的省、自治区、直辖市管辖范围内的看守所或者监狱执行刑罚。

公安机关决定暂予监外执行收监执行的，由执行地县级公安机关送交存放或者接收罪犯档案的看守所收监执行。

监狱管理机关决定暂予监外执行收监执行的，由存放或者接收罪犯档案的监狱收监执行。

第五十一条 撤销缓刑、撤销假释的裁定和收监执行的决定生效后，社区矫正对象下落不明的，应当认定为在逃。

被裁定撤销缓刑、撤销假释和被决定收监执行的社区矫正对象在逃的，由执行地县级公安机关负责追捕。撤销缓刑、撤销假释裁定书和对暂予监外执行罪犯收监执行决定书，可以作为公安机关追逃依据。

第五十二条 社区矫正机构应当建立突发事件处置机制，发现社区矫正对象非正常死亡、涉嫌实施犯罪、参与群体性事件的，应当立即与公安机关等有关部门协调联动、妥善处置，并将有关情况及时报告上一级社区矫正机构，同时通报执行地人民检察院。

第五十三条 社区矫正对象矫正期限届满，且在社区矫正期间没有应当撤销缓刑、撤销假释或者暂予监外执行收监执行情形的，社区矫正机构依法办理解除矫正手续。

社区矫正对象一般应当在社区矫正期满三十日前，作出个人总结，执行地县级社区矫正机构应当根据其在接受社区矫正期间的表现等情况作出书面鉴定，与安置帮教工作部门做好衔接工作。

执行地县级社区矫正机构应当向社区矫正对象发放解除社区矫正证明书，并书面通知社区矫正决定机关，同时抄送执行地县级人民检察院和公安机关。

公安机关、监狱管理机关决定暂予监外执行的社区矫正对象刑期届满的，由看守所、监狱依法为其办理刑满释放手续。

社区矫正对象被赦免的，社区矫正机构应当向社区矫正对象发放解除社区矫正证明书，依法办理解除矫正手续。

第五十四条 社区矫正对象矫正期满，执行地县级社区矫正机构或者受委托的司法所可以组织解除矫正宣告。

解矫宣告包括以下内容：

（一）宣读对社区矫正对象的鉴定意见；

（二）宣布社区矫正期限届满，依法解除社区矫正；

（三）对判处管制的，宣布执行期满，解除管制；对宣告缓刑的，宣布缓刑考验期满，原判刑罚不再执行；对裁定假释的，宣布考验期满，原判刑罚执行完毕。

宣告由社区矫正机构或者司法所工作人员主持，矫正小组成员及其他相关人员到场，按照规定程序进行。

第五十五条 社区矫正机构、受委托的司法所应当根据未成年社区矫正对象的年龄、心理特点、发育需要、成长经历、犯罪原因、家庭监护教育条件等情况，制定适应未成年人特点的矫正方案，采取有益于其身心健康发展、融入正常社会生活的矫正措施。

社区矫正机构、司法所对未成年社区矫正对象的相关信息应当保密。对未成年社区矫正对象的考核奖惩和宣告不公开进行。对未成年社区矫正对象进行宣告或者处罚时，应通知其监护人到场。

社区矫正机构、司法所应当选任熟悉未成年人身心特点，具有法律、教育、心理等专业知识的人员负责未成年人社区矫正工作，并通过加强培训、管理，提高专业化水平。

第五十六条 社区矫正工作人员的人身安全和职业尊严受法律保护。

对任何干涉社区矫正工作人员执法的行为，社区矫正工作人员有权拒绝，并按照规定如实记录和报告。对于侵犯社区矫正工作人员权利的行为，社区矫正工作人员有权提出控告。

社区矫正工作人员因依法履行职责遭受不实举报、诬告陷害、侮辱诽谤，致使名誉受到损害的，有关部门或者个人应当及时澄清事实，消除不良影响，并依法追究相关单位或者个人的责任。

对社区矫正工作人员追究法律责任，应当根据其行为的危害程度、造成的后果、以及责任大小予以确定，实事求是，过罚相当。社区矫正工作人员依法履职的，不能仅因社区矫正对象再犯罪而追究其法律责任。

第五十七条 有关单位对人民检察院的书面纠正意见在规定的期限内没有回复纠正情况的，人民检察院应当督促回复。经督促被监督单位仍不回复或者没有正当理由不纠正的，人民检察院应当向上一级人民检察院报告。

有关单位对人民检察院的检察建议在规定的期限内经督促无正当理由不予整改或者整改不到位的，检察机关可以将相关情况报告上级人民检察院，通报被建议单位的上级机关、行政主管部门或者行业自律组织等，必要时可以报告同级党委、人大，通报同级政府、纪检监察机关。

第五十八条 本办法所称"以上"、"内"，包括本数；"以下"、"超过"不包括本数。

第五十九条 本办法自 2020 年 7 月 1 日起施行。最高人民法院、最高人民检察院、公安部、司法部 2012 年 1 月 10 日印发的《社区矫正实施办法》（司发通〔2012〕12 号）同时废止。

附录五 《中华人民共和国社区矫正法》

(2019年12月28日第十三届全国人民代表大会常务委员会第十五次会议通过)

第一章 总则

第一条 为了推进和规范社区矫正工作，保障刑事判决、刑事裁定和暂予监外执行决定的正确执行，提高教育矫正质量，促进社区矫正对象顺利融入社会，预防和减少犯罪，根据宪法，制定本法。

第二条 对被判处管制、宣告缓刑、假释和暂予监外执行的罪犯，依法实行社区矫正。

对社区矫正对象的监督管理、教育帮扶等活动，适用本法。

第三条 社区矫正工作坚持监督管理与教育帮扶相结合，专门机关与社会力量相结合，采取分类管理、个别化矫正，有针对性地消除社区矫正对象可能重新犯罪的因素，帮助其成为守法公民。

第四条 社区矫正对象应当依法接受社区矫正，服从监督管理。

社区矫正工作应当依法进行，尊重和保障人权。社区矫正对象依法享有的人身权利、财产权利和其他权利不受侵犯，在就业、就学和享受社会保障等方面不受歧视。

第五条 国家支持社区矫正机构提高信息化水平，运用现代信息技术开展监督管理和教育帮扶。社区矫正工作相关部门之间依法进行信息共享。

第六条 各级人民政府应当将社区矫正经费列入本级政府预算。

居民委员会、村民委员会和其他社会组织依法协助社区矫正机构开展工作所需的经费应当按照规定列入社区矫正机构本级政府预算。

第七条 对在社区矫正工作中做出突出贡献的组织、个人，按照国家有关规定给予表彰、奖励。

第二章 机构、人员和职责

第八条 国务院司法行政部门主管全国的社区矫正工作。县级以上地方人民政府司法行政部门主管本行政区域内的社区矫正工作。

人民法院、人民检察院、公安机关和其他有关部门依照各自职责，依法做好社区矫正工作。人民检察院依法对社区矫正工作实行法律监督。

地方人民政府根据需要设立社区矫正委员会，负责统筹协调和指导本行政区域内的社区矫正工作。

第九条 县级以上地方人民政府根据需要设置社区矫正机构，负责社区矫正工作的具体实施。社区矫正机构的设置和撤销，由县级以上地方人民政府司法行政部门提出意见，按照规定的权限和程序审批。

司法所根据社区矫正机构的委托，承担社区矫正相关工作。

第十条 社区矫正机构应当配备具有法律等专业知识的专门国家工作人员（以下称社区矫正机构工作人员），履行监督管理、教育帮扶等执法职责。

第十一条 社区矫正机构根据需要，组织具有法律、教育、心理、社会工作等专业知识或者实践经验的社会工作者开展社区矫正相关工作。

第十二条 居民委员会、村民委员会依法协助社区矫正机构做好社区矫正工作。

社区矫正对象的监护人、家庭成员，所在单位或者就读学校应当协助社区矫正机构做好社区矫正工作。

第十三条 国家鼓励、支持企业事业单位、社会组织、志愿者等社会力量依法参与社区矫正工作。

第十四条 社区矫正机构工作人员应当严格遵守宪法和法律，忠于职守，严守纪律，清正廉洁。

第十五条 社区矫正机构工作人员和其他参与社区矫正工作的人员依法开展社区矫正工作，受法律保护。

第十六条 国家推进高素质的社区矫正工作队伍建设。社区矫正机构应当加强对社区矫正工作人员的管理、监督、培训和职业保障，不断提高社区矫正工作的规范化、专业化水平。

第三章　决定和接收

第十七条　社区矫正决定机关判处管制、宣告缓刑、裁定假释、决定或者批准暂予监外执行时应当确定社区矫正执行地。

社区矫正执行地为社区矫正对象的居住地。社区矫正对象在多个地方居住的，可以确定经常居住地为执行地。

社区矫正对象的居住地、经常居住地无法确定或者不适宜执行社区矫正的，社区矫正决定机关应当根据有利于社区矫正对象接受矫正、更好地融入社会的原则，确定执行地。

本法所称社区矫正决定机关，是指依法判处管制、宣告缓刑、裁定假释、决定暂予监外执行的人民法院和依法批准暂予监外执行的监狱管理机关、公安机关。

第十八条　社区矫正决定机关根据需要，可以委托社区矫正机构或者有关社会组织对被告人或者罪犯的社会危险性和对所居住社区的影响，进行调查评估，提出意见，供决定社区矫正时参考。居民委员会、村民委员会等组织应当提供必要的协助。

第十九条　社区矫正决定机关判处管制、宣告缓刑、裁定假释、决定或者批准暂予监外执行，应当按照刑法、刑事诉讼法等法律规定的条件和程序进行。

社区矫正决定机关应当对社区矫正对象进行教育，告知其在社区矫正期间应当遵守的规定以及违反规定的法律后果，责令其按时报到。

第二十条　社区矫正决定机关应当自判决、裁定或者决定生效之日起五日内通知执行地社区矫正机构，并在十日内送达有关法律文书，同时抄送人民检察院和执行地公安机关。社区矫正决定地与执行地不在同一地方的，由执行地社区矫正机构将法律文书转送所在地的人民检察院、公安机关。

第二十一条　人民法院判处管制、宣告缓刑、裁定假释的社区矫正对象，应当自判决、裁定生效之日起十日内到执行地社区矫正机构报到。

人民法院决定暂予监外执行的社区矫正对象，由看守所或者执行取保候审、监视居住的公安机关自收到决定之日起十日内将社区矫正对象移送社区矫正机构。

监狱管理机关、公安机关批准暂予监外执行的社区矫正对象，由监狱或者看守所自收到批准决定之日起十日内将社区矫正对象移送社区矫正机构。

第二十二条　社区矫正机构应当依法接收社区矫正对象，核对法律文书、核实身份、办理接收登记、建立档案，并宣告社区矫正对象的犯罪事实、执行社区矫正的期限以及应当遵守的规定。

第四章 监督管理

第二十三条 社区矫正对象在社区矫正期间应当遵守法律、行政法规，履行判决、裁定、暂予监外执行决定等法律文书确定的义务，遵守国务院司法行政部门关于报告、会客、外出、迁居、保外就医等监督管理规定，服从社区矫正机构的管理。

第二十四条 社区矫正机构应当根据裁判内容和社区矫正对象的性别、年龄、心理特点、健康状况、犯罪原因、犯罪类型、犯罪情节、悔罪表现等情况，制定有针对性的矫正方案，实现分类管理、个别化矫正。矫正方案应当根据社区矫正对象的表现等情况相应调整。

第二十五条 社区矫正机构应当根据社区矫正对象的情况，为其确定矫正小组，负责落实相应的矫正方案。

根据需要，矫正小组可以由司法所、居民委员会、村民委员会的人员，社区矫正对象的监护人、家庭成员，所在单位或者就读学校的人员以及社会工作者、志愿者等组成。社区矫正对象为女性的，矫正小组中应有女性成员。

第二十六条 社区矫正机构应当了解掌握社区矫正对象的活动情况和行为表现。社区矫正机构可以通过通信联络、信息化核查、实地查访等方式核实有关情况，有关单位和个人应当予以配合。

社区矫正机构开展实地查访等工作时，应当保护社区矫正对象的身份信息和个人隐私。

第二十七条 社区矫正对象离开所居住的市、县或者迁居，应当报经社区矫正机构批准。社区矫正机构对于有正当理由的，应当批准；对于因正常工作和生活需要经常性跨市、县活动的，可以根据情况，简化批准程序和方式。

因社区矫正对象迁居等原因需要变更执行地的，社区矫正机构应当按照有关规定作出变更决定。社区矫正机构作出变更决定后，应当通知社区矫正决定机关和变更后的社区矫正机构，并将有关法律文书抄送变更后的社区矫正机构。变更后的社区矫正机构应当将法律文书转送所在地的人民检察院、公安机关。

第二十八条 社区矫正机构根据社区矫正对象的表现，依照有关规定对其实施考核奖惩。社区矫正对象认罪悔罪、遵守法律法规、服从监督管理、接受教育表现突出的，应当给予表扬。社区矫正对象违反法律法规或者监督管理规定的，应当视情节依法给予训诫、警告、提请公安机关予以治安管理处罚，或者依法提请撤销缓刑、撤销假释、对暂予监外执行的收监执行。

对社区矫正对象的考核结果，可以作为认定其是否确有悔改表现或者是否严重违反监督管理规定的依据。

第二十九条 社区矫正对象有下列情形之一的，经县级司法行政部门负责人批准，可以使用电子定位装置，加强监督管理：

（一）违反人民法院禁止令的；

（二）无正当理由，未经批准离开所居住的市、县的；

（三）拒不按照规定报告自己的活动情况，被给予警告的；

（四）违反监督管理规定，被给予治安管理处罚的；

（五）拟提请撤销缓刑、假释或者暂予监外执行收监执行的。

前款规定的使用电子定位装置的期限不得超过三个月。对于不需要继续使用的，应当及时解除；对于期限届满后，经评估仍有必要继续使用的，经过批准，期限可以延长，每次不得超过三个月。

社区矫正机构对通过电子定位装置获得的信息应当严格保密，有关信息只能用于社区矫正工作，不得用于其他用途。

第三十条 社区矫正对象失去联系的，社区矫正机构应当立即组织查找，公安机关等有关单位和人员应当予以配合协助。查找到社区矫正对象后，应当区别情形依法作出处理。

第三十一条 社区矫正机构发现社区矫正对象正在实施违反监督管理规定的行为或者违反人民法院禁止令等违法行为的，应当立即制止；制止无效的，应当立即通知公安机关到场处置。

第三十二条 社区矫正对象有被依法决定拘留、强制隔离戒毒、采取刑事强制措施等限制人身自由情形的，有关机关应当及时通知社区矫正机构。

第三十三条 社区矫正对象符合刑法规定的减刑条件的，社区矫正机构应当向社区矫正执行地的中级以上人民法院提出减刑建议，并将减刑建议书抄送同级人民检察院。

人民法院应当在收到社区矫正机构的减刑建议书后三十日内作出裁定，并将裁定书送达社区矫正机构，同时抄送人民检察院、公安机关。

第三十四条 开展社区矫正工作，应当保障社区矫正对象的合法权益。社区矫正的措施和方法应当避免对社区矫正对象的正常工作和生活造成不必要的影响；非依法律规定，不得限制或者变相限制社区矫正对象的人身自由。

社区矫正对象认为其合法权益受到侵害的，有权向人民检察院或者有关机关申诉、控告和检举。受理机关应当及时办理,并将办理结果告知申诉人、控告人和检举人。

第五章 教育帮扶

第三十五条 县级以上地方人民政府及其有关部门应当通过多种形式为教育帮扶社区矫正对象提供必要的场所和条件,组织动员社会力量参与教育帮扶工作。

有关人民团体应当依法协助社区矫正机构做好教育帮扶工作。

第三十六条 社区矫正机构根据需要,对社区矫正对象进行法治、道德等教育,增强其法治观念,提高其道德素质和悔罪意识。

对社区矫正对象的教育应当根据其个体特征、日常表现等实际情况,充分考虑其工作和生活情况,因人施教。

第三十七条 社区矫正机构可以协调有关部门和单位,依法对就业困难的社区矫正对象开展职业技能培训、就业指导,帮助社区矫正对象中的在校学生完成学业。

第三十八条 居民委员会、村民委员会可以引导志愿者和社区群众,利用社区资源,采取多种形式,对有特殊困难的社区矫正对象进行必要的教育帮扶。

第三十九条 社区矫正对象的监护人、家庭成员,所在单位或者就读学校应当协助社区矫正机构做好对社区矫正对象的教育。

第四十条 社区矫正机构可以通过公开择优购买社区矫正社会工作服务或者其他社会服务,为社区矫正对象在教育、心理辅导、职业技能培训、社会关系改善等方面提供必要的帮扶。

社区矫正机构也可以通过项目委托社会组织等方式开展上述帮扶活动。国家鼓励有经验和资源的社会组织跨地区开展帮扶交流和示范活动。

第四十一条 国家鼓励企业事业单位、社会组织为社区矫正对象提供就业岗位和职业技能培训。招用符合条件的社区矫正对象的企业,按照规定享受国家优惠政策。

第四十二条 社区矫正机构可以根据社区矫正对象的个人特长,组织其参加公益活动,修复社会关系,培养社会责任感。

第四十三条 社区矫正对象可以按照国家有关规定申请社会救助、参加社会保险、获得法律援助,社区矫正机构应当给予必要的协助。

第六章　解除和终止

第四十四条　社区矫正对象矫正期满或者被赦免的，社区矫正机构应当向社区矫正对象发放解除社区矫正证明书，并通知社区矫正决定机关、所在地的人民检察院、公安机关。

第四十五条　社区矫正对象被裁定撤销缓刑、假释，被决定收监执行，或者社区矫正对象死亡的，社区矫正终止。

第四十六条　社区矫正对象具有刑法规定的撤销缓刑、假释情形的，应当由人民法院撤销缓刑、假释。

对于在考验期限内犯新罪或者发现判决宣告以前还有其他罪没有判决的，应当由审理该案件的人民法院撤销缓刑、假释，并书面通知原审人民法院和执行地社区矫正机构。

对于有第二款规定以外的其他需要撤销缓刑、假释情形的，社区矫正机构应当向原审人民法院或者执行地人民法院提出撤销缓刑、假释建议，并将建议书抄送人民检察院。社区矫正机构提出撤销缓刑、假释建议时，应当说明理由，并提供有关证据材料。

第四十七条　被提请撤销缓刑、假释的社区矫正对象可能逃跑或者可能发生社会危险的，社区矫正机构可以在提出撤销缓刑、假释建议的同时，提请人民法院决定对其予以逮捕。

人民法院应当在四十八小时内作出是否逮捕的决定。决定逮捕的，由公安机关执行。逮捕后的羁押期限不得超过三十日。

第四十八条　人民法院应当在收到社区矫正机构撤销缓刑、假释建议书后三十日内作出裁定，将裁定书送达社区矫正机构和公安机关，并抄送人民检察院。

人民法院拟撤销缓刑、假释的，应当听取社区矫正对象的申辩及其委托的律师的意见。

人民法院裁定撤销缓刑、假释的，公安机关应当及时将社区矫正对象送交监狱或者看守所执行。执行以前被逮捕的，羁押一日折抵刑期一日。

人民法院裁定不予撤销缓刑、假释的，对被逮捕的社区矫正对象，公安机关应当立即予以释放。

第四十九条　暂予监外执行的社区矫正对象具有刑事诉讼法规定的应当予以收监情形的，社区矫正机构应当向执行地或者原社区矫正决定机关提出收监执行建议，并将建议书抄送人民检察院。

社区矫正决定机关应当在收到建议书后三十日内作出决定，将决定书送达社区矫正机构和公安机关，并抄送人民检察院。

人民法院、公安机关对暂予监外执行的社区矫正对象决定收监执行的，由公安机关立即将社区矫正对象送交监狱或者看守所收监执行。

监狱管理机关对暂予监外执行的社区矫正对象决定收监执行的，监狱应当立即将社区矫正对象收监执行。

第五十条 被裁定撤销缓刑、假释和被决定收监执行的社区矫正对象逃跑的，由公安机关追捕，社区矫正机构、有关单位和个人予以协助。

第五十一条 社区矫正对象在社区矫正期间死亡的，其监护人、家庭成员应当及时向社区矫正机构报告。社区矫正机构应当及时通知社区矫正决定机关、所在地的人民检察院、公安机关。

第七章 未成年人社区矫正特别规定

第五十二条 社区矫正机构应当根据未成年社区矫正对象的年龄、心理特点、发育需要、成长经历、犯罪原因、家庭监护教育条件等情况，采取针对性的矫正措施。

社区矫正机构为未成年社区矫正对象确定矫正小组，应当吸收熟悉未成年人身心特点的人员参加。

对未成年人的社区矫正，应当与成年人分别进行。

第五十三条 未成年社区矫正对象的监护人应当履行监护责任，承担抚养、管教等义务。

监护人怠于履行监护职责的，社区矫正机构应当督促、教育其履行监护责任。监护人拒不履行监护职责的，通知有关部门依法作出处理。

第五十四条 社区矫正机构工作人员和其他依法参与社区矫正工作的人员对履行职责过程中获得的未成年人身份信息应当予以保密。

除司法机关办案需要或者有关单位根据国家规定查询外，未成年社区矫正对象的档案信息不得提供给任何单位或者个人。依法进行查询的单位，应当对获得的信息予以保密。

第五十五条 对未完成义务教育的未成年社区矫正对象，社区矫正机构应当通知并配合教育部门为其完成义务教育提供条件。未成年社区矫正对象的监护人应当依法保证其按时入学接受并完成义务教育。

年满十六周岁的社区矫正对象有就业意愿的，社区矫正机构可以协调有关部门和单位为其提供职业技能培训，给予就业指导和帮助。

第五十六条 共产主义青年团、妇女联合会、未成年人保护组织应当依法协助社区矫正机构做好未成年人社区矫正工作。

国家鼓励其他未成年人相关社会组织参与未成年人社区矫正工作，依法给予政策支持。

第五十七条 未成年社区矫正对象在复学、升学、就业等方面依法享有与其他未成年人同等的权利，任何单位和个人不得歧视。有歧视行为的，应当由教育、人力资源和社会保障等部门依法作出处理。

第五十八条 未成年社区矫正对象在社区矫正期间年满十八周岁的，继续按照未成年人社区矫正有关规定执行。

第八章　法律责任

第五十九条 社区矫正对象在社区矫正期间有违反监督管理规定行为的，由公安机关依照《中华人民共和国治安管理处罚法》的规定给予处罚；具有撤销缓刑、假释或者暂予监外执行收监情形的，应当依法作出处理。

第六十条 社区矫正对象殴打、威胁、侮辱、骚扰、报复社区矫正机构工作人员和其他依法参与社区矫正工作的人员及其近亲属，构成犯罪的，依法追究刑事责任；尚不构成犯罪的，由公安机关依法给予治安管理处罚。

第六十一条 社区矫正机构工作人员和其他国家工作人员有下列行为之一的，应当给予处分；构成犯罪的，依法追究刑事责任：

（一）利用职务或者工作便利索取、收受贿赂的；

（二）不履行法定职责的；

（三）体罚、虐待社区矫正对象，或者违反法律规定限制或者变相限制社区矫正对象的人身自由的；

（四）泄露社区矫正工作秘密或者其他依法应当保密的信息的；

（五）对依法申诉、控告或者检举的社区矫正对象进行打击报复的；

（六）有其他违纪违法行为的。

第六十二条 人民检察院发现社区矫正工作违反法律规定的，应当依法提出纠正意见、检察建议。有关单位应当将采纳纠正意见、检察建议的情况书面回复人民检察院，没有采纳的应当说明理由。

第九章 附则

第六十三条 本法自 2020 年 7 月 1 日起施行。

参考文献

[1] 孙培梁，等. 监狱物联网 [M]. 武汉：清华大学出版社，华中科技大学出版社，2012.

[2] 云计算. https://baike. 百度 .com/item/%E4%BA%91%E8%AE%A1%E7%AE%97/9969353.

[3] 大数据. https://baike. 百度 .com/item/%E5%A4%A7%E6%95%B0%E6%8D%AE/1356941.

[4] Hadoop. https://baike. 百度 .com/item/Hadoop.

[5] 刘锋. 互联网进化论 [M]. 北京：清华大学出版社，2012.

[6] 孙利民，等. 无线传感网络 [M]. 北京：清华大学出版社，2005.

[7] 《虚拟化与云计算》小组. 虚拟化与云计算 [M]. 北京：电子工业出版社，2009.

[8] （美）特班（Turban, E），等. 商务智能：管理视角（第二版）[M]. 北京：机械工业出版社，2012.

[9] 姚宏宇，田溯宁. 云计算，大数据时代的系统工程 [M]. 北京：电子工业出版社，2013.

[10] 城田真琴. 大数据的冲击 [M]. 北京：人民邮电出版社，2013.

[11] MIS 系统. https://baike. 百度 .com/item/MIS%E7%B3%BB%E7%BB%9F.

[12] WEB 服务器. https://baike. 百度 .com/item/WEB%E6%9C%8D%E5%8A%A1%E5%99%A8.

[13]IIS. https://baike. 百度 .com/item/%E4%BA%92%E8%81%94%E7%BD%91%E4%BF%A1%E6%81%AF%E6%9C%8D%E5%8A%A1/15589594.

[14] Apache. https://baike. 百度 .com/item/apache/6265.

[15] Tomcat. https://baike. 百度 .com/item/tomcat.

[16] WebSphere. https://baike. 百度 .com/item/webSphere.

[17] 数据库软件. https://baike. 百度 .com/item/%E6%95%B0%E6%8D%AE%E5%BA%93%E8%BD%AF%E4%BB%B6.

[18] Microsoft SQL SERVER. https://baike.百度.com/item/Microsoft%20SQL%20Server.

[19] IBM DB2. https://baike.百度.com/item/DB2.

[20] MYSQL. https://baike.百度.com/item/mySQL/471251.

[21] ORACLE. https://baike.百度.com/item/Oracle/301207.

[22] GIS. https://baike.百度.com/item/%E5%9C%B0%E7%90%86%E4%BF%A1%E6%81%AF%E7%B3%BB%E7%BB%9F/171830.

[23] 卫星导航系统. https://baike.百度.com/item/%E5%85%A8%E7%90%83%E5%AF%BC%E8%88%AA%E5%8D%AB%E6%98%9F%E7%B3%BB%E7%BB%9F/8872321.